松岡 完

ケネディという名の神話

なぜ私たちを魅了し続けるのか

中公選書

目次

凡例

①本文中の「ケネディ」は原則としてジョン・フィッツジェラルド・ケネディ（ジョン・F・ケネディ、略称はJFK、愛称はジャック、ジョニー）をさす。

②例外的に《ケネディ》が象徴的にケネディ大統領を含む一族全体の存在をさす場合、また「ケネディ家」「ケネディ神話」「ケネディ王朝」のように用いる場合もある。

③家族は原則としてジャクリーン（愛称ジャッキー）、ロバート（愛称ボブ、ボビー）、エドワード（愛称テッド、テディ）、ジョゼフ（愛称ジョー）など名で示す。

④人名は原則として敬称略。

⑤映画はとくに記載がない限りアメリカ作品。

ケネディという名の神話

なぜ私たちを魅了し続けるのか

はじめに──アメリカを覆う巨大な影

足跡はいまも

アメリカ大統領は四年に一度、新任・再任を問わず就任式に臨む。神と国民を前に、職務の遂行と憲法の擁護を厳粛に誓うためである。

史上最年少(四十三歳)で選ばれたジョン・F・ケネディが第三十五代大統領に就任したのは一九六一年一月二十日。六十年後の同じ日、史上最高齢(七十八歳)のジョー・バイデンが第四十六代となった。カトリックの大統領、アメリカ史上二人目である。その最初がケネディだった。

同じキリスト教徒でもプロテスタント優位の伝統を持つアメリカには、カトリックは大統領になれないという不文律があった。建国一八四年目にしてこれを打ち破り、宗教への拘泥《こうでい》という過去を葬り去ったケネディは、アメリカ社会の大きな変容を象徴する人物となった。

ちなみに、二〇〇四年大統領選挙の民主党候補ジョン・ケリー上院議員(のちバラク・オバマ政権で国務長官)は、ケネディ以来のカトリック候補だった。バイデンはさらにその次になる。

ケネディが大統領に当選した一九六〇年は、テレビ政治本格化の年としても知られる。民主党・共和党の候補者が直接対決する、全米注目のテレビ討論が初めて実現したからである。その影響力があまりに大きく、これ以降の候補者たちが尻込みした結果、一九七六年大統領選挙までテレビ討論は復活しなかった。だがいまはアメリカ政治に不可欠ともいうべき一大イベントとなっている。ネットなどを駆使し、人々が積極参加する現代選挙の原点でもある。

バイデンが副大統領として仕えたオバマ（第四十四代）は、アメリカ史上初のアフリカ系（黒人）大統領である。バイデンの副大統領カマラ・ハリスはアフリカ（ジャマイカ）系、アジア（インド）系、史上初の女性副大統領として、新政権の多様性を象徴する存在となった。こうした、かつてのマイノリティの地位向上は、一九六〇年代に高揚した公民権運動《シビル・ライツ》の遺産である。

ケネディはこの公民権運動を、弟（三男）で司法長官だったロバートとともに支援した。人種差別撤廃の訴えや画期的な公民権法案提出（成立はケネディ暗殺後の一九六四年）などから、奴隷解放宣言で知られるエイブラハム・リンカーン（第十六代）以来の功績を挙げたと称える向きもある。燦然《さんぜん》たるケネディの遺産は、今日もアメリカで光を放っている。

政治的価値を活用

アメリカ政治そのものがケネディという大きな存在の下で動いてきた。いや、もがき続けてきた。一九六三年十一月二十二日、ケネディ暗殺。少なくない人々がこれ以降、ともに上院議員となった次弟ロバート、末弟（四男）エドワードがホワイトハウスの主となる日を待ち望むようになった。

だがロバートは一九六八年大統領選挙中、兄と同じく兇弾《きょうだん》に倒れた。エドワードは一九八〇年大統領選挙で、同じ民主党の現職ジミー・カーター（第三十九代）の前に屈した。その後は夢よもう一度とばかり、ケネディの子や孫、甥《おい》や姪《めい》などへの期待が強まっていった。

二〇一八年初め、二〇二〇年の大統領選挙を睨《にら》んだ野党・民主党はドナルド・トランプ（第四十五代）批判の急先鋒として、弱冠三十七歳の下院議員に白羽の矢を立てた。その名はジョゼフ・パトリック・ケネディ三世。ロバートの孫である。ただし彼は二年後、上院への挑戦には失敗した。

二〇二四年大統領選挙の前哨戦では、ロバート・ケネディ二世が民主党内から現職バイデンへの挑戦状を叩きつけた。ロバートの次男で、環境保護の主張や新型コロナ・ワクチン接種への強硬な反対などで名を売った人物である。政治家としての実力は未知数の彼が注目を集めたのも、《ケネディ》の名が持つ政治的資産や、父親を彷彿《ほうふつ》とさせる面立《おもだ》ちと無縁ではないだろう。

一族以外の政治家もそれは先刻承知。地名を冠した「＊＊のケネディ」が現れては消える。民主党の候補者たちはしばしばケネディの衣鉢《いはつ》を継ぐ姿勢を示すべく、彼との一体化を演出する。共和党の人間でさえケネディ似の風貌や彼を思わせる言辞を活用、偉大な名にあやかろうとする。

バイデンの大先輩ビル・クリントン（第四十二代）は一九九二年大統領選挙で、ケネディと握手した若き日の写真を活用した。二〇〇八年、オバマの民主党大統領候補指名獲得には、ケネディの長女キャロラインや上院議員エドワードの支持が大きかった。ケネディと同じく演説の名手として知られ、また同様に「変革」を旗印としたオバマは「ブラック・ケネディ」とも異名《いみょう》を取った。

引き継がれた悪夢

ケネディの就任演説はいう。大統領就任式とは一方の「党の勝利」を祝う儀式ではない。政権交代という、アメリカ政治における変革の機会を象徴する「自由の祭典」である。バイデンの就任演説もこれをなぞるかのように、「候補者の勝利」ではなく「民主主義の大義の勝利」を宣言した。

だがケネディと大きく異なり、彼は政党・地域・思想などを反映した対立を乗り越えて団結しようと、繰り返し国民に求めなければならなかった。社会の深刻な分断は、前任者トランプを大統領に押し上げた原動力の一つだった。しかも彼は亀裂を拡大再生産し、二〇二〇年大統領選挙での敗北も容易に受け入れず、連邦議会議事堂が暴力の舞台となる素地さえつくった。

もう一つ、強烈な反ワシントン感情もある。カーター、ロナルド・レーガン（第四十代）、クリントン、ジョージ・W・ブッシュ（第四十三代）といった面々もまた、多かれ少なかれ政府不信の波に乗って大統領の地位を勝ち取った人々である。

南北戦争を想起させるほどの国内分裂。既成政治への失望や嫌悪。加えて、露骨なまでの内向き姿勢。アメリカ伝統の価値観への疑念。いずれも一九六〇年代後半から七〇年代前半にアメリカをさんざん苦しめた、ベトナム戦争の遺産である。

その始まりは一九六四～六五年頃。したがって責めを負うべきはケネディの後を継いだリンドン・ジョンソン（第三十六代）。おそらくこれが一般的な見方だろう。

ある子供向け学習漫画に、世界各国の指導者たちが指揮ぶりを競う、架空合唱コンクールの場面がある。アメリカ合唱団の指揮者は「若き救世主」ケネディ。ところがこの「明るくて元気な歌」

が終わるか終わらぬかのうちに、ベトナム戦争をテーマとした「暗い雰囲気」の曲が始まる。

歌うは、反戦歌で知られたピーター・ポール＆マリーとおぼしき三人組。司会者はいう。「ケネディの時代以降アメリカは本格的にベトナム戦争に介入しましたからね」（羽田《はねだ》正《まさし》監修『世界の歴史18　冷戦と超大国の動揺　一九五五〜一九八〇年』KADOKAWA、二〇二一年）。

だが、ベトナム戦争の代名詞的存在となったロバート・マクナマラ国防長官が作成を命じ、一九七一年、『ニューヨーク・タイムズ』紙による暴露報道で世界を驚かせた、国防総省《ペンタゴン》内の秘密報告書がある。この通称『ペンタゴン・ペーパーズ（*The Pentagon Papers*）』は、ケネディが、危険性の限られた賭けだったものを、際限のない性質に変えたとしている。とすれば戦争を実質的にアメリカ化した彼は、この国がいまなお味わい続ける苦悶の責めを、かなりの部分負わなければならないだろう。

理想の指導者を求める

ケネディが黄泉《よみ》に旅立って六十年。アメリカは多難な歳月を送ってきた。内には経済の低迷、治安の悪化、秩序の崩壊など。外にはベトナム戦争や国際的な影響力低下など。

いまも変わらない。私たちの眼前に存在するアメリカは、新型コロナウィルスの脅威もインフレや景気後退への懸念も払拭できないまま、移民や中絶などをめぐって二分されている。バイデン政権と野党・共和党との深刻な溝は、あわや史上初めて債務不履行《デフォルト》かという事態すら招いた。

国際的地位の相対的な、着実な低下にもなかなか打つ手が見つからない。アフガニスタンからアメリカ軍を引き揚げたのはよいが、その後の大混乱がアメリカの威信も大きく傷つけた。

自己主張を強める中国に、アメリカはインド、オーストラリア、日本などとともに「自由で開かれたインド太平洋」を旗印に掲げ、対抗を図っている。だが台湾（中華民国）の扱いやロシアのウクライナ侵攻への対処などで米中対立は深まり、太平洋が平和の海となる気配は感じられない。

アメリカはそのウクライナに戦車や戦闘機などを供与し、他国を圧する軍事的支援を続けている。だが世論や北大西洋条約機構（NATO）諸国の消極姿勢などから、早々と軍事的対応策を除外する姿勢を示したことが理不尽な侵略を招いたと批判されている。少なくともアメリカは、紛争解決のため国際社会で十分な指導力を発揮するにはいたっていない。

二〇二二年中間選挙を何とか乗り切ったものの、バイデン自身にも年齢から来る健康不安などがつきまとう。共和党からはトランプが復活を狙って虎視眈々《こしたんたん》だが、足元にはさまざまな火種も抱えている（もし再登場となれば第二十二代、二十四代のグローバー・クリーブランド以来）。民主党でも共和党でも、彼らに代わるような、これはという新星はなかなか姿を現しそうに思えない。

現在や未来の指導者に希望が持てないのであれば、過去に目を向けるしかない。そこで巨大な偶像——平和の使徒、社会変革の旗手、悲劇の英雄——ケネディの出番である。

憧れは時空を超えて

ケネディゆかりの品はしばしばオークションの呼び物となる。二〇〇五年、彼が愛用した揺り椅子《ロッキングチエア》には九万六千ドル（約一千万円）、子供たちの描《か》いた絵にさえ五万一千ドル（約五三〇万円）の値がついた。暗殺時に彼が乗っていた大統領専用車リンカーン・コンチネンタルは、ミシガン州のフォード博物館での展示をへた二〇一三年、三十一万八千ドル（約三二八〇万円）で売られた。

一九六二年、ケネディの誕生祝賀会で女優マリリン・モンローが着たドレスは、二〇一六年に四八一万ドル（約五億三千万円）で落札した。彼女が『ハッピー・バースディ・トゥ・ユー（*Happy Birthday to You*）』を歌った直後、登壇したケネディが「これで政界を引退しても悔いはない」と満場を笑わせた時のもの。ただし落札価に占める、モンローとケネディの価値の割合は不明である。

この場面の映像は、ケネディ没後三十年にあたる一九九三年、日本のテレビCMにも登場した。日清食品のいくつかの商品発売二十五〜三十五周年を記念するキャンペーンの中で、モンローの歌声「ハッピー・バースディ・ミスター・プレジデント」の後半が商品名に吹き替えられていた。

不思議なことにケネディへの憧憬《しょうけい》は、写真や映像、書物などでしか彼に接したことのない、はるかのちの世代にまで共有されている。

暗殺から五年、十年単位の節目の年、それも命日近くになるとケネディ・ブームが再燃するのが常である。書籍や雑誌、テレビなどで、その功績、暗殺をめぐる謎、ケネディ家を襲ったいくたの悲劇、一族の現在やその動向などに注目が集まる。

首都ワシントン郊外、アーリントン国立墓地に詣でた者は半世紀でのべ約一億五千万人。墓地気付でケネディあての手紙さえ多数届くという。

テキサス州ダラスの暗殺現場、記念館には毎年三十万人以上が訪れる。国立公園の一部となったマサチューセッツ州ボストン郊外、ブルックラインの生家にも、ボストン湾を望むケネディ大統領図書館に併設された博物館にも、多くの観光客がやって来る。

一九七五年のギャラップ世論調査は、ケネディを最も偉大な大統領の第一位に選んだ。第二位がリンカーン。第三位が、ニュー・ディール政策と第二次世界大戦のフランクリン・ローズベルト（第三十二代）。このビッグ3は、今日にいたるまでほぼ定着した感がある。

サウスダコタ州の有名な観光地ラシュモア山には、初代大統領ジョージ・ワシントン、独立宣言起草者の一人トマス・ジェファソン（第三代）、リンカーン、史上最年少だったセオドア・ローズベルト（第二十六代）の肖像が刻まれている。ここに五人目、ケネディを――との声もある。

マサチューセッツ州ブルックラインにいまもあるケネディの生家（絵葉書）。

二〇一四年、リシュモン・グループ（スイス）の有名な万年筆ブランド・モンブランは「JFK」イニシャル入りの特製万年筆を発売した。カタログによれば「現代史において最も崇拝されているアメリカ人のアイコン的存在へのトリビュート」としてである。

いまも変わらない。二〇二三年のギャラップ世論調査では、過去六十年ほどの大統領十二人中、ケネディの人気度は九〇パーセント。第二位のレーガン（六九パーセント）を大きく引き離す。

日本でもこれほど愛され、称えられてきた大統領はいないだろう。彼の映像はいまも夫人ジャクリーンや子供たちとともにテレビなどに登場し、業績、ユーモア、人間味、家族愛、優雅さなどが賛美される。ある民放の特番など、彼のスキャンダルさえ「華麗なる」女性遍歴《へんれき》と持ち上げる始末。娘のキャロラインが駐日大使として登場、芸能人もどきの注目を浴びたのもさほど昔ではない。

生と死と死後を検証

上院議員時代からケネディの演説起草者だった、側近中の側近セオドア・ソレンセンは、ケネディが「どのようにして死んだか」ではなく「どのようにして生きたか」が大事なのだと述べている。だが彼を本当に知ろうとすれば、その生も、死も、死後も、すべてを見なければならない。

だが、神話の中の人物ケネディを理解するのは容易ではない。理由はいくつも挙げられる。

第一に、あまりに広範なケネディ人気と、研究者たちの評価との巨大な隔たり。アメリカの歴史学者や政治学者などによる、大統領としてのケネディ評価は、時代を問わずおおむね平均値のわずかに上。十位台の中ほどから後半あたりでしかない。

第二に、その研究者の間にすら存在する、ケネディ評価をめぐる対立。

批判者はいう。ケネディは外交で冷戦論理を振り回し、好戦的な言葉や行動で危機を煽《あお》り立て、世界各地の紛争にむやみに手を出した。内政では多くの課題が実現できずじまいだった。未来への展望も理想も持たず、場当たり的対応に終始した。しかも若い頃から放蕩三昧《ほうとうざんまい》、ホワイトハウスを淫《みだ》らな女遊びの館にした。健康上の問題もマフィアとの怪しげな関係も秘匿《ひとく》し続けた。

礼賛《らいさん》論も負けてはいない。彼はいくたの国際的危機を解決し、冷戦緩和に向かう道を開き、部分的核実験禁止条約（PTBT）などの成果を挙げた。アメリカをより平等・公正な方向に動かすことにも尽力した。月到達を目標に掲げるアポロ計画、発展途上世界での人的貢献を求める平和部隊《ピース・コー》など、さまざまな挑戦によって人々を鼓舞し、彼らに希望を与えた。

第三に、大統領時代の短さ。在任は二年十か月、一〇三七日にすぎない。最初の一年半か二年は大統領の見習い期間だとよくいう。大統領の職責を十分果たすには、彼には時間がなさすぎた。

第四に、白昼、衆人環視《しゅうじんかんし》のもとでの暗殺。その衝撃が彼の実像を覆《おお》い隠してしまった。

第五に、複雑な個性。彼は近親者にも本音を明かさず、相手しだいで違うことを言い、捉えどころのない態度をとることがしばしばだった。

だが本書はあえて、「容易ではなく困難だから」月への一番乗りを目指したケネディに範をとりたい。目的は、彼個人やケネディ家ばかりでなく、アメリカの政治や社会、世界の動きにも目を配りつつ、現代史を彩る大きな神話の創成―維持―拡大の道筋を明らかにすることである。

第一に、彼はいかなる過程で大統領の座を目指し、数多くの困難にどう立ち向かったか。

第二に、大統領として内外の課題にどう対処し、いかなる成功や挫折を味わったか。

第三に、彼の死後、遺《のこ》された者たちに何が起き、それが彼の評価にどう影響してきたか。

それでは、彼と同様に一九六〇年代を体現する存在、ビートルズのアルバムとイギリスのテレビ映画（一九六七年）のタイトルを借りて、『マジカル・ミステリー・ツアー（*Magical Mystery Tour*）』に出発しよう。

第一章　ホワイトハウスへの道

1　政治家像の基礎固め

快楽を追求

のちに大統領にまで昇りつめたジョン・F・ケネディを、彼の出身高校であるチョート校は最も傑出した卒業生と称えた。だがその卒業成績は全体の真ん中程度でしかなかった。ハーバード大学でもぱっとせず、将来の目標も不明確なままだった。

ただし高校の卒業生どうしのアンケートでは、将来一番出世しそうな仲間と見られていた。大学でも彼は人気者で、また友人を大事にしていた。高校でも大学でも、スポーツに明け暮れた。もっともそれは、将来を嘱望される人材の台頭を示そうと、人為的に流されたイメージだともいわれる。もしそうなら、ケネディという名の虚像を形成した原型の一つである。

青年ケネディの興味はもっぱら女漁《あさ》りに向かった。その理由は第一に、幼い頃からの病弱ぶりである。この次男を刺した蚊は死んでしまうと家族は冗談を交わしていた。高校では保健室の常連。最初入学したプリンストン大学を中退したのも病気が原因だった。この事実は必死に伏せられたが。

彼の人生の半分は痛みとの共存だったと、弟（三男）のロバートはのちに述べている。苦痛が彼の精神を鍛える面もあったろう。だがどうせ長生きなどできないというあきらめ、いまさえよければという無責任な刹那《せつな》主義や快楽主義につながったとしても不思議ではない。

第二に、母ローズの存在、いや事実上の不在である。流布《るふ》された模範的な母親イメージとは裏腹に、彼女は育児に興味もなく、子供への愛情も十分示さなかった。

学生時代に一か月も入院したこの次男を、彼女は一度も見舞っていない。ケネディはのちにこう語っている。自分に母が必要だった時、そばにいてもらったことはない。母に抱いてもらった記憶などない。とすれば彼は、母から得られなかったものを他に求めたのかもしれない。

第三に、父ジョゼフの影響である。彼にとって女遊びは成功の証しだった。有名な女優グロリア・スワンソンや歌手マレーネ・ディートリッヒなどとも浮き名を流した。

息子と父

女道楽に限られない。家族の中で父の存在感は圧倒的だった。子供たちは、テーブルの向こうからこの専制君主がひと睨《にら》みするだけで震え上がり、その言いなりだった。たとえ不在でもその圧迫をひしひしと感じていた。

少年ケネディにとって家庭とは軍隊か刑務所だった。何でも一番になれ、二番は負け犬だと発破《はっぱ》をかけ続ける父は、厳しい上官か無慈悲な看守だった。

ケネディが最初、父の母校であり、長男ジョゼフ二世も在学中のハーバード大学でなく、プリンストン大学を選んだのは、せめてもの反抗だったろうか。ただし出願時期をはずれ、成績優秀でもないのにその後ハーバード大学に転じられたのは、その父が手を回した結果だったようである。

妻ローズは夫を「私たちの人生の設計者」と呼んだ。彼にとって子供の人生など所有と支配の対象、野望実現の道具だった。眼中にあるのは権力と地位。それを手に入れる材料が金《かね》。稼ぐ手だては金融、証券、映画、造船、不動産、石油など何でもござれ。

株取引では、違法すれすれの市場操作、架空の売買、インサイダー情報の活用などの手が駆使された。一九三三年の禁酒法廃止までに、医薬品の名目で彼が輸入した大量の液体が倉庫で、いまや遅しと出荷の日を待っていたともいう。

こうした活動はマフィアとのつながりも生み出した。自分はやつに財産を築かせてやった。いざこざで命を狙われるところを助けてやった。こううそぶくボスもいた。

ジョゼフは造船所副支配人の時代に、フランクリン・ローズベルト海軍次官補の知遇を得た。一九三二年大統領選挙では彼に献金し、彼を賛美する本も出すなど応援に努めた。

その見返りとして期待した財務長官の椅子につけなかった時、彼は金を返せと息巻いた。かわりに得たのが証券取引委員長の地位である。狐に鶏小屋を見張らせ、泥棒に警察を委ねるようなものだと周囲は驚いた。毒をもって毒を制す人事というべきか。

ジョゼフは一九三八年三月一日、駐英大使としてロンドンに赴任した。ローズベルトは選挙での借りを返すとともに、大統領になりたがっているこの男を厄介払いしたかった。

実際に、一九四〇年大統領選挙を狙うジョゼフは、大使の仕事よりアメリカ向けの宣伝に余念がなかった。思惑《おもわく》どおり、その道具でもある子供たちはアメリカでもイギリスでも注目の的となった。

怨念を背に

史上初めて、アイルランド系カトリックが大使としてイギリスに迎えられたことは、ジョゼフ生涯の誇りだった。在任期間は二年九か月ほどにすぎなかったが、彼は死ぬまで周囲に自分を「大使」と呼ばせた。それは彼にとって、さらに上を目指す中継点でもあった。

旺盛きわまりない権力欲の根底には、アメリカで長くおとしめられてきたアイルランド系の怨念がある。十九世紀半ば、ケネディの曽祖父パトリックは飢饉《ききん》のアイルランドからボストンに渡った。蓄財にたけた祖父パトリック・ジョゼフはマサチューセッツ州上院議員となった。

ボス政治家の一人に、初のアイルランド系ボストン市長ジョン・フィッツジェラルドがいた。その娘ローズとジョゼフ、つまりケネディの両親の結婚も、彼らの野望実現のための政略結婚だった。

フィッツジェラルド家は「王室」「王族」などと呼ばれ、いわばケネディ家の先輩格だった。結婚を報じる新聞ではローズのほうが主役扱いされていた。

ジョゼフがいくら富を築いても、「ブラーミン」と呼ばれるボストンの上流階級は認めてくれなかった。一九二七年、一家はボストンに見切りをつけ、ニューヨークに移住した。

ブラーミンの一員に、一九五二年の上院議員選挙でケネディが葬り去った相手、ヘンリー・キャボット・ロッジがいる。ケネディの祖父フィッツジェラルドは、一九一六年の上院議員選挙でロッジの父に敗れていた。ベルサイユ条約批准の、つまりアメリカが国際連盟に参加する道を断った主役の一人として知られる人物である。ケネディは、まさに一族あげてのリベンジマッチに勝ちをおさめたことになる。

一九六〇年大統領選挙で、ロッジは共和党の副大統領候補として再びケネディの前に屈した。一九六二年上院議員選挙で、その十年前にロッジからケネディが奪い、彼の大統領当選で空席となった議席を争ったのは、ケネディの末弟（四男）エドワードと、ロッジの息子ジョージだった。

宿縁の勝負に三連勝を飾ったケネディ家。だがケネディは、ボストンでのアイルランド系カトリックの扱いは大統領でも同じことだとこぼしていた。それほど差別の壁は厚かったのである。

ミュンヘンからの旅立ち

さてここで、一九三八年九月まで時を遡《さかのぼ》り、ドイツ南部の都市ミュンヘンに目を移そう。そこに政治家ケネディの重要な原点が存在するからである。

ミュンヘン会談で、ネビル・チェンバレン英首相はドイツのアドルフ・ヒトラーの要求に屈し、チェコスロバキアのズデーテン地方割譲を認めた。これが第二次世界大戦への序曲となった。

これ以降アメリカ外交は「ミュンヘンの教訓」に縛られてきた。しばしば一九六〇年代を一九三〇年代にたとえたケネディも例外ではない。

一九六二年のキューバ危機（ミサイル危機）では、ソ連（ソビエト社会主義共和国連邦）が設置したミサイルの撤去を要求する時、この教訓を引いてアメリカによるキューバ封鎖を正当化した。逆に、空爆や侵攻など強硬策を主張する者からは、ミュンヘンの二の舞だとして対ソ宥和《ゆうわ》政策が糾弾された。

ミュンヘン会談の一年半後、一九四〇年三月にケネディはハーバード大学に卒業論文『ミュンヘンにおける宥和（*Appeasement in Munich*）』を提出した。副題にいう「イギリス外交における軍縮政策転換の遅滞がもたらした不可避的な結果」、つまり第二次世界大戦の原因をめぐる分析である。

膨大な情報量や鋭い歴史分析を評価する者もいる。だがそれは、父におんぶにだっこの代物《しろもの》でもあった。重要な資料に接し、関係者にインタビューできたのは、大使である父のおかげ。その主張は基本的に父の考えをなぞったもの。父が示唆する内容をほぼ丸写しにした部分すらあったという。

それどころか、ケネディは原稿を口述筆記したにすぎず、執筆を担当したのは父の速記者や秘書たちだった。彼らの大奮闘でようやく提出期限に間に合った。こうした説さえある。

だがそのわりには文章も内容も不出来にすぎたとの評価もある。もしそうなら、代筆に身が入らなかったのか。あるいは船頭多くして何とやらか。

国際経験と自立の芽

それでもこの卒論には、政治家ケネディの基礎をなすものがいくつか姿を現していた。第一に彼の豊かな読書歴である。ケネディの夫人ジャクリーンはのちに、夫を「今日あらしめたのは歴史」だと語った。病弱な子供時代から、彼はベッドで歴史や伝記などに親しんできた。彼の思索は、長く内に蓄積されてきたものの表出である。

第二に政治への関心である。じつはもともとケネディには政治や社会にあまり興味がなかった。大学で一九二九年の大恐慌（世界恐慌）について本を読むまで自分は世間に無知だったと、彼自身が述べている。だが大学三年生になると政府や政治、国際関係などに強い関心を示すようになった。

第三に家庭環境である。一九三〇年代、「家ではいつも政治の話をしていた」と彼は述懐している。ケネディ家の夕食とは、家族が国際問題を含む話題や意見を交換する場だった。

第四に国際的緊張の体感である。一九三七年の夏休み、ケネディは親友とともにフランス、スペイン、イタリアなどを旅行した。一九三八年の夏休みにはロンドンの父ジョゼフのもとを訪れた。ミュンヘン会談直前、きな臭い情勢のヨーロッパを目《ま》の当たりにしたわけである。一九三九年春、ケネディは大学を休学して再度ロンドンに渡った。夏の終わりまでに、ソ連やポーランド、バルカン諸国、中東などを訪れ、各地での見聞や自身の見通しを父に伝えた。外界への関心がますます高まり、勉強にも身が入るようになった。

第五に実地経験である。一九三九年九月一日、第二次世界大戦が勃発する。直後、イギリスの商船がスコットランド沖でドイツの潜水艦に撃沈された。ケネディは父の指示でスコットランドに向かい、数百人ものアメリカ人の世話や情報収集に取り組んだ。「学生外交官」と呼ばれたこの活動は、ささやかながら初の危機管理である。

だがその機会を提供した父には、孤立主義、宥和主義、敗北主義、反ユダヤ主義などに内外から批判が強まった。一九四〇年十二月までには事実上大使辞任を余儀なくされ、近い将来大統領になる夢もほぼ潰《つい》えてしまった。

じつは息子たるケネディ自身が、むしろ父と見解を異にするローズベルト大統領や、チェンバレンとの対立をへて英首相となったウィンストン・チャーチルの考え方に傾斜しつつあった。チャーチルは、ケネディ生涯の英雄となる。成長の過程で父のおかげをこうむりながら、しかしその圧倒的な影響下からの脱却を求める気配も少しずつ現れていた。

イギリス惰眠の理由

大学卒業直後の一九四〇年八月一日、ケネディの卒論が刊行された。ジョゼフも助言や援助を与えた。いや、出版じたい大使の息子だからこそ可能だったろうし、父の意志でもあった。

未熟な原稿を磨き上げたのも、父お声がかりの、プロの物書きたちだった。その中心に『ニューヨーク・タイムズ』紙論説委員アーサー・クロックがいた。ジョゼフを財務長官にとコラムで論じ、彼のゴーストライター役となり、ケネディ家と家族ぐるみのつき合いがあった人物である。ただしジョゼフは自分がこの男を「飼っている」のだと漏らしていた。

クロックはこの卒論を改稿し、出版社を探し、タイトルも考えた。ドイツの脅威を論じたチャーチルの著書『イギリスが眠っている間に(*While England Slept*)』(一九四〇年)を踏まえた、『イギリスはなぜ眠ったか(*Why England Slept*)』である。父の宥和姿勢を批判する者からは、「イギリス」を「パパ」に変えたほうがよいと皮肉られたが。

次に父はこの本を「上流階級に高く評価される本」に仕立て上げるべく、序文をクロックより格上の有名人に依頼した。『タイム』誌編集長ヘンリー・ルースである。

ケネディはこの本に「この本を取り上げ、命名し、面倒をみてくれた人」クロックへの謝辞を記した。ケネディ暗殺後、クロックの回顧録は、自分の名を挙げてくれたことへの謝意を表し、序文をルースに依頼したことは賢明だったとしている。だが彼はこの父子に虚仮《こけ》にされたも同然だった。

ケネディ自身はこの本を誇りに思い、せっせとサインしていた。友人の一人が本当の著者は自分だと冗談で言ったところ、ケネディは激怒したという。少なくとも彼は、ベストセラーの誕生とケネディ神話の開幕をただ見守っていた。

この本は彼が大統領になった一九六一年に再版され、邦訳も出された（下島連《しもじまむらじ》訳『英国はなぜ眠ったか』日本外政学会、一九六三年）。のち、ホワイトハウスの執務室の机上にも置かれ、彼の人生を象徴するものの一つとなった。

創られたベストセラー

半年あまりで売れた八万部のうち、三〜四万部は父が買い取った。それは箱に入ったまま、マサチューセッツ州南東部ケープコッドの港町ハイアニスポート、ケネディ家別荘の屋根裏（物置とも地下室ともいう）に向かった。ニューヨークの倉庫も行先の一つだったようである。

メディアも売り込みに協力した。『ニューヨーク・タイムズ』など各紙は書評で賛辞を寄せた。政治家デビューのはるか以前に、ケネディはメディア戦略の成功を体験したわけである。

時代が求めた結果でもあった。ヨーロッパでの大戦勃発にアメリカ人も危機感をつのらせていた。そこに若き、文才豊かな思索家が彗星《すいせい》のごとく出現し、イギリスの失敗を冷静に分析したうえでアメリカの行くべき道を指し示してくれたわけである。

ケネディにいわせれば問題はチェンバレンの弱腰にではなく、むしろ彼が妥協を強いられた環境、つまりイギリスの不十分な軍備にあった。その背後には世論の平和主義、国際連盟への過信、軍備支出への嫌悪などが存在していた。

必要なのは、火事が起きた時にきちんと目を覚ましている、いやそもそも火事を許さない番人だ。イギリスが露呈したように、民主主義国家には弱点が存在する。それを克服するには、アメリカもその民主主義をより効果的なものにしたうえで危機に対応しなければならないのだ——のち、大統領として彼自身が取り組むことになる課題との出会いである。

名が売れたことはケネディの将来にとって大きな財産となった。もっとも、ハーバード大学出の知識人という肩書は反感を買う恐れもあり、政治家には必ずしもプラスではない。だが当時ケネディ家の政治家候補は長男ジョゼフ二世であり、ベストセラー作家である次男の存在にはそれなりの意味があった。

ケネディ家は、学究の才を示しながら実地に国際経験を積み、世界の将来に危機意識を抱く逸材を生み出した。長男の、弟に追い越されたという焦りや冷たい反応をよそに、この次男はほどなく戦場に身を置くことになる。

2　大戦の試練

海軍将校の優雅な生活

ハーバード大学卒業後、短期間スタンフォード大学で学んだケネディは、第二次世界大戦中の多くの若者と同じく軍務につこうとした。だが健康上の問題から陸軍にも海軍にも門前払いを食らっ

マサチューセッツ州ケープコッド沖でヨットを楽しむ1962年夏のケネディ（絵葉書）。

た。半人前の男と見られまいと、彼は鍛練に努めた。

　父ジョゼフから海軍上層部への働きかけもあって、ケネディは海軍の適性試験に合格した。だがじつは身体検査が免除されたとも、嘘八百を並べた証明書が入手できたともいわれる。

　内心、父は息子たちを戦場に送りたくなかった。だが軍務に不適格な次男の存在は、前駐英大使としても、長男ジョゼフ二世の政治的将来を考えても、絶対に受け入れられなかった。

　ケネディ家の若者たちは、愛国心、勇気、自己犠牲の精神などを誇示する格好の舞台を見つけた。ケネディが海軍少尉となったのは一九四一年秋。すでに夏には兄も海軍入りしている。妹（次女）のキャスリーンは赤十字の看護婦となり、三男ロバートも十七歳で海軍予備隊に志願した。

　ケネディの配属先はワシントン。暗号の作成や解読などにあたる海軍情報部だった。だが三つ子の魂はまだ生きていたようで、彼が血道を上げたのは女遊びだった。とくに彼はデンマーク人記者、インガ・アーバドに夢中になった。

　だが彼女はドイツのスパイという嫌疑で、連邦捜査局（ＦＢＩ）の監視下に置かれていた。エドガー・フーバーＦＢＩ長官からの接触を受けた父の圧力で、ケネディは別れを決断した。ケネディはフーバーに恨み骨髄《こつずい》だったが、逆にフーバーはのちのちまでケネディを脅す種を得た。

ケネディは一九四三年春、中尉として南太平洋に赴いた。退屈な陸上勤務に嫌気がさし、何とか海上任務をと、父に働きかけを依頼した結果だとされた。

父は旧知のジェームズ・フォレスタル海軍次官に息子の転属を要請した。最前線に立つ次男は政治的な財産だったし、アーバドとの危《あや》うい恋路を断つ非常手段でもあった。ケネディ自身も母方の祖父ジョン・フィッツジェラルドの伝手《つて》を用い、マサチューセッツ州選出で上院海軍委員長のデービッド・ウォルシュに協力を仰いだ。

ケネディは魚雷艇PTボートの艇長になった。部下の一人ポール・フェイ（のちケネディ政権で海軍次官）によれば、その第一印象は「骨と皮」そのものだった。だが子供時代からヨット遊びに慣れ親しんだケネディは、少なくともしばらくの間、艇長生活を楽しんだようである。

南太平洋の受難

一九四三年八月二日未明、ソロモン諸島。日本の駆逐艦・天霧《あまぎり》は暗夜の海上でアメリカの魚雷艇に遭遇、高速で突進し、真っ二つにした。相手はPT109。指揮官はケネディである。艇は燃え上がり、乗員の大半は海に投げ出された。十三人のうち二人が死亡、三人が大火傷《やけど》を負った。基地では追悼式が行われ、ケネディ戦死の報が家族にも伝えられた。

だがケネディは生き残った部下を励まし、沈む艇から彼らを率いて、五キロばかり離れた島にたどり着いた。負傷で泳げない部下は、救命胴衣の紐を歯にくわえて引っ張った。

ココナツの実などで命をつなぎながら、味方を探して何度か島周辺を泳ぎ、部下にも同じことをさせた。ようやく基地に連絡がつき、八月八日、餓死寸前の彼らは無事救出された。

南太平洋における日本軍との戦いの総司令官ウィリアム・ハルゼー提督は、彼に勲章を与え、感状で「勇気と忍耐と卓越した統率力」を称えた。ケネディは秋には大尉に昇進した。

じつはケネディはもっと上位の勲章を狙っていたのだともいう。しかも正式な叙勲までにはかなり時間がかかった。揉めたのである。なぜか？

戦果も上げずに指揮する船を失って表彰された例も、PTボートが衝突され沈没した例も、海軍にはそれまで皆無だった。一瞬の、暗闇での出来事とはいえ、駆逐艦の巨体に気づかず回避もできなかったのは軍法会議ものだとさえ批判された。海軍仲間ではむしろ物笑いの種だった。ケネディ自身、息子への勲章を求める父ジョゼフの画策を横目に、ばつの悪い思いをしたようである。

ケネディには同情の余地もあった。基地のPTボート十五隻のうち、レーダーを装備しているのは四隻だけで、ケネディの艇にはなかった。敵に発見されないよう、照明も点灯できなかった。薄っぺらなベニヤ板の船体は脆弱《ぜいじゃく》、搭載兵器は貧弱、速度も不十分、無線はあてにならず、エンジンは不安定、燃料は引火しやすいハイオクガソリン。か細くて頼りない有様から「蚊《モスキート》ボート」とあだ名されていた。

脚色された物語

だが祖国に供されたのは、小さいながら高性能の艇を縦横無尽に操り、太平洋で戦う勇士の英雄譚《たん》だった。戦時下のアメリカ国民待望の物語は、ケネディの将来を構成する重要な一部となる。

第一幕。AP通信やUPI通信は、この前駐英大使の息子が危険な任務に挑み、苦難を乗り越えて部下を救出したことを伝えた。『ニューヨーク・タイムズ』紙も一面で報じた。ケネディの地元では『ボストン・グローブ』紙がこの「太平洋の英雄」を称えた。

第二幕。作家のジョン・ハーシーは、ケネディの元ガールフレンドの一人と結婚した男である。彼はこの事件の顚末《てんまつ》を『生還（*Survival*）』と題する記事にまとめ上げた。ケネディが反撃に出ようとしたこと、遭難後は部下を叱咤激励したことがとくに強調された。

父ジョゼフは、これを有名な雑誌『タイム』や『ライフ』に載せたいと望んだが、それは果たせなかった。ケネディ本人もこれに落胆したという。一九四四年六月になって、ハーシーの記事はややマイナーな雑誌『ニューヨーカー』に掲載された。

第三幕。ケネディの卒論刊行にも貢献したアーサー・クロックが、全米でも知られた雑誌『リーダーズ・ダイジェスト』編集者にジョゼフを紹介した。この雑誌の八月号に、ハーシーの記事の要約版が載った。

父はこの記事を大量にコピーし、配りまくった。若きケネディの名がたちまち知れ渡った。一説には、この年六月に実施された連合軍のノルマンディ上陸作戦に並ぶほどだった。

ケネディ自身は困惑し、不注意から艇を沈め部下二人を失ったという罪の意識にも悩まされたようである。あれは「大失敗」だったのに「ペンの力」で英雄的行為になってしまったとも漏らしていた。のち大統領としてキューバ侵攻を試みて大恥をかいた時（ピッグズ湾事件）、彼はPTボートの沈没はもっと手ひどい失敗だったと述懐している。

一九六〇年の大統領選挙では、自分が戦争の英雄になったのは「彼らが私の艇を沈めた」からにすぎないと語った。英雄になりたかったわけではない。自分はまったく英雄ではない。本当の英雄とは「戦地から帰れない人間」なのだ……。

だがじつは当時、ケネディはハーシーの取材に積極的に協力していた。できあがった記事に満足げでもあった。自分は攻撃に出ようとしていたのだと、都合のよい話を繰り返した。自分でもそう信じ込んでいったのかもしれない。少なくとも彼は、著書のベストセラー化の時と同じく、若き勇者という神話の生成を拱手《きょうしゅ》傍観していた。

彼を弁護することもできる。本人の戸惑いとは別に、事態はすでに動き始めていた。いまさら間違いを認めるのも、創られたイメージを覆《くつがえ》すのもむずかしかった。ケネディ家には弱者の居場所などなかったし、大戦で愛国心を鼓舞された人々は英雄を渇望していた。

高価な代償

勇壮な物語には二つの代償があった。第一が、ケネディの健康悪化。PTボートの振動や沈没の衝撃が彼の背中に悪影響を及ぼし、手術が必要となった。マラリアや十二指腸潰瘍《かいよう》などにも見舞われた。彼自身のいう身体の「修理」は失敗し、彼は退役した。

よいこともあった。幼時からの背中や腰の痛み、身体の不調を、学生時代のフットボールでの怪我と並んで、名誉ある戦傷や戦地での病のせいにできるようになったのである。

第二が、兄ジョゼフ二世の戦死。彼は遠隔操作の無人機とともにドイツのV1ロケット基地を爆撃する任務に志願した。だが一九四四年八月十二日、爆撃機が空中で爆発してしまう。

この悲劇の原因に、ジョゼフ二世の野心があった。彼はカトリック初の大統領になると公言していた。父ジョゼフと同じく孤立主義者で、参戦も反対だった。その彼が兵役につき、危険な飛行に挑んだのも、大戦の英雄という衣を身にまとって政界に進出するためだった。

根拠のない自信もあった。たとえどれほど無謀な真似をしても、自分だけは大丈夫だ。それは次男を含むケネディ家の、彼らの後継者たちにも引き継がれる伝統となる性癖だった。

次男の存在も影響した。もともと自分の陰に隠れた存在でしかなかった弟が、先に少尉となり、実戦に身を投じ、英雄になるとは。兄は弟に嫉妬剝《む》き出しの手紙を送っている。

自分は弟と同じく、いやそれ以上の英雄にならなければならない。ジョゼフ二世は、ケネディ家の次代を担うべき家長として避けられない、強迫観念の犠牲者だった。

父も大きな影を落としていた。一八八八年生まれの彼は第一次世界大戦で、造船所副支配人として海軍に貢献するという名目で、同世代の若者が受けた士官訓練を意図的に回避した。しかも宥和《ゆうわ》政策の汚名を着たあげく大使の座を去った。政治家を目指すその長男には名誉挽回《ばんかい》の義務があった。

英雄賛美劇第二幕

兄を失ったケネディは、家族にとっての希望が「頂点でいきなり断ち切られた」衝撃の大きさをしみじみ語っている。それは彼自身が十九年後に再現するものである。

とくに父の悲嘆は大きかった。ケネディがつくった追悼文集を読むこともできず、しばしばフランクリン・ローズベルト大統領を陰でののしった。父の憔悴《しょうすい》ぶりに、ケネディはやはり自分は兄ほど期待されていないのかとがっかりだったという。

だが転んでもただでは起きないのがケネディ家。遺《のこ》された家族は団結を強め、亡き長男の偶像化に邁進《まいしん》した。彼は、海の英雄となった次男に引けをとらない、空の勇者だった。戦後を担うべき若き指導者が失われたのは、ケネディ家だけでなくアメリカにとっても世界にとっても計り知れない損失だ。こうしたイメージの流布《るふ》もまた、一九六三年以降に繰り返される物語である。

大戦中のメディアもこの悲劇的な死を大きく取り上げ、その勇気を称え、犠牲を惜しんだ。父は海軍長官となったフォレスタルに働きかけ、新造の駆逐艦にジョゼフ・P・ケネディ二世の名を冠させた。朝鮮戦争の頃、勇躍それに乗り込んだのがロバートである。

妹キャスリーンがイギリスで結婚したウィリアム・キャベンディッシュ（ハーティントン侯爵）もヨーロッパで戦死した。大戦の副産物が、あいつぐ悲劇にもひるまない英雄一家の姿である。

その彼らの前には、次男ケネディを押し立て、一丸となって挑むべき次の目標が用意されていた。

3　目指すは政界

白羽の矢

第二次世界大戦が終わった。ケネディは父ジョゼフの力添えで新聞記者となり、ポツダム会談、戦後初のイギリス総選挙におけるウィンストン・チャーチル首相の敗北、サンフランシスコでの国連創設会議などを取材した。

彼はのち大統領就任演説で、国連を核時代における「われわれの最後の、最善の希望」と呼んでいる。だがこの時は、各国の宣伝戦や冷戦のライバル・ソ連の頑迷な態度にすっかり幻滅した。この記者経験が彼を変えた。見る側でなく見られる側に、ニュースを伝える側でなく発信する側になりたい。ケネディの演説起草者で大統領特別顧問となったセオドア・ソレンセンは、政治という舞台がケネディの前に「自然と開けた」のだと述べている。

だが、彼に白羽の矢を立てたのは父だった。まだ大戦が続く、一九四五年初め頃のこと。ケネディは元戦友のポール・フェイにこう漏らしている。父親の目が「ぼくの首の後ろ」に注がれているのを、自分は肌で感じている。「もう覚悟ができてる」父のほうでは、「なぜジョニー坊やが『エンジンを始動』させないのか理解できないでいる」のだ。

父は自分に政界入りを「要求」したのだ。まるで「徴兵」だ。父は「腹話術師」で、自分は「人形」、そして亡兄の「次の駒」だ。彼は友人たちにもそうぼやくことしきりだった。

一九五七年といえば、そろそろケネディに次期大統領の呼び声が高くなりつつあった時期である。その頃、この父はあるインタビューでこう認めている。渋っていた、そしていまも政治は自分に向いていないと思っている次男を政治家にした「張本人」、それは自分なのだ。

政界とは、ケネディ家が権力と地位を得るための舞台だった。未来の大スター、長男ジョゼフ二世はすでに失われた。かりにそれまでたいして期待されていなかったとしても、戸籍上の次男が政治上の長男役を代演するのは自然の理だった。

ケネディ本人もしだいにその気になっていった。父の期待に応《こた》えたいという欲求もあった。政界入りは、兄の巨大な影の下から脱し、みずからの人生を切り拓く機会とも思われた。出色の卒論を刊行したベストセラー作家。日本軍と勇敢に戦った南太平洋の英雄。今度は新進気鋭の政治家。ケネディが本来の自分でない何者かを演じるのは早くも三度目である。

冴えない候補者

息子の政界進出に向けて、父ジョゼフは準備万端だった。一九四六年になると「万事その方向を指していたようだった」とケネディは述懐している。

だが、いつ？　この年の秋、連邦下院議員選挙。どこで？　マサチューセッツ州第十一区。ハーバード大学のあるケンブリッジ地区、ボストン東部などを含む地域である。

この選挙区では十九世紀初め以来、民主党の勢力が強かった。しかも有権者にはカトリックが多かった。予備選挙を勝ち抜いて民主党の候補になりさえすれば、共和党との本選挙は楽勝間違いなし。議席は生涯保証されたようなものだった。

しかもこの選挙区は、州上院議員だったケネディの祖父パトリック・ジョゼフや、ボストン市長だった母方の祖父ジョン・フィッツジェラルドの地盤だった。ジョン「フィッツジェラルド」「ケネディ」の名こそ「二連発銃」だ。彼には選挙運動などまったく必要ない。かつてフィッツジェラルドの政敵で、当時この選挙区の下院議員だったジェームズ・カリーは苦々しげにそう認めた。だが十歳からニューヨークで育ったケネディ本人は根なし草も同然だった。頼りは学生時代の友人や元戦友くらい。選挙時の住まいもボストンのホテル。

しかもここにはアイルランド系、イタリア系の貧しい労働者が多かった。一九一七年生まれ、まだ三十路《みそじ》前の青二才。新参のよそ者。金持ちのお坊ちゃん。ハーバード大学出のエリート。有権者の反感を買う要素はてんこ盛りだった。

候補者本人の資質もまったく冴《さ》えなかった。引っ込み思案で活力に欠け、批判にも傷つきやすい。口数も少なく、演説もうまくない。政治家とのつき合いや取引も、大勢の集会も苦手。

健康にも不安を抱えていた。表向きはマラリアによる一過性の現象だとされたが、副腎の機能不全のせいで痩せ細っていた。薬の副作用で皮膚は浅黒かった。背中の痛みで、ときに松葉杖が必要だった。放埓《ほうらつ》な漁色《ぎょしょく》から下半身にも異常があったようである。

彼は周囲の多くからも、並みいる対立候補からも、まともに受け止められていなかった。だがその素人っぽさが逆に、「新世代から指導者を」の選挙スローガンにふさわしい政治家の誕生を思わせた。災いを転じてみずからの財産とするのがケネディ流選挙を彩る特徴の一つとなった。

出撃PTボート

ケネディが手にした武器の第一が、第二次世界大戦の遺産である。彼が最初に勤めた新聞社も、「大戦の英雄」入社を派手に宣伝していた。実際に起きた惨事や魚雷艇PTボートのお粗末さ加減と、華々しい英雄物語のギャップなど、まったく問題ではなかった。

ケネディもみずからの躊躇《ちゅうちょ》を封印し、勝利のためPTボートを積極的に利用した。健康問題、たとえば背中の痛みも、原因が名誉の戦傷とされる以上、むしろ貴重な政治的財産となった。まだ第二次世界大戦の記憶は有権者の脳裏に鮮烈で、身内や友人を失った者も多かったから、効果は抜群だった。ケネディの選挙演説でも、聴衆の多くは退役軍人やその家族だった。

この選挙区でそれができる経歴と資金を持つ候補は他にいなかった。南太平洋におけるPT109の受難を描いた『リーダーズ・ダイジェスト』誌記事のコピーがばらまかれた。総数は十万部とも十五万部ともいわれる。選挙区内の全戸に配布したとの説、ある対立候補の夫人までもこれを読んでケネディ支持に傾いたとの説さえある。

元戦友も大量に動員された。ソレンセンはのちに「ケネディ中尉の乗ったPTボートはよっぽど大きかったにちがいない」と冗談まじりに述べている。PTボートとは無関係な「戦友」もいたが、お構いなしだった。「うんとぼかしてしまうんだ。海軍とジョンと戦争を結びつけるだけでいい」と、のち一九五二年上院議員選挙でケネディは言い放っている。

兄ジョゼフ二世の戦死も利用された。ヨーロッパと太平洋でそれぞれ命をかけて戦った兄弟の生き残りが、悲劇を乗り越え、亡兄の遺志を継いで、議員として国家に貢献する決意を固めたのだ。

ケネディは第二次世界大戦退役軍人の代弁者、そして物言えぬ戦死者の心を汲みとる若き政治家となった。亡兄としてはもって瞑すべしというべきか。あるいは地下で歯嚙《が》みをしていたか。

象徴となった戦歴

ＰＴ１０９はケネディの政治経歴と一体不可分であり続けた。一九五二年に挑んだ上院議員選挙で利用されたのが、日本の駆逐艦・天霧《あまぎり》の花見弘平《はなみこうへい》・元艦長から届いた書簡である。戦場での奮闘を称え、選挙での勝利を祈念する内容がパンフレットに載せられ、九十万部ほど配布された。

一九五六年、民主党大会で副大統領候補の指名を求めたケネディ陣営は、戦歴を持たない大統領候補アドレイ・スティブンソンに、彼と組むことが大きなプラスになると力説した。テキサス州の大物政治家であるリンドン・ジョンソン民主党院内総務は、この「名誉の戦傷者、闘う上院議員」に州代議員五十六票をすべて与えた。投票総数一三七二票の約四・一パーセントにあたる。

一九六〇年の大統領選挙で、資金集めと候補者売り込みの両面で最大のヒット作となったのが、ＰＴ１０９をかたどったネクタイピンだった。柳の下に泥鰌《どじょう》は何匹も潜んでいたのである。

一九六一年、大統領就任祝賀パレードには、元部下とともに魚雷艇の実物大模型が登場した。天霧の元乗組員たちからはホワイトハウス入りを祝う寄せ書きの色紙が届いた。議員時代と同様、彼が救出依頼を刻んだココナツの実を置物に加工したものが執務机の上に鎮座した。

同じ年、『ニューヨーク・ヘラルド・トリビューン』紙ワシントン支局長のロバート・ドノバンが、ＰＴ１０９の英雄譚《たん》を刊行した。ケネディは自分の扱いにこだわり、校正刷りにも目を通した。この本はケネディの大統領時代に日本でも刊行され、はるかのちにも再版されている（ロバート・ドノヴァン、波多野裕造《はたのゆうぞう》訳『ＰＴ１０９――太平洋戦争とケネディ中尉』日本外政学会、一九六三年。ロバート・ドノバン、波多野裕造訳『ケネディのいちばん長い日――ある日本軍人との死闘』毎日ワンズ、二〇一四年)。

この物語は一九六三年に『魚雷艇109(*PT 109*)』として映画化された。ホワイトハウスは脚本や俳優の選定などで承認権を握った。大ヒットこそしなかったが、ケネディは制作に積極的に関わり、その出来にも満足だったようである。

PT109は日本でもプラモデルになった。アメリカでは艇長姿のケネディをかたどった、いわゆるGIジョー人形が売られた。はるかのち、二〇〇二年には水没した魚雷艇の発見が報じられている。

それは海の男でもある政治家を賞揚する神話を構成する重要成分の一つだった。ケネディ時代を象徴する輝かしいオブジェの一つでもあった。

ボストンのお茶会

一九四六年下院議員選挙での第二の武器が、ティーパーティである。お茶会じたいは、多くの有権者を招いて候補者が名を売る、昔ながらの手法にすぎない。だが対象を女性に絞り込んだ戦略、候補者が一晩で何か所にも顔を出せる綿密な計画と効率的な組織、最大で千五百人に達する規模。この年のボストンに出現したものは型破りだった。

ホステス役は母ローズ。元ボストン市長の娘、著名な億万長者かつ元駐英大使の夫人である。これほどの「ハイソ」から招待状が届くなど、ボストンの一般女性がめったに手にできる幸運ではない。招待客の多くは、候補者本人ではなくローズを見ようと、精一杯盛装し、髪型を整え、喜色満面でやって来た。母こそが最大の政治的武器、本人の言によれば「オトリ」だった。妹たちも側面から援護した。ごくたまに、礼装姿の元大使ジョゼフも顔を見せた。

ケネディは有名映画スターもどきだった。父のおかげで若い頃から彼も映画界に親しんでおり、ハリウッドのスター創出システムに魅了されていた。その流用である。

病み上がりで、痩せて、はかなげな彼のたたずまいやその内気な微笑《ほほえ》みは、女性本能をくすぐった。しかも独身ときては、彼女たちが色めき立ったとしても無理はない。

年配の女性に向かっては、自分の母もこの大戦で一人の息子を亡くしたのだとケネディはしみじみ語った。失われた彼の兄の中に、そして生き残った彼自身の中に、みずからの息子の面影を見た女性たちは涙にくれ、彼に触れようと必死になった。

のち一九五二年上院議員選挙では、このティーパーティが全州で三十回以上も行われ、少なくとものべ七万人を招いた。あの忌々《いまいま》しいティーパーティにしてやられたと、対立候補ヘンリー・キャボット・ロッジは臍《ほぞ》を噛《か》んだ。偶然だが、この時の票差が約七万である。

ケネディはお茶の海に乗って上院に流れ着いた。ロッジはお茶に溺れてしまったのだ。こう揶揄《やゆ》され、ケネディがいたく腐ったこともある。

ティーパーティに限られず、ケネディはしばしば女性たちに抱きつかれ、キスされ、髪を触られ、もみくちゃになった。ロッジにはない特権を思う存分享受したのである。

手練手管も抜かりなく

第三の武器が組織である。一九四六年四月の立候補表明以前に、多数のボランティアが独自の、政党も同然の組織を形成していた。ハーバード大学時代や海軍時代の友人などが中心である。

本当の主役は、ほとんど姿を見せない父ジョゼフだった。選挙運動を取り仕切るのは父が認めた者ばかり。腕利きの宣伝担当者が広告会社から引き抜かれた。小規模ながらテレビCMも活用された。自分が後押しすれば、お抱え運転手さえ議員にできると、父は誇らしげに語っていた。

第四の武器が豊富な資金である。大事なものが三つある。第一に金《かね》、第二に金、第三に金。必要以上は一ドルたりとも使うな。だが出し惜しみのせいで落選するなど言語道断《ごんごどうだん》だ。これが父の信条、そしてケネディの選挙運動を律した哲学だった。

一九四六年に投じられた金は、二十五万ドルとも五十万ドル以上ともいわれる。ちなみに同じ選挙区を六年後に引き継いだティップ・オニール（のち下院議長）は五万ドル程度しか使っていない。選挙費用とは別の出費もあった。たとえば、病院建設などを目的とするジョゼフ・P・ケネディ二世財団の創設。もちろん候補者売り込みの一環である。

票の買収など日常茶飯事だった。この選挙区の現職カリーの債務を肩代わりし、彼にボストン市長選挙への転進を働きかけた。彼はめでたく市長に当選、すべてが丸くおさまった。

他の候補には金が渡った。立候補を止めさせるか、運動を差し控えさせるためである。金欲しさに立候補の素振《そぶ》りだけを見せる者さえ出た。

金以外の手もあった。脅威となりそうな候補には、同姓同名の人間を立候補させて選挙運動の混乱と票の分散を招かせた。州内の民主党を牛耳《ぎゅうじ》るボス政治家たちにも、息子への支持を要請した。ケネディは予備選挙で他の候補を寄せつけず、全体の四割もの票を集めた。本選挙では七一・九パーセントの票を得て、楽々ワシントンへの切符を手にした。

ケネディはのちに、自分が選挙運動に「すっかり夢中になった」と語っている。戸惑いを克服し、政治や権力の魅力を味わい、競争心や闘争本能を刺激され、政治家として覚醒していった。

先頭に立った候補者をケネディ家総出で支え、スターに仕立て上げる。父が総指揮をとり、豊富な資金を注ぎ込み、手練手管も怠らない。PTボートで愛国心と戦士イメージを、ティーパーティで貴族的な雰囲気を売り込む。若さを逆手にとり、活力ある新しい指導者の誕生を訴える。自前の組織で人海戦術を展開し、メディアも動員する。ケネディ流選挙戦術の華々しい船出だった。それは下院から上院へ、そしてホワイトハウスへと引き継がれていく。

4　上院への挑戦

無力な若僧議員

下院に登場したケネディだが、先任序列制《シニオリティ・ルール》のもとでは使い走りも同然だった。実際より若く見え、見学の大学生やエレベーターボーイに間違われた。議員用電話を使おうとすると守衛にとがめられ、ときに証明書の提示すら求められた。彼は上院議員になってからも似たような目に遭っている。

服装もいい加減で、振る舞いにも難点があった。下院初登院の頃は背広一着とワイシャツ二枚しか持っておらず「きみは長くいるつもりはないのかね」と周囲にからかわれた。議員会館の廊下でスタッフとキャッチボールに興じ、周囲の顔をしかめさせた。

のち下院議長となるティップ・オニールによれば、この頃のケネディは「水から上がったカッパ」同然だった。ケネディ自身、当時を「おやじの家を出たばかり」だったと振り返っている。父ジョゼフは多くの場合電話で指示を送った。息子は父の言いなりだった。議員事務所のスタッフも父のお眼鏡にかなった者だった。私立探偵を雇って息子の行動を監視していたとさえいう。

ケネディにとっても、家族内に波風を立てるよりは、成り行きに任せて日々愉快に過ごすほうが大事だったろう。もともと選挙目当てのお題目以上に、父に異を唱えるほどの政治的な信条も、さまざまな問題への興味もなかった。

健康にも不安材料があった。アディソン病つまり副腎の機能悪化である。医者は彼の寿命を四十五歳あたりと見ていた。奇妙な暗合だが、彼が暗殺の運命に遭遇したのは四十六歳である。

薬への依存とその副作用、腰椎《ようつい》の圧迫骨折などで、海軍時代に手術した背中にかなりの痛みが生じ、しばしば松葉杖が頼みの綱となった。やむをえないことだが議場では欠席も目立った。

ケネディはますます痩せ、抵抗力も弱まった。出席した行事で突然倒れる。調査団の一員として訪れたロンドンでは病院に担ぎ込まれる。司祭が呼ばれ、枕元で臨終の儀式を行う。助かっても余命は一年と宣告を受ける。一九五一年のアジア旅行では沖縄で入院、あわやの事態に陥る。かろうじて日常生活が可能だったのは新薬コーチゾンのおかげだった。

真実の隠蔽《いんぺい》と虚像の宣伝も怠りなかった。身体の不調はマラリアの再発、つまり一過性の出来事。薬の副作用で黒ずんだ皮膚は日焼けのせい。ムーンフェイスと呼ばれる膨らんだ顔は食べ過ぎの結果。松葉杖に頼っていることはごく親しい者しか知らないまま。表向き彼は、ヨットを楽しみ読書にいそしむ、頑強さと知性を備えた若手議員だった。

一九四八年、仲のよかった妹キャスリーンが飛行機事故死する。自分も先行き長くないと感じたケネディは、議員の仕事など二の次、三の次で女性関係にますますのめり込んだ。

独自性を発揮

それでも議員経験が少しずつ彼を変え始めた。たとえば彼は、退役軍人への廉価な住宅供給を支持した。だが彼らの全国組織である在郷軍人会連盟《アメリカン・リージョン》は、不動産業者の利害を反映してこれに反対した。退役軍人の一人としてケネディは連盟を糾弾し、注目を浴びた。

少なくともかなりの政治的勇気は必要だったはずである。直後ケネディは、これで自分の政治家としての将来は終わりかもしれないと語った。幸い、退役軍人の多くは彼を支持した。

父ジョゼフの立場と彼の考えにも、しだいに食い違いが表面化してきた。国内では父と異なり、大統領権限の肥大化や連邦政府の財政支出拡大、つまり「大きな政府《ビッグ・ガバメント》」のあり方を容認し、福祉の拡充や労働者の権利確保を支持した。

対外的には冷戦に勝利するため、ハリー・トルーマン政権の「封じ込め《コンテインメント》」政策を支持し、アメリカや西側の軍事力強化を重視した。西欧では対ソ対決姿勢を鮮明にしたトルーマン・ドクトリン、大規模援助計画であるマーシャル・プラン、北大西洋条約機構(NATO)に、アジアでは「ポイント・フォア」の名で知られる援助計画に賛成した。父の孤立主義と違うではないかと指摘されると、父の考えは父に聞いてくれと応じた。

一九五一年、彼は弟(三男)ロバートや妹(四女)パトリシアとともに、七週間にわたってアジア数か国を訪れた。発展途上世界の現実や民族主義の力を実感し、インドシナでは植民地維持を願うフランスの拙劣な戦いぶりを目《ま》の当たりにした彼は、冷戦を制するために貧困、欠乏、疾病《しっぺい》、不公正、不平等などを根治する必要を痛感した。のちのケネディ外交の芽ばえである。

カトリックである彼の強烈な反共主義も大統領時代まで一貫していた。故フランクリン・ローズベルト大統領の外交や一九四五年のヤルタ会談を、東欧の共産化を容認した愚行だと非難した。一九四九年の中国の「喪失」も、「わが国の若者が救ったものを、わが国の外交官と大統領が浪費してしまった」のだとトルーマン政権を糾弾した。

ケネディの激しい言葉は、時代の風潮を反映し、社会の雰囲気に流された結果でもある。一九六〇年大統領選挙の時だが、国際経験豊かな記者セオドア・ホワイトに向かって、彼はうめいたことがある。「あのころは何もわかっちゃいなかったんだ――調査員も、スタッフも持たない駆け出しの議員がどんなものか、知っているだろう。ぼくは間違いを犯したんだ」。ちなみにホワイトは、この時の大統領選挙の詳細な追跡で一九六二年にピュリツァー賞を受ける。

大物現職が相手

下院議員でいる限りケネディの地位は安泰に思えた。一九四八年の下院議員選挙では共和党の対立候補が現れず、一九五〇年も八二・三パーセントの得票率で圧勝。この議席はケネディの私物も同然となった。いずれは下院民主党の指導者として重きをなすものと思われた。

だが彼は不満だった。年功序列の壁は厚く、全国的にはまったく注目されない。有力視されるまでには二十年ほどもかかるだろう。それまでは四三五匹の「下院の虫」の一匹でしかない。外交での活躍こそ自分の真骨頂《しんこっちょう》だ。そのためには、ぜひにも上院議員にならなくてはならない。

もっとも、仕事に熱心でなく、たいした業績もないのに注目を浴びるケネディに、先輩議員たちもまた不満だった。「君は飽きるほどは下院のことを知っていないだろう。まだそれほど長くいたわけではないのだから」と、面と向かって言う先輩議員さえいた。

時期尚早と考える者、彼の経験不足や健康状態に疑念を抱く者も多かった。だがたとえ時間をかけたところで、本当に健康体が取り戻せ、上院議員当選の可能性が増す保証などなかった。

ケネディの前には、共和党の大物現職ヘンリー・キャボット・ロッジという巨大な壁が立ちはだかっていた。初当選は一九三六年。ケネディのハーバード大学入学の年である。軍務のため辞職し、再び選出されたのが一九四六年。ケネディの下院議員初当選の年である。

ケネディなどしょせん小物扱いだった。どうせ勝てない、無駄金を使うなと父ジョゼフに助言する者もいた。一九五二年が改選にあたるロッジは、三十万票の差をつけて見せると豪語した。だからこそ絶好機だった。誰もロッジの対抗馬になりたくなかったからである。

マサチューセッツ州の民主党員の間にさえロッジ支持者は多かった。だが綿密な世論調査の結果から、勝算ありと踏んだ例外的な一人が父だった。もしことが首尾よく運び、この難敵を打ち破れれば、あとはホワイトハウスまで一気呵成《いっきかせい》だ。

困難であるがゆえにあえて挑戦するという、ケネディ自身の気質もあったかもしれない。のち宇宙開発競争やゲリラ戦争対策などにも発揮される精神である。

もちろん危険は小さくなかった。だが勝利を手にできる機会がやすやすとめぐってくるとも思えなかった。上院議員は各州に二人、任期は六年。もう一人も共和党のレベレット・ソルトンストールで、改選は一九五四年。こちらもロッジに劣らぬ難敵だった。こうして選ばれた挑戦の舞台が、一九五二年上院議員選挙である。

脚光を浴びる

ケネディは今度も早々と選挙運動を開始した。正式な立候補表明は一九五二年四月。だがほぼ下院議員としての三期目にあたる一九五一～五二年頃は、議員の仕事など従来以上にそっちのけだった。先輩議員に文句をつけられたほどである。

一九五一年のアジア旅行も、選挙戦で外交を売りにする目的があった。実際にそれは広く報じられ、発展途上世界の専門家という彼のイメージを広めた。

二万五千人ものボランティアが組織された。だが下院の狭い選挙区（マサチューセッツ州は十四に分割されていた）と、全州規模の運動はやや勝手が違った。

選挙運動を取り仕切る父ジョゼフは、混乱する組織強化のためロバートを送り込んだ。八年後の大統領当選まで、ロバートは兄の選挙運動を仕切り続ける。のちに「ケネディ・マシーン」として名を馳せる独自の組織がじょじょに形を整えていった。

対照的に、選挙に不敗を誇るロッジの出足は鈍かった。彼の関心は自身の再選などにでなく、二十年ぶりの共和党政権実現にあった。そのために第二次世界大戦の英雄ドワイト・アイゼンハワー元帥を大統領選挙に担ぎ出したのである。地元では手抜きでも十分勝てるはずだった。

ケネディとロッジは政治的立場が似ており、選挙戦はイメージ勝負となった。ケネディはPTボートとティーパーティというお得意の武器を繰り出した。

テレビでは『ケネディ家とコーヒーを（*Coffee with the Kennedys*）』という番組が放映された。母や妹たち、ケネディ本人が画面に登場し、有権者宅の居間を本当に訪れて親しく語り合ったような印象を残したのである。録画を用いた鑑賞会もいたるところで催された。

テレビCMは、彼にまとわりつく健康不安を有権者の脳裏から消し去るうえでも重要だった。あと半年の命だとの噂さえあったケネディは元気一杯に歩きまくり、体力と健康を有権者に見せつけた。握手した人数はほぼ五対一、ケネディがロッジを圧倒した。

だが車には松葉杖が隠されていた。寝る前の彼は熱い風呂で痛みをまぎらわせた。母ローズは、息子が痛みに耐えて歯を食いしばる「キリキリいう音」が聞こえる思いだったという。

ロッジ陣営が約六万ドル、ケネディ陣営は約三十五万ドル（五十万ドル以上ともいわれる）を費やした。しかもそれは表立った部分だけである。父は、左前となった共和党系の新聞社『ボストン・ポスト』に五十万ドルを寄付し、ケネディ支持に切り替えさせた。

努力は報われた。両者の得票は、ロッジ一一四万票あまりに対し、ケネディは一二一万票あまり。「トラックに轢《ひ》かれた感じ」だというのがロッジ敗戦の弁だった。マサチューセッツ州では、共和党の大統領候補指名を争ったロバート・タフト上院議員のほうがアイゼンハワーより人気があったことも、ロッジには災いした。

この年、民主党は大統領選挙に敗れるなど全国的な退潮に苦しんだ。マサチューセッツ州知事選挙も落とした。だから約七万票の差をつけて大物を破ったケネディが望外の脚光を浴びた。上院の議席だけでなく、将来に向けての大きな跳躍台を得たのである。

5　プリンス&プリンセス

選り抜かれた伴侶

新人上院議員ケネディは、記者たちから「上院の陽気で若い独身者」と呼ばれた。秘書のエベリン・リンカーンも、当時の彼を「きまぐれなデート屋さん」と見ていた。父直伝《じきでん》の女遊びに拍車がかかり、とっかえひっかえ、一度きりの逢瀬《おうせ》を楽しんでいた。

そこから伴侶候補として一人の女性が浮上した。ジャクリーン・ブービエである。名門と呼ばれる家の生まれだが、母の離婚と再婚で、やはり名門オーチンクロス家の一員となった。

バッサー女子大学一年生だった一九四七年に十八歳で社交界にデビューし、「デビュタントの女王」に選ばれた。パリのソルボンヌ大学で学んだ後、記者兼、当時の新聞記事によれば「カメラガール」となった。もっとも写真の腕はいま一つだったようである。取材対象の一人となったのが、若き上院議員ケネディである。

ケネディは、結婚で自分の「政治的生涯が終わる」と元戦友ポール・フェイに書き送っている。選挙では女性相手の「昔ながらのセックス・アピール」頼みだという自覚があった。

だが政治家たるもの、夫人の存在は不可欠という面もあった。だから父ジョゼフがこの結婚を勧めたのである。ジャクリーンが嫁《とつ》いだ先はケネディ個人というより、ケネディ家の野望だった。カメラマン同伴のデートに彼女が面食らったこともある。

ケネディ本人は結婚そのものにも、父が選んだ相手にも抵抗した。愛情などなかった。父が背中を押さなければ求婚したかどうかも疑問だ。だが結婚を拒むことも、相手を自由に選ぶこともできなかったのだ。こうした指摘もある。

少なくともケネディ家の嫁取りには二つの条件があった。第一に、妻となるべき者の血。同じカトリックで、家柄も必要だった。ブービエ家はフランスの英雄ナポレオンにつながる貴族の家系だとされた。必ずしも事実ではないようだが、世上そう思われさえすれば十分だった。

少なくともアイルランド系のケネディ家より上である。だから当初ブービエ家は、この結婚によい顔をしなかったようである。オーチンクロス家も、アングロサクソンの名家である。

第二に、未来の妻が持つ資質。将来のファーストレディにふさわしい容姿、知性、気品、優雅さなどである。ジャクリーンはこの点でも合格点だった。

ジャクリーンの側にも、この結婚を受け入れる理由があった。ケネディ家の財産や名声、権力。ケネディが上院議員になっていなければ首を縦に振らなかったはずと見る友人もいた。世の女性を夢中にさせる男性を射止めたいという野心もあった。彼にふさわしいのは自分しかないという自負も。市井《しせい》の一女性に甘んじることなどまっぴら、特別な存在になりたいという欲求も。

彼女が最も親近感と敬意を抱いたのは、ケネディの父だった。彼も、一族で孤立しがちなジャクリーンをかわいがった。似た者どうしの舅《しゅうと》と嫁のようだった。

早くも破綻の兆し

一九五三年九月十二日、三十六歳のケネディと二十四歳のジャクリーンはロードアイランド州ニューポートで華燭の典を挙げた。ミサを司るのはボストン大司教リチャード・カッシング。ローマ法王ピウス十二世の祝電も届いた。世にカトリック多しといえどもめったにないことである。披露宴出席者は千二百人以上。周辺には三千人を超える見物客が詰めかけ、警官も出動した。

結婚式は各紙一面で派手に報じられ、ニュース映画でも人々を楽しませた。父ジョゼフ総指揮下での、アメリカ版ロイヤル・ウェディングである。のち「ケネディ王朝」の名を冠される一族のプリンスとプリンセス、二十世紀で最も有名とさえいわれるカップルの、十年あまりに及ぶ旅路が始まった。

政治家の妻となったジャクリーンだったが、じつは政治にも政治家にもほとんど関心がなかった。記者と話し込んでいる間に妻に消えられ、ケネディが慌てたこともある。

だが少しずつ変化が現れた。議場の傍聴席に姿を現す。さまざまなパーティや集会にも顔を出す。家庭では夫に規則正しい食生活をさせる。無頓着な服装も整えさせる。一緒にゴルフのレッスンを受ける。演説が苦手な夫に助言する。フランス語の文献を翻訳する。

絵に描《か》いたような内助の功である。前途洋々たる上院議員とそれを支える美貌の伴侶という役回りを、二人はじつに芸達者にこなした。

だが身勝手な、妻をほとんど気にかけない夫にジャクリーンは手を焼いた。まるで「つむじ風」と結婚したようなもの。政治など自分には「敵」だ。彼女はこう漏らしていた。

議員の仕事で忙殺されていればまだしも、いっこうに遊びは止まなかった。実父も女癖が悪く、彼女はこの手の男には慣れていたのだという。だが、夫婦同伴のパーティ途中で新婚の夫が女とどこかへしけ込み、妻の面目丸つぶれとなれば、話は別だろう。

平常心を保ち、結婚生活の破局を避けるには、浮気は不治の病とあきらめ、浪費で憂さを晴らすしかなかった。「ジャッキーはぼくを破産させる気だ」とケネディは愚痴った。それでも、娘や嫁たちが回してきた請求書の束を前に父が爆発した時、ケネディは父に「もっともっと働いてもらう」ことが「唯一の解決方法」だとみなを笑わせてその場をおさめている。

命がけの手術

病といえば、この頃ケネディは背中の痛みから、家ではいつも横になっていた。議場と事務所の往復もきつくなった。廊下や階段にうずくまり、壁にもたれて休むことが増えた。松葉杖が手放せず、議場では坐ったままの発言を認められた。床に落とした物も拾えなくなった。

椎間板《ついかんばん》の手術という手があったが、免疫力の低下した彼には危険すぎた。父ジョゼフも止めようとした。だが彼は「一生松葉杖の生活になるくらいなら死んだほうがましだ」と難手術に挑んだ。案の定《じょう》、一九五四年十月の手術でも、再入院した翌年二月の手術でも、彼は感染症から危篤状態に陥り、枕元で司祭が臨終の儀式を行った。上院では彼の死後あるいは引退後に議席がどうなるかが取り沙汰された。だが幸い、彼は一九五五年五月には上院に戻ることができた。

ケネディの闘病物語は隠匿《いんとく》と欺瞞《ぎまん》をともなっていた。本人にも、弟たちを含む家族全員にもそれが必要だったのである。結婚するまで、彼の健康不安はジャクリーンにも伏せられていたという。手術前、背中の痛みの原因はフットボールの古傷か戦傷とされた。妹たちは兄の体調不良を冗談めかしてジャクリーンの手料理のせいにした。アディソン病も隠された。

手術後、生死の狭間《はざま》を切り抜けた彼の勇気、活力、耐久力が賞賛され、政治家としての完全復活が強調された。献身的に夫を看病するジャクリーンの姿も喧伝《けんでん》された。

なお続く不健康な状態も、背中の問題も、痛み止めの注射や投薬も、ごく限られた者しか知らなかった。万一の事態に備え、全米各地の貸金庫に薬が保管されていた。繰り返される入院では別の理由がひねり出され、ときに匿名《とくめい》や偽名が使われた。来客時には、事務所の松葉杖は片づけられた。弱みを見せまいと、ケネディは人前で眼鏡をかけようとしなかった。

臆病者の横顔

ケネディはここでも災いを転じて福を招き寄せた。病床でたっぷりある時間を利用して、二冊目の著作『勇気ある人々（*Profiles in Courage*）』（直訳すれば『勇者たちの横顔』）を出版したのである。一九五六年一月一日に刊行されたこの本は、ケネディの政治信条を象徴するものの一つとして当時から何度も、また半世紀以上の時をへてなお邦訳されている（たとえば下島連《しもじまむらじ》訳『勇気ある人々――良心と責任に生きた八人の政治家』日本外政学会、一九五八年、一九六一年〔就任記念版〕、一九六三年〔青少年版〕、および宮本喜一《よしかず》訳『勇気ある人々』英治出版、二〇〇八年）。

それは、八人の上院議員が国益と良心に従い、政治的利害や再選への不安などを克服して、政治的勇気を発揮した物語である。ソロモン諸島で必死に部下を助け、強敵を打ち破って上院議員となり、難手術を克服した男にふさわしい、そして全国的な政治家への脱皮を――少なくともそれを目指す姿勢を――示すに格好のテーマだった。

この本はベストセラーになった。だが売り上げに貢献したのは、今度も父ジョゼフの宣伝と買い占めである。数万部がハイアニスポートのケネディ家別荘の屋根裏に直行し、印税もまた本の購入に回された。その間に本人はテレビでとくとくと本の内容を語っていた。

問題は、ケネディの行動に、彼が格調高く論じたほどの政治的勇気を見出せない部分が存在することである。彼自身は、あの本の中には自分のことは書かれていないと冗談で片づけたが。

典型がマッカーシズムへの対応である。「赤狩り」つまりジョゼフ・マッカーシー上院議員の共産主義者告発は目に余るものがあった。そこで上院は一九五四年十二月二日、彼の譴責《けんせき》を決議した。民主党議員は全員賛成したが、ケネディだけは棄権した。

彼の手術が十月二十一日。退院が十二月二十一日。だから、もし入院中でなければ賛成票を投じたはずだ。実際に賛成の演説原稿も用意していたのだ。側近中の側近セオドア・ソレンセンはこう彼を弁護し続けた。

だがケネディは、自分と反対の立場の議員とともに票決を欠席する、アメリカ議会で用いられる「ペア」という手法もとらなかった。今回も他の欠席者はそうしている。とすれば、むしろ投票の忌避に入院を利用したのである。

ソレンセンもはるかのち、ケネディが故意に連絡してこなかったと認めている。そこから浮かび上がるのは、決断力に欠けた日和見《ひよりみ》主義者、勇者でなく臆病者の横顔である。

逃避には理由が

ケネディの行動には理由があった。第一に、彼が当初、強固な反共主義者マッカーシーを支持し、彼を尊敬していたこと。赤狩りじたいには賛成だったのである。

第二に、マサチューセッツ州にマッカーシーを支持、いや英雄視する傾向が強かったこと。一九五二年上院議員選挙で彼が同じ共和党の現職ヘンリー・キャボット・ロッジの側についていればケネディは負けた、いや出馬すらできなかったはずだともいう。

第三に、マッカーシーと家族ぐるみのつき合いがあったこと。姉妹の誰かが彼と結婚するとの噂もあった。弟のロバートは短期間、マッカーシー率いる上院政府活動委員会で法律顧問だった。

第四に、父ジョゼフの意向があったこと。父はマッカーシーとは旧知の仲で、政治的信条も近く、資金援助もしていた。一九五二年にマッカーシーがロッジ応援を断ったのも、ロバートが彼のもとで働いたのも、父の依頼による。ケネディ自身は反対だったが、父には逆らえないと漏らしていた。

だが代償は大きかった。反マッカーシーの立場をとる、民主党リベラル派による批判である。ケネディと彼らの関係はもともとぎくしゃくしていた。とくにその重鎮エレノア・ローズベルト（フランクリン・ローズベルト大統領未亡人）の不信感は強く、一九五六年、一九六〇年の副大統領および大統領候補指名戦でも支持してもらえなかった。

ケネディが政治的勇気を示した事例もある。一九五四年のセントローレンス水路法案である。五大湖周辺の水路を整備し、船が大西洋からシカゴまで直接行けるようにする。マサチューセッツ州の港湾・鉄道業界も、民主党・共和党を問わず議員も、みな反対してきた。ケネディも同じだった。だが彼は立場を百八十度変えた。水路は懸念される被害を生じさせない。むしろ地域経済活性化につながる。国家的見地からは必要な事業だ。放置すればカナダが単独で建設してしまう。こう判断したのである。

ケネディは議場で賛成意見を表明し、実際に賛成票も投じた。もっともその前日はよく眠れなかったようである。「どうすればよいかわからない」と漏らしたこともあった。

地元紙の批判はあったが、ケネディを支持する声も多かった。法案は可決され、水路は一九五九年に完成した。それはケネディが、マサチューセッツ州を含む北東部（ニューイングランド地方）の利益に拘泥《こうでい》しない、全国的視野を備えた政治家という姿を誇示し、知名度を上げる好機となった。

次に彼が活躍すべき機会が用意されたのは一九五六年夏。晴れ舞台はイリノイ州シカゴである。

6　負けるが勝ち

副大統領の呼び声

ケネディは上院では、病気がちだったこともあって欠席が多く、たいして足跡も残せなかった。残すつもりもなかった。上院の議席など次への踏み台でしかなかったからである。

一九五六年の大統領選挙で、民主党の最有力候補はアドレイ・スティブンソン前イリノイ州知事だった。彼の副大統領候補にケネディをと推す声が急速に高まった。

現職のドワイト・アイゼンハワーを押し立てる共和党には勝てないかもしれない。だが次か、次の次を狙ううえで得策だ。精力的な活動を見せておけば、健康不安の噂も一掃できる。

八月、シカゴの民主党大会でケネディは、党の宣伝映画のナレーターを務めた。スティブンソンは彼に、自分を大統領候補に指名する演説を依頼した。通常は、副大統領候補に選ばれない者に花を持たせる意味を持つ。だがこの演説が好評で、ケネディ支持がさらに拡がった。

本人は慎重だった。迷ってもいた。プロテスタント中心の国アメリカでは、カトリックが国家よりローマ法王への忠誠を優先するのではないかという不信が根強かったからである。

ローマ法王庁の命令とアメリカの国益が衝突したら？　ケネディに面と向かってそう尋ねる記者もいた。一九二八年大統領選挙で、カトリックであるニューヨーク州知事アルフレッド・スミスを擁して大敗を喫した民主党では、それは事実上のタブーだった。

だが出馬賛成派は、時代が違うと主張した。いまやカトリック票は北部の有力諸州で選挙結果を左右する存在となっている。ケネディにはスティブンソンの集票能力を十分に補う力がある。若く美しい夫人を持つ、ベストセラー作家。輝かしい戦争の英雄。強烈な反共主義者。当時民主党の地盤だった南部にも受けがよい若手政治家。スティブンソン——離婚歴を持ち、とりたてて知られた著書も戦歴もなく、共産主義に弱腰と見られ、南部で嫌われていた——には理想的な相棒だ。

そのスティブンソンは大統領候補指名を得ると、爆弾発表を行った。慣例に反して、副大統領候補を大会の投票で決める。たとえケネディに傾く気持ちがあったとしても、この若僧への反感、その健康や宗教への不安、本人やその父ジョゼフに対するリベラル派の不信などが勝った結果である。

父はそもそも出馬に反対だった。圧倒的な人気を誇るアイゼンハワーに、スティブンソンがかなうはずはない。その場合、カトリックの副大統領候補が責任を押しつけられるに決まっている。ケネディの政治生命は終わるだろう。弟たちにとっても、将来のカトリック政治家にとっても大打撃となる。憲法の規定でアイゼンハワーが三選に出馬できない、四年後まで待て。

力及ばず

息子は肯《がえ》んじなかった。たとえ負けても、次世代の指導者として名乗りを上げることに意味がある。もし勝てば八年後にスティブンソンの後継者となれる。父の巨大な影のもとでもがき続けてきたケネディが内に育てた独自の政治的嗅覚。それが父の判断を拒んだのである。

だが闘争本能剝《む》き出しの野心家と、敗北の危険を思い悩む慎重居士《こじ》が、彼の内で葛藤《かっとう》を続けていた。秘書のエベリン・リンカーンは、立候補するかどうか「ぼくにもわからないんだ……あっ、やっぱり立候補するんだ。さあ大変だ……いよいよ行動開始だ!」という彼の言葉を記録している。彼自身、この時の運動がどのように始まったのかよくわからなかったと述懐していた。

最初は激怒した父も、重い腰を上げげた。出馬を決めた以上、敗北など甘受できなかった。万一の場合、打撃を最小限にとどめる必要もあった。彼は静養中だった地中海沿岸のリビエラからシカゴに国際電話をかけ、有力者たちに息子への支持を要請した。

ライバルはテネシー州出身のエステス・キフォーバー上院議員。二位でスタートしたケネディはその後いったん首位を奪ったものの、ついに力及ばなかった。四回に及ぶ投票の最終結果は、キフォーバー七五五・五票、ケネディ五八九票。代議員総数は一三七二票である(党大会での代議員投票による候補者指名は一八三五年以来の伝統を持つが、州指導者や代議員団の判断などから、複数の候補者間に小数点以下の票が割り振られることも珍しくない)。

直後ケネディは落胆を隠して登壇、民主党大会全会一致でのキフォーバー指名を訴えた。そのさわやかな負けっぷりがテレビカメラの向こう側、ほぼ四千万人の心に残った。この映像はその後も繰り返し放映され、効果を上げた。「誰もが敗者を愛するものさ」と彼は笑っていたが。

結果的にケネディは、この年の大統領選挙におけるスティブンソン大敗の責めを負わされずに済んだ。知名度は増し、カトリックでも次は行けると期待させた。父は敗戦をむしろ歓迎した。逆に、もしケネディものちに、いま自分があるのはキフォーバーのおかげだとしみじみ語った。

勝っていたらそこで「私の政治的将来は終わりを告げていたでしょう」とも述べている。

視線は四年後に

彼の中に大きな自信も生まれた。あれだけ突発的、場当たり的で時間も足りず、混乱だらけの運動でも、指名寸前にまで漕ぎ着けたのだ。宗教問題も思ったほどのダメージではなかった。各州の民主党指導者の知己《ちき》を得ることもできた。今度こそ――すべては四年後だ。

大統領選挙と同時に、州知事や上下両院議員の選挙も行われる。一九五六年、ケネディは各地の民主党候補応援に引っ張りだこだった。全米のほぼ半分の州を訪れ、百五十回ほど演説した。自身の売名に熱心すぎると批判されたほどである。

だがそれは彼が全米、とくに従来なじみのなかった中西部に、独自の人脈を形成する機会にもなった。地方の有力政治家たちの間にもケネディ人気が着実に拡がっていった。

スティブンソンの選挙運動には弟ロバートが送り込まれた。その実態をじっくりと観察させ、地方の有力者に接触させるためである。スティブンソン陣営のあまりに拙劣なやり方を見たロバートは、兄が党大会で負けてよかったと胸をなで下ろしたという。

望外の注目を浴びたとはいえ、いやだからこそ、上院で「何をやったって、大した違いはない」ことにケネディは不満だった。上院の側も彼を苦々しく見ていただろうが。

四年後、副《バイス》大統領に再挑戦するかと尋ねられたケネディは「悪徳《バイス》について話すのはよそう」と軽くいなした。彼は次の民主党大統領候補として世論調査で先頭を走るようになった。中でも目立ったのは若者、とくに女性の熱い反応である。

その前に関門があった。一九五八年の上院議員選挙である。無駄手間を惜しむ共和党が候補擁立断念を考えたほど、彼の再選は盤石《ばんじやく》だった。問題は全米の注目を浴びるほど圧勝できるかである。だが各地から応援要請が殺到、自分の選挙運動も十分できないのは痛し痒《かゆ》しだった。

対立候補はビンセント・セレステ。一九五〇年の下院議員選挙でケネディに敗れた人物である。彼は因縁の相手、大金持ちの息子による金権選挙を糾弾した。ケネディも応じた。父ジョゼフから電報が届きました。必要以上に一票たりとも買うことはまかりならぬ、と。

多少控え目になったともいわれるが、それでも注ぎ込まれた選挙資金は百五十万ドル。運動組織も次の、全米規模の運動を念頭に活動した。有権者の脳裏にも一九六〇年大統領選挙があった。

快進撃が始まった

ケネディの得票は一三六万票あまり。八十七万票以上の大差である。七三・二パーセントという得票率はマサチューセッツ州始まって以来（従来の記録は一九四四年、レベレット・ソルトンストールの六四・三パーセント）。一九五八年上院議員選挙では最大だった。

一九六〇年大統領選挙での勝利を目指す運動本部の正式発足は一九五九年四月。だがケネディの選挙運動は、事実上一九五六年民主党大会での敗北を起点とし、一九五八年秋の再選の夜に本格始動していた。競争相手に先んじて態勢を整えるのが、一九四六年以来のケネディ流選挙方式である。

ケネディは娘の名を冠した自家用機「キャロライン号」を駆使し、全国遊説を展開した。多くの場合「次期アメリカ大統領」と紹介された。各州の実情把握が進み、代議員とのつながりも深まり、全国規模でケネディ・マシーンが着々と整備された。

しかし一九五八年になっても、まだ大統領への立候補に疑問を呈する記者がいた。ケネディはこう答えた。「そう思うよ。ところが、立候補している他の連中を見ると、ボクだって連中と同じ資格があると思われてくるんだ」。

一九五九年秋になって、彼は「ようやく自信ができたよ」と側近のセオドア・ソレンセンに漏らしている。それまで自信がなかったのかとソレンセンはびっくり仰天だったという。

ケネディの重要な武器は外交だった。もし閣僚をやるなら国務長官か国防長官だとも語っていた。一九五七年、その彼に好機が訪れた。上院外交委員会の一員となったのである。

もっともケネディは選挙運動に忙しく、委員会を欠席がちだった。任されたアフリカ小委員会の活動にも熱心ではなかった。外交委員の肩書は道具にすぎなかった。

ピュリツァー賞の顛末

一九五七年には、もう一つ飛躍の機会が訪れた。『勇気ある人々』が、優れた文芸作品や評論などに与えられるピュリツァー賞の伝記部門を受賞したのである。

それは『クリスチャン・サイエンス・モニター』紙のいう、ケネディの「マストに翻るすばらしい旗」となった。勇気と知性と文才を兼ね備え、若さと活力と魅力にあふれた政治家のイメージがいよいよ確立した。大統領候補としての人気も高まった。

誰よりも本人が受賞を誇りに思っていた。この本は『イギリスはなぜ眠ったか』とともに、のちホワイトハウスの執務机を飾った。

一九八九年のことになるが、遺児キャロラインとジョン二世は、さまざまな分野で勇者を顕彰する「勇気ある人」賞を創設した。勇気とは、兇弾《きょうだん》に倒れた父を含むケネディ家の象徴だった。だが受賞までの顚末《てんまつ》はミステリーもどきだった。当初候補作に含まれていなかった本が、最終選考でトップに躍り出たのである。父ジョゼフの意を受けたアーサー・クロックの奔走があったという。父自身による買収や工作の噂も流れた。

代作疑惑も噴出した。一九五七年末、ジャーナリストのドルー・ピアソンがABC放送で、ケネディはこの本を書いていないと非難した。ケネディ側は名誉毀損《きそん》で訴える姿勢を示し、メモや草稿などの証拠も提示した。ABC側の謝罪でことはおさまったが、その後も疑惑はくすぶり続けた。

ケネディはこの本の完成に決定的な役割を演じたともいわれる。逆に、ほとんど、いやまったく書いていないとの批判もある。ゴーストライターとして複数のスタッフや学者などの名が挙がった。その中核が、ケネディの演説起草者だったソレンセンである。

もう一人、ジャクリーンがいる。ソレンセンの関与が隠されたのとは対照的に、こちらは大々的に宣伝された。歴史書に目を通し、メモをとるなど、病床で回復途上の夫に献身的に貢献し、夫唱婦随でホワイトハウスを目指す妻の姿である。

メディアと二人三脚

未熟な若僧と見られまいと、ケネディはしばしば政治漫画の材料になっていた毛むくじゃらの髪を短めにした。メディアにも自分を「ジャック」ではなく「ケネディ上院議員」と呼ぶよう求めた。

一九五九年には、元政治家でもある政治学者ジェームズ・バーンズが伝記を――ケネディの協力と注文をともなって――出版した。この本はほどなく日本にも紹介された（ジェームズ・M・バーンズ、下島連訳《しもじまむらじ》『ジョン・ケネディ――その生いたちと政治的横顔』日本外政学会、一九六〇年。原題は*John Kennedy: A Political Profile*）。

ケネディは、政治家にとっては記者との齟齬《そご》が「議事堂のてっぺんから飛び降りるよりも確実」な自滅への道なのだと語ったことがある。だから記者の便宜を図り、自分の扱いを注視し、批判があればすぐさま対応した。記者もケネディを、会いやすい政治家だと感じていた。

メディアは、ろくに仕事もせず選挙運動に明け暮れる未熟な議員ではなく、大統領の座に挑む、若く活力に満ち、博識で弁舌も立ち、勇気あふれる政治家として彼を描いた。ケネディやジャクリーンを表紙に使えば雑誌の売れ行きは伸びた。ときにそのために父ジョゼフが資金を提供した。人気政治家ケネディと、ビジネスたるメディアは持ちつ持たれつだった。

だがケネディの自己演出が思いどおりに運ぶかどうかには疑問もあった。第一に、ケネディのイメージそれじたいが諸刃《もろは》の剣だった。彼は一九五六年にハーバード大学から名誉学位を得たが、知性の証しは同時に反知識人感情を刺激する罠となりかねなかった。

ケネディやジャクリーンが漂わせる華麗な雰囲気も同じである。とくに夫人の髪型や服装などは人気だったが、贅沢《ぜいたく》さや外国かぶれ、貴族的趣味などが批判されてもいた。

第二に、父の存在もまた要注意だった。この元駐英大使は、彼がばらまく金《かね》も含めて不可欠な存在だった。だがそれを極力人目から遠ざけることが求められた。

秘中の秘

第三に、二人の夫婦仲も悪化していた。一九五六年の民主党大会直後、ジャクリーンは疲労や夫の女遊びによる心痛などのため流産した。だがリビエラの父ジョゼフのもとにいたケネディは、妻のもとに急ぐどころか地中海でのクルージングに未練たらたら。周囲に説得されて渋々帰国した。巷《ちまた》の噂では、二人の不仲に慌てた父が仲介に立ち、百万ドルで結婚生活が続けられることになった。大統領候補指名が得られなければ即離婚、ともいわれた。

一九五七年十一月二十七日、長女キャロラインが生まれた。今度はかわいい娘をメディアの餌食《えじき》に差し出すかどうかが夫婦間で悶着の種となった。

だが当面、よき父、よき家庭人ケネディのイメージ売り込みが優先された。ケネディの母ローズも、妹たちも、ぎこちない笑顔のジャクリーンも、赤ん坊のキャロラインも動員された。

第四に、これは自業自得だが、長年の女遊びも厄介事の種だった。この時期ケネディがつき合った数多くの女性の一人が有名女優マリリン・モンローである。マフィアのボス、サム・ジアンカーナの情婦ジュディス・キャンベルもいた。

だが女漁《あさ》りは巧妙に隠され、メディアも黙殺した。政治家の公的生活と私生活は別。漁色《ぎょしょく》は男らしさの証明。これが当時の常識であり、ケネディとメディアは一蓮托生《いちれんたくしょう》だった。

第五に、さらに悪質な隠蔽《いんぺい》と虚偽が暴露される可能性があった。一つは、アディソン病など、背中の手術後もつきまとったケネディ自身の健康問題である。

もう一つは、ケネディの一歳下の妹で長女のローズマリーが抱える先天的な知的障害である。父は一九四一年、怪しげな脳手術の失敗で言葉を失わせたあげく、彼女を修道院に押し込んだ。当時の感覚では、権力への道筋を阻む壁になりかねない負の資産だったからである。

彼女は病のため療養中だとか、恵まれない子供たちを献身的に世話しているとかいった美談が流《る》布《ふ》された。のちケネディの大統領就任式では、彼女が一人でワシントンまでたどり着き、兄の晴れ姿に拍手喝采したという、およそ常軌を逸した逸話まで生まれた。

のちケネディ家は、ローズマリーの存在とその知的障害を公表した。三女ユーニスが中心となり、基金創設や病院建設などをつうじて当事者や家族に寄り添う姿勢を示した。だがそれは長き隠匿の果て、ケネディのホワイトハウス入りという年来の目標が達成された後のことだった。

一九五六年の敗北を糧に、一九六〇年の勝利を目指すイメージづくりが着々と進んでいった。

7　驀進ニュー・フロンティア

立ちはだかる多重苦

一九六〇年一月二日、ケネディは大統領選挙への出馬を宣言した。だが本気で受け止める者は多くなかった。本当の狙いは副大統領候補の座にあるのではとも噂された。本人は強く否定したが。

ケネディはいくつも弱点を抱えていた。第一に若さと経験不足。一九一七年五月二十九日生まれの四十二歳、当選時でも四十三歳とは、いかにも時期尚早というわけである。

強力なライバル、リンドン・ジョンソン民主党上院院内総務は、大統領の「髪には白いもの」が少々欲しいと述べた。ハリー・トルーマン元大統領は、ケネディには大統領となる準備がなく、アメリカにも彼を大統領として迎える用意がないと批判した。

だがケネディは、次の大統領が二期八年を務める間に、自分が忘れ去られてしまうことを恐れた。ある老婦人から「お若い方、いまはよしなさい。早すぎますよ、早すぎますよ」とたしなめられると、「いいえお母さん、いまです。いまですよ」と応じた。彼は地元ボストン・レッドソックスの野球選手テッド・ウィリアムズの引退に触れ、四十二歳はもう年寄りの部類のようだと聴衆を笑わせた。

第二に健康。アディソン病のケネディはもう長くない、大統領の激職になど耐えられないという噂が消えなかった。実際に彼は覚醒剤もどきの薬に頼っていた。処方するのは「快感先生《ドクター・フィールグッド》」あるいは「奇跡《ミラクル》のマックス」と――「悪魔の医者」とも――呼ばれたマックス・ジェイコブソン。のち医師免許を剝奪《はくだつ》されてしまう人物である。

怪しげな薬の服用は厳重に隠され、噂は徹頭徹尾《てっとうてつび》否定された。体調不良をマラリアの後遺症やアドレナリンの分泌不足などのせいにする偽情報も流された。アディソン病患者であれば出馬すべきでないが、自分はそうではないのだとケネディは繰り返した。

昼は背中にコルセットをつけ、夜は熱い風呂で痛みを和らげながらの強行軍。それがケネディの頑健さを誇示する道だった。薬の副作用で顔が丸々とし、日焼け色の肌になったことも幸いして、健康イメージを維持できた。

第三に宗教。カトリックの大統領はローマ法王庁の言いなりと考える者は多かった。総人口の三分の二を占めるプロテスタントがそっぽを向けば、勝てるはずなどなかった。

そこでケネディ陣営は、憲法修正第一条、いわゆる権利章典に明記された教会と国家の分離を主張した。さらに、大都市を抱える州でカトリックが多いという政治的現実を強調した。宗教問題というハンディを、むしろケネディ勝利の予感と結びつけようとしたのである。

各種の武器を駆使

こうした多重苦を克服する武器の第一が、世論調査の徹底活用である。まだ若く無名だったルイス・ハリスの世論調査会社が三十万ドルで雇われた。

第二が、学者の動員である。かねて地元のハーバード大学やマサチューセッツ工科大学（MIT）などの教授陣が、政策立案や演説起草などで彼に協力していた。

第三が、メディア、とくに一九六〇年までに九割近い世帯に普及したテレビの重視である。選挙CMや政見放送が洪水のように流され、明るくさわやかな、活力と知性に満ちたケネディのイメージを全国に運んでいった。ケネディはテレビ政治を本格化させた。まさに相思相愛である。

映画界に顔が利く父ジョゼフや、四女パトリシアの夫で俳優のピーター・ローフォードなどの伝手《つて》で、ハリウッドの俳優や歌手なども動員された。子供時代から記者やカメラマンに囲まれて育ち、ごく短期間ながらみずから記者として働いた経験も一役買った。

第四が、弟（三男）ロバートが総指揮をとる、効率的かつ大規模な組織である。もしタイプライター業者が「油をよく差されて回転の早いケネディ・マシン〔マシーン〕」という語句が一瞬で印字できる、記者専用の特別文字盤を発明していたら、大変な財産を築いただろうといわれた。ワープロやパソコンが普及するはるか以前の話である。

第五が、資金である。票を買っているとの批判などお構いなしだった。カトリックへの反発を抑えようと、プロテスタント牧師に金《かね》がばら撒《ま》かれたこともあるという。

予備選挙で対抗馬となった一人、ヒューバート・ハンフリー上院議員は、ケネディを巨大チェーンストアやデパートに、自身を街角の個人商店にたとえた。自分には小さなカバンと小切手帳が一冊しかない。つけを払ってくれる父親もいない。

父は表舞台から身を隠しながら、各地の有力政治家に働きかけ、メディアも動かした。「ジャックとボブはショウづくり／テッドの役目はジョー隠し」という戯《ざ》れ歌もできた。ロバートが候補者ケネディの売り込みに奔走するかたわら、四男エドワードは父ジョゼフの痕跡を消して回るのだ。父と縁の深いマフィアも説得や脅し、買収などに貢献した。ときにケネディに女性を提供しさえした。父からの本当の自立はしばらくお預けだった。

天王山を制す

当時、民主党が予備選挙を行うのは十五州と首都ワシントンだった。ケネディは十六の戦場のうち十に出馬し、全勝を期した。中でも重要な岐路となった舞台が二つある。いずれもハンフリーを相手にした、中西部ウィスコンシン州と南部ウエストバージニア州の戦いである。

ウィスコンシン州は、ドイツ系や北欧系が多い農業州で、隣のミネソタ州と似ている。二つの州には自然の境界もない。ミネソタ出身のハンフリーには地元同然だった。

四月五日、ケネディが勝てたのは十選挙区のうち六つだけで、得票率も五六パーセント。代議員票三十一のうち二十三票を確保したが、新聞は事実上ハンフリーの勝利だと書き立てた。

次はウエストバージニア州。前年末の世論調査では、ケネディは七対三でハンフリーを引き離していた。だがこの年四月には、四対六と逆転された。州民の九五パーセントはプロテスタント。東部出身のカトリックには、ウィスコンシン州以上に宗教は難物だった。

父ジョゼフは、ニュー・ディール政策の恩恵を受けたこの州で人気の高い故フランクリン・ローズベルト大統領の長男を応援に担ぎ出した。ハンフリーを徴兵忌避者扱いするような情報操作も行った。父自身が第一次世界大戦で戦場に赴かなかったのだが。

ケネディは父やスタッフの反対を押し切り、テレビで宗教問題を正面から取り上げた。私はカトリックの洗礼を受けたその日に、大統領になる資格を失ったのか？　アメリカでは国家と宗教は完全に分離している。国益を追求する大統領に教会が干渉するのなら、大統領は弾劾《だんがい》されてしかるべきだ。私の海軍入りでも、兄ジョゼフ二世の戦死でも、宗教など問われなかったではないか。

この声明が流れを変えた。五月十日。ウエストバージニア州はケネディに六一パーセントの票を投じた。五十五の郡のうち四十八はケネディが取った。危険な賭けに勝ったのである。

だが直後、とんだしっぺ返しを食らった。ローマ法王庁の機関紙が社説で、教会は信者にどう投票すべきか教える権利と義務があると論じたのである。

ケネディは「なるほどヘンリー八世が彼自身の教会を設立したわけが、今になってわかったよ」と冗談を飛ばしたが、心中穏やかではなかったろう。ヘンリー八世は十六世紀にローマ教会と袂《たもと》を分かち、イギリス国教会を設立した王である。

別の副産物もあった。この金持ちの息子に、アメリカ国内の貧困を教えたのである。石炭産業の斜陽化で、この州の子供たちには最低限必要な栄養さえ不足していた。

彼が大統領として発した行政命令の第一号が、困窮者に配給される余剰食糧の量と種類を増やすことだった。苛酷な予備選挙の経験が政治家を鍛え、教育した好例である。

指名獲得

七月、ロサンゼルスで民主党大会が開かれた。大統領候補に指名されるには、代議員一五二一人の過半数、七六一票が必要だった。予備選挙の奮闘で、ケネディはあと一歩まで迫っていた。

だがアドレイ・スティブンソン前イリノイ州知事、ジョンソン民主党上院院内総務、スチュアート・サイミントン上院議員らも、虎視眈々《こしたんたん》と栄光の座を狙っていた。政治漫画にも登場した「ストップ・ケネディ・クラブ」の面々である。

だが七月十三日、ケネディは一回目の投票で指名をものにした。最終的に彼が得たのは八〇六票。

ジョンソン四〇九票、サイミントン八十六票、スティブンソン七九・五票と続く。

七月十五日、ケネディが行った指名受諾演説が「ニュー・フロンティア」演説である。

世界は変貌し、古い時代は終わった。外には共産主義の勢力拡大、核兵器、貧困、飢餓《きが》など多くの問題が山積している。国内ではさまざまな変革の波が押し寄せている。われわれはいま、新たなフロンティアの縁——機会と危険、希望と脅威に満ちた岐路、そして歴史の転換点——に立たされているのだ。私は国民に、眼前に存在するこのフロンティアの開拓者となってもらいたいのだ。

いまもケネディの記憶はニュー・フロンティアという言葉から切り離せない。二十年以上に及ぶ父子二代の戦略が花開き、新時代を担う指導者イメージが生まれた瞬間である。政治家としての術策も怠りなかった。ニュー・フロンティア演説の直前、ケネディは副大統領候補に政界の実力者ジョンソンを選んでいる。かなり早くから彼の登用を考えていたようで、自分が大統領候補になれなければ次はジョンソンだとも語っていた。

ケネディとジョンソンが並ぶ民主党の選挙運動用バッジ（ケネディ大統領図書館・博物館で購入〔複製〕）。

だがジョンソンは、ケネディの健康問題を攻撃し、父ジョゼフをナチス呼ばわりしていた。ケネディが彼を「どうしようもない馬鹿野郎」とひそかに呼んだこともある。もっとも、ジョンソンもケネディを生意気な若僧扱いしていたから、お互い様だろう。

ジョンソン指名は多くの者を唖然《あぜん》とさせた。側近の多くも猛反対だった。ロバートは兄の使者としてジョンソンのもとを訪れ、副大統領候補指名をいったん撤回した。連絡上の手違いのせいだと取り繕われたが、兄を変心させるための画策だったのかもしれない。

ジョンソンが同時に上院再選を求めたこともロバートには許せなかった。たとえ兄が落選しても、のうのうと上院にとどまるという算段が見え見えだったからである。実際にジョンソンは、上院再選後に議会で宣誓を行い、直後に辞任して副大統領に転じた。

LBJが合言葉

一位と二位が組むのは、アメリカ政治ではごく自然な選択である。「チケット」と呼ばれる正副大統領候補の組み合わせとしても最善の部類だった。一方は、若手（四十三歳）・東部出身（マサチューセッツ州）・リベラル派・カトリック。他方は、老練（五十二歳）・南部出身（テキサス州）・保守派・プロテスタント。

大統領選挙は間接選挙。五三七人の選挙人を州ごとに、勝者総取り《ウィナー・テイク・オール》方式で奪い合う。南北戦争で連邦離脱を選んだ十一州を南部と見なせば、選挙人の合計は一二八人、全体の二三・八パーセントを占める。どの州を含むかにもよるが、範囲を十六州に拡大すると、選挙人は一六六人、全体の三〇・九パーセントに膨らむ。ケネディの脳裏にあったのは、まさにこの巨大な票の存在である。

民主党の有力政治家たちはこの現実的な判断を歓迎した。党内外の猛反発に思い悩むケネディを、父ジョゼフは「二週間もすれば」賢明な決定だったといわれるだろうと慰めた。

別の皮算用もあった。副大統領、つまり憲法上は上院議長にすぎない閑職に上院の実力者ジョンソンを祭り上げる。かわって親しいマイク・マンスフィールド（のち駐日大使）を民主党の新たな上院院内総務に据える。新政権の議会運営は万事うまくいく。

断られる前提、形ばかりの、一石数鳥のポーズだった可能性もある。今後も上院で権勢を振るうにちがいない人物に敬意を表す。指名争いで悪化した関係を修復する。党の結束を演出する。近く再開する議会でケネディの足を引っ張らないよう釘を刺す。政権発足後を睨《にら》んで議会側の協力を依頼する。

指名を拒絶され、面子《メンツ》を失うのではないかという懸念もあった。ケネディも、ジョンソンが受けるとは思っていなかったふしがある。

だがそれは杞憂《きゆう》であり、誤算でもあった。「彼は望んでるんだ」「まさか」――ケネディとロバートの会話である。ケネディはのちに、副大統領候補のポストを「ちょうどこんなふうに手に持っていたら、彼がいきなりひったくっていったのさ」とも述べている。

ジョンソンにも目論見《もくろみ》があった。次の大統領のもとでは、これまでのように上院で絶大な権力を振るえないだろう。より全国的な政治家に脱皮するためには、副大統領の職は大歓迎だ。大統領の三十三人中七人が在任中に死亡していることを考えれば、昇格できる可能性も皆無ではない。もし一九六〇年にケネディが敗れてくれれば、一九六四年大統領選挙が自分にとっての好機となる。

成功を目指す政治家二人の冷徹な計算が見事に合致した。リンドン・ベインズ・ジョンソンの頭文字「ＬＢＪ」は、それまで「ジャック《レッツ・ブロック・ジャック》を阻止しよう」を意味していた。だがこの日にそれは一転、

「ジャックを支持しよう《レッツ・バック・ジャック》」の略称となった。

次はいよいよ本選挙である。一九六〇年代にアメリカと世界を率いる指導者の座をめぐる一大決戦を目指し、ケネディの驀進《ばくしん》はなおも続く。

8　決戦の日

候補者は似た者どうし

一九六〇年大統領選挙は、民主党の候補ケネディ、共和党の候補リチャード・ニクソンの一騎打ちとなった。ともに一九四六年に下院議員に当選した政界の同期生である。だがニクソンは一九五一年に上院議員、一九五三年にはドワイト・アイゼンハワーの副大統領となった。国際経験や政界での活躍、知名度ではニクソンに軍配が上がった。

出自や学歴などは対照的な二人だが、政治信条や政策は似通っていた。両党の政策綱領も似たり寄ったりだった。「どちらも支持しない」という自動車用ステッカーがつくられたほどである。

いきおい、候補者のイメージが決定的な役割を演じた。劇作家で評論家でもある山崎正和は、方向は対照的――いわば一方は善玉の「立て役」、他方は「悪役」――ながら、二人が「芝居の人物を演じる」ことでアメリカ「社会の生理を興奮させた」と指摘している。

ケネディは大統領選挙史上初めてプロの選挙コンサルタント会社と契約した。友好的な雰囲気を醸し出し、記者の多くを味方につけた。ところがメディアに不信感と敵意を抱くニクソンは記者をうるさがり、遠ざけ、そして彼らに嫌われた。

ケネディ陣営最大のヒット作が「この男から中古車を買う気がしますか?」というキャンペーンだったという。かねて「ずるいニクソン《トリッキー・ディック》」とあだ名されていた対立候補のイメージはますます低下した(ディックはリチャードの愛称)。ケネディは戦争の英雄として振る舞えたが、輸送部隊の作戦将校だったニクソンには無理な相談だった。

選挙戦に同行したジャクリーンがフランス語やスペイン語、イタリア語などの簡単なスピーチでマイノリティを沸かせると、「妻は英語もしゃべれます」とケネディが笑いをとった。聴衆の少なくとも半分はケネディではなく、ジャクリーンがお目当てだったと広報担当のピエール・サリンジャー(のち大統領報道官)はいう。

一九五七年十一月生まれ、三歳にもならない娘のキャロラインもまた貴重な武器だった。子供の利用に反対したジャクリーンも最後は折れた。まだ十分に字の書けないキャロラインにサインを求める者さえいた。この娘がいなければケネディに大統領への道は開けなかったとさえいわれる。

テレビ選挙の祭典

この年の大統領選挙ではテレビの役割も大きかった。健康不安を抱えるケネディにとってそれは、選挙運動の効率化、体力温存のうえで打ってつけの道具だった。議員時代をつうじてテレビの恩恵をこうむってきた彼には、画面上の姿でも一日の長があった。

選挙戦最大のハイライトが、四回に及ぶ二人のテレビ討論である。ABC・CBS・NBCの三大放送網による提案にケネディは即座に乗り、ニクソンもやや遅れて応じた。テレビCMなどの支出膨張が民主党・共和党ともに財政を圧迫しており、無償の時間提供はどちらにも渡りに船だった。

共和党有力者には反対も強かったが、ニクソンは討論での勝利に自信満々だった。断れば逃げたと非難される。むしろケネディが馬脚を現すにちがいない。自分が引けをとるはずなどない。テレビ討論を実施することは国家のためには有益だ。こう考えてもいた。

ケネディは遊説日程を組み直し、直前に十分休養をとり、想定問答集を活用して準備を重ねた。俳優だった義弟ピーター・ローフォード（四女パトリシアの夫）も助言を与えた。対照的にニクソンの側は、テレビに詳しいスタッフとの打ち合わせも討論への準備も不十分だった。

ケネディは第一回討論の直前、有名なスポーツなどのメッカ、ニューヨークのマディソン・スクエア・ガーデンでタイトル戦に臨むボクサーのような心境だと漏らした。側近のデービッド・パワーズが口を挟んだ。それは違う。あなたは野球の全米一を決めるワールドシリーズ第一戦に登板する投手のようなものだ。なぜなら「四試合とも勝たなければならない」のだから。

九月二十六日、ニクソンはグレーの、ケネディはダークブルーのスーツでスタジオに現れた。白黒テレビでニクソンはまったく目立たず、ケネディは画面にくっきりと映った。

日焼け薬を常用し、カリフォルニア遊説直後のケネディの肌はメーキャップもほとんど不要だった。アディソン病の薬の副作用で浅黒くなった肌も、白黒画面では幸いした。

ニクソンは強行軍で疲れ果てていた。膝を痛め、微熱があり、気分もすぐれなかった。顔は青白く、痩せてシャツの襟《えり》はだぶだぶ。スーツは皺《しわ》だらけ、ズボンはたるんでいた。メーキャップを最小限にとどめ、髭《ひげ》剃り痕が濃くなった彼は悪党面《づら》に映った。

討論でニクソンは、大所高所に立ったイメージを与えようとするあまり、弱々しい印象を残してしまった。逆にケネディは攻めに回り、若々しく元気潑剌《はつらつ》、自信満々、かつ冷静に見えた。放送後ケネディの母ローズは、ニクソンの母に同情したという。民主党指導者の評価も上々だった。

当時テレビカメラは感度が低く、強いライトが必要だった。汗っかきのニクソンは何度もハンカチで額《ひたい》や口元を拭《ぬぐ》ったため、ケネディの鋭い舌鋒を前にたじたじのように見えた。もしカラーテレビならニクソンが勝ったはずだとの説もある。

第一回討論の視聴者は七千万人あまり。有権者のほぼ三分の二にあたる。テレビではケネディ、ラジオではニクソンに軍配が上がったといわれる。ケネディは各家庭のテレビで自分がどう見えるかを意識していたが、ニクソンはそこまで神経が回らなかった。

討論の結果は互角という評価も多かった。だが知名度でも、世論調査の数字でも劣勢にあったケネディには御《おん》の字だった。討論後、ギャラップ世論調査ではケネディが逆転した。

第二回以降、ニクソンは体調を整え、工夫を重ね、見てくれにも気を使いながら反撃に出た。残り三回ではニクソンが勝ったとの世論調査結果もある。だが時すでに遅かった。

テレビ、とりわけテレビ討論がなければまさに「お手上げ」だったと、ケネディは痛感しきりだった。有権者は候補者本人ではなく、ブラウン管（液晶画面以前の時代である）に映った画像に投票したようなものだった。

求む冷戦の戦士

アメリカ大統領選挙では例外的に、一九六〇年は外交問題が重要な役割を演じた。争点は冷戦の激化とアメリカの威信低下である。二人の候補は「冷戦の戦士《コールド・ウオリアー》」ぶりを競い合った。五月、アメリカのスパイ偵察機U2がソ連領空内で撃墜され、米英仏ソ四大国パリ頂上会談《サミット》が流れた。九月、ソ連のニキタ・フルシチョフ首相が国連総会出席のため訪米すると、有権者は冷戦という国際的現実と、共産主義の脅威をあらためて想起させられた。

ソ連は一九五七年に人類史上初の人工衛星スプートニク1号を打ち上げ「スプートニク・ショック」を演出して以来、発展途上世界などで外交攻勢を展開中だった。一九六〇年六月、いわゆる安保騒動のためアイゼンハワー大統領が訪日を断念したことも、アメリカの威信低下の象徴とされた。

ケネディは「この国を再び動かす《ゲット・ジス・カントリー・ムービング・アゲイン》」と公約し、アメリカが無条件に「ファースト」であるべきだと力説した。ソ連の後塵《こうじん》を拝する羽目に陥った責めを共和党政権に負わせるためである。

のちドナルド・トランプ大統領は、アメリカ「ファースト」で名を馳せた。だがそれは、アメリカ「最優先」――アメリカ「第一主義」というより「唯一主義」――でしかなかった。

ケネディのいう「ファースト」は違う。冷戦のライバル・ソ連を抑えて、アメリカこそが「世界で一番」になるべきだという決意表明である。アメリカが世界に君臨でき、またそうしようとしていた時代。超大国が追いつめられ、自国の事情しか考えられなくなった時代。その差である。

ニクソンも反撃した。ケネディがU2撃墜事件について、スパイ機を飛ばすべきではなく、大統領が謝罪すべきだったと述べると、ニクソンはその宥和《ゆうわ》姿勢を攻撃した。

国際的な緊張の高まりは、経験不足のケネディには不安要素でもあった。だが彼にはこのうえなく美味しい材料があった。フロリダ半島からわずか百五十キロ、キューバである。

ケネディはキューバ革命を座視した共和党政権をあげつらった。しかも「自由の戦士」つまり反共の亡命キューバ人によるフィデル・カストロ政権転覆を支援すべきだと勇ましかった。

ニクソンはこの無謀な企てを糾弾した。じつは中央情報局（CIA）がカストロ打倒を目指す侵攻作戦をひそかに準備しており、ニクソンもそれを知っていた。だが公にはできなかった。

ニクソンはのちに、こちらが反論できないと知りながらキューバ侵攻計画を選挙戦に利用したとケネディを非難した。ケネディは選挙後になってアレン・ダレスCIA長官から説明を受けて驚いたとも、選挙戦中にすでに知っていたのだともいわれる。

かつて共和党は民主党の「中国喪失」を、今度は民主党が共和党の「キューバ喪失」を非難した。のち民主党政権は「ベトナム喪失」回避の戦いにのめり込む。まさに因果応報の連鎖である。

ミサイル・ギャップ論争もケネディを利した。スプートニク・ショック直前、ソ連の大陸間弾道ミサイル（ICBM）実験成功で、アメリカが核ミサイルでソ連に劣っているかどうかの論争が生まれた。ケネディもその一翼を担い、共和党政権が国家の安全より懐《ふところ》具合を優先したと訴えた。

実際にはアメリカがはるか優位にあった。ニクソンはそれを承知していたが、やはり勝手に公表はできなかった。ケネディは選挙戦中に実態を知らされて愕然《がくぜん》としたが、いまさら主張は変えられなかった。むしろあえて国民の危機感を煽《あお》り、それに便乗し続けた。

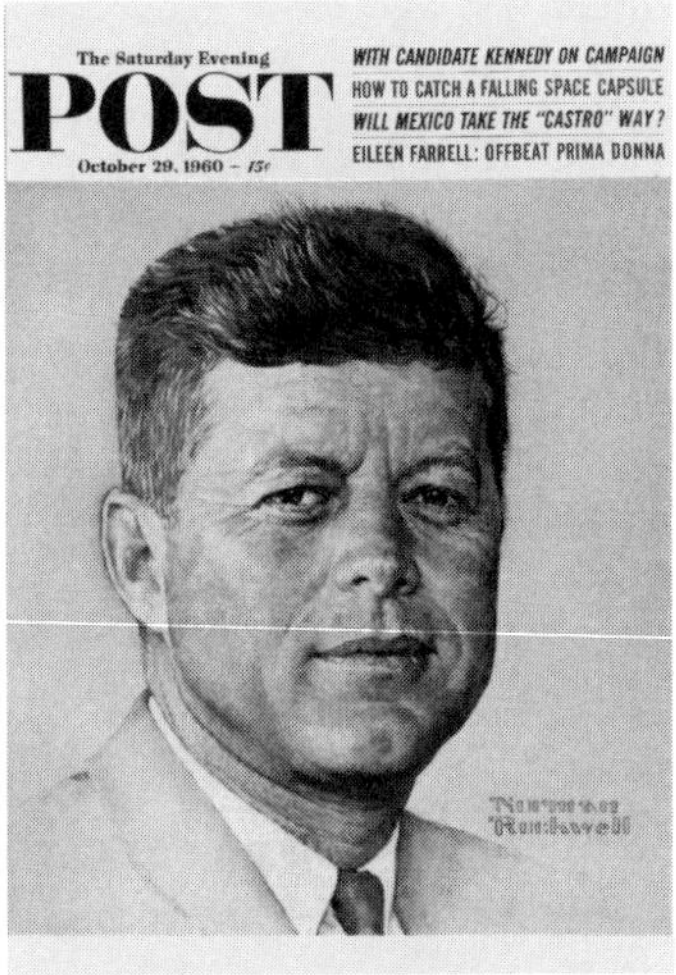

1960年大統領選挙最終盤に『サタディ・イブニング・ポスト』誌表紙を飾ったケネディ（絵葉書）。

大義より票

内政にも大きな問題があった。公民権運動《シビル・ライツ》、つまりアフリカ系（黒人）への差別解消を求める機運の高まりにどう対処するかである。

アイルランド系のケネディは差別を身をもって知っており、この問題にも敏感だった。一九六〇年大統領選挙の前から、アフリカ系のために戦う姿勢を見せていた。こう賞賛されることがある。

だが実際には、彼はアフリカ系とのつき合いがほとんどなく、彼らの困難への理解も関心も共感も不十分だった。公民権推進に熱心なリベラル派との摩擦、民主党南部議員との親交もあった。アフリカ系と南部の白人、どちらも怒らせたくないというのが本音だった。

一九五七年には上院で、選挙権擁護などを促進する公民権法案を支持している。だが学校での差別禁止などの権限を司法長官に与えるという、法案の眼目が削られてしまった。この時彼は手続き上の瑕疵《かし》を理由に、あくまで戦おうとするリベラル派の動きには同調しなかった。

一九六〇年、民主党大会は公民権問題解決に前向きの政策綱領を採択した。ケネディは差別撤廃を叫び、行政府の権力を駆使してこの問題を解決すると大見得《おおみえ》を切った。

だがテキサス州選出の大物上院議員リンドン・ジョンソンが副大統領候補に選ばれたことから、南部は綱領など気にしなくてもよいのだと受け止めた。ケネディも大接戦の選挙戦終盤を迎えると、この問題にあまり触れなくなった。

一九五六年に彼が副大統領候補指名まであと一歩に迫れたのも、南部代議員の票が大きかった。南部の反カトリック感情を考えれば、慎重さこそが肝要だった。大義より票というわけである。

エイブラハム・リンカーン大統領による奴隷解放宣言以来の伝統を持つ共和党も、公民権強化を支持した。だが南部の白人票が気になる点、公民権問題が大きな争点になって欲しくないと願う点は民主党と同じだった。二人の候補者は人種差別反対のポーズだけを誇示し合っていた。

一本の電話

十月十九日、そこに一つの事件が発生する。公民権運動の指導者であるマーティン・ルーサー・キング牧師は、ジョージア州アトランタのデパートで差別抗議の座り込みを行った。だが仲間とともに逮捕され、強制労働の実刑判決を受けた。リンチで命を失う危険もあった。

ケネディは側近の勧めを受け、すぐさま妊娠六か月のコレッタ夫人に電話した。あなたの悲しみはよくわかる。キングの身の上について心配もしている。必要なら事件に介入する。

この話はたちまちアフリカ系社会に拡がった。反カトリックの立場からニクソン支持だったキングの父は、嫁の涙を拭《ふ》いてくれたケネディに投票すると公言した。

ケネディは動転した。夫人への電話は非公式の行動にすぎなかったからである。じつは電話をしたのはスタッフの一人で、ケネディ本人は何もしていないとの説さえある。

陣営内には、この電話を知って憤激した者が何人もいた。その一人に弟（三男）のロバートがいる。少なくとも南部で三つの州を失い、選挙にも負けてしまう。だが彼はすぐに考えを改め、ジョージア州の判事に電話でキング釈放を迫った。逮捕から八日後、彼は自由の身になった。

アフリカ系の票はケネディ側に向かった。とくに僅差のイリノイ州やテキサス州でその影響は大きかった。アイゼンハワー大統領はのちに、ケネディ陣営がかけた「いくつかの電話」のせいで共和党が負けたとこぼしている。ケネディは「最上の戦略はいつも偶然につくられる」のだと笑った。

ケネディには、選挙の勝敗を睨《にら》んだ計算もあったろう。だが差別される人々への同情が、アフリカ系の票のかわりに南部などの白人票を犠牲にする危険を彼に冒させたともいえる。

著名ジャーナリストのセオドア・ホワイトは、ケネディの行動を一方で票目当ての「術策」ないし「勝負師としての手の一つ」と呼び、他方でその「勝負師魂」と「歴史感覚」の共存を高く評価している。結果的にケネディはアフリカ系の票を獲得し、彼らの味方というイメージを確立した。

逆に、ニクソンにとって間《ま》の悪い出来事が、キング逮捕の一週間前に起きていた。副大統領候補ヘンリー・キャボット・ロッジが、新政権はアフリカ系閣僚を任命すると勝手に声明したのである。寝耳に水のニクソンはこれを否定せざるをえなかった。

じつはニクソンもホワイトハウスに、キングの権利保護を要請していた。だが当初のケネディと同じく表向き沈黙を守ったことが災いして、傍観の印象だけが残ってしまう。

社会変容を体現

この選挙でとくに目立ったのが、若い世代、とくに女性のケネディ贔屓《びいき》である。ケネディが若さという弱点を活力や新鮮さに転化させ、変革の体現者として立ち現れたからである。彼はロックンロールの王者エルビス・プレスリーを彷彿《ほうふつ》とさせる、いやそれを超える存在となったという。集団ヒステリーもどきに金《かな》切り声を上げる「スクリーマーズ」。ケネディに触れようと手を伸ばす「タッチャーズ」。彼を一目見ようと飛び跳ねる「ジャンパーズ」。彼の後を追って走る「ランナーズ」。彼女たちを表すため、政治の世界にいくつも新語が生まれた。

最後の最後までケネディの前に立ちはだかった巨大な関門が、宗教問題である。九月、彼はテキサス州ヒューストンでプロテスタントの牧師たちと対決した。

自分はカトリックだが、あくまでも民主党の候補である。けっしてカトリックの候補ではない。万一教会の要請に従って国益を損なえば、大統領を辞職する。自分が第二次世界大戦で傷ついた時、兄を失った時、誰も宗教など問うことはなかったではないか。

だが選挙戦最終盤、とんでもないことが起きた。自治権を持つ自由連合州《コモンウエルス》、プエルトリコのカトリック教会が島内の信者に、産児制限を認める知事に投票するなと指示したのである。ケネディは、プエルトリコがアメリカ領だと多くの者が知れば「この選挙は負けだ」とうめいた。

最後の最後まで抜きつ抜かれつの戦いが続いた。投票日直前、ケネディの手厳しい批判にたまりかねたアイゼンハワー大統領が、ニクソン応援に本腰を入れ始めた。ケネディは「潮に流されていく砂山の上に立っている」実感を味わい、焦慮を深めながら投票日を迎える。

薄氷の勝利

一九六〇年十一月八日、国民の審判が下った。大統領選挙での得票はケネディが約三四二二万票、ニクソンが約三四一一万票。その差は十一万五千票たらずで、投票総数の〇・二パーセントにも満たない（以下の数字は *Congressional Quarterly's Guide to U.S. Elections*, Washington, D.C.: Congressional Quarterly, 1975 による）。

間接選挙の主役である大統領選挙人は、五十州で五三七人。その過半数は二六九人（首都ワシントンが大統領選挙人を選出するのは一九六四年から）。結果はケネディが二十二州、三〇三人。ニクソンが二十六州、二一九人だった。では残り二州、十五人は？。

民主党が勝ったはずのミシシッピ州で八人の選挙人がすべて、アラバマ州では十一人のうち六人が、ケネディではなくバージニア州選出のハリー・バード上院議員に投票した。南部では、たとえ消極的にでも、人種差別反対の姿勢をとったケネディが嫌われたからである。この二つの州はのち、公民権問題をめぐってケネディ政権と対決することになる。ニクソンが制したオクラホマ州からも、八人のうち一人がバードに入れた。

ケネディの南部での戦績は次のとおり（ただしどの州を南部に含めるかには諸説がある）。

南部＝十一州とした場合
選挙人計一二八人（比率）

南部＝十六州とした場合
選挙人計一六六人（比率）

ケネディ	六州	八一人（六三・三パーセント）	九州	一〇一人（六〇・八パーセント）
ニクソン	三州	三三人（二五・八パーセント）	五州	五〇人（三〇・一パーセント）
バード	二州	一四人（一〇・九パーセント）	二州	一五人（　九・〇パーセント）

南部の反ケネディ感情を考えれば、よく六割以上を取れたといえる。副大統領候補ジョンソンの奮闘に負うところ大だったとすれば、ケネディの選択は政治的には正しかったことになる。

マシーン大奮闘

各州の選挙人の数は、上院議員（二人）と下院議員（人口比例配分）の和である。勝者総取り《ウィナー・テイク・オール》方式により、人口の多い十二州をものにすれば合計二七七人、それだけで勝ちを握れる。ケネディはここで九勝三敗、二〇七人を得た。七四・七パーセントもの好成績である。

たとえば、いずれも接戦の末ケネディが制した州に以下がある（①〜④は得票差の僅少さ順）。

	（選挙人）	投票総数	得票差（ポイント差）
① イリノイ州	（二七人）	約四七五万七千票	約　九千票（〇・二）
② テキサス州	（二四人）	約二三一万二千票	約　四万六千票（二・〇）
③ ミシガン州	（二〇人）	約三三一万八千票	約　六万七千票（二・一）
④ ペンシルバニア州	（三二人）	約五〇〇万七千票	約一一万六千票（二・四）

したがって、

	選挙人計	逆転に必要な票
① イリノイ州 ＋ ② テキサス州	五一人	約二万八千票
① イリノイ州 ＋ ④ ペンシルバニア州	五九人	約六万三千票
② テキサス州 ＋ ④ ペンシルバニア州	五六人	約八万一千票
③ ミシガン州 ＋ ④ ペンシルバニア州	五二人	約九万二千票

のうち、どの組み合わせでも逆転が実現していれば、つまり十万人にも満たない——全米での得票差より少ない——人々がニクソンに入れさえすれば、歴史は変わっていたはずである。ケネディ・マシーンは、ケネディ自身が「奇跡」と語ったほど薄氷の勝利を見事演出したのである。

魔術が奏功

怪しげな魔術も用いられた気配がある。イリノイ州でニクソンは、全州一〇二郡のうち九十三郡を制した。だが大都市シカゴを含むクック郡から大量のケネディ票が、それも開票作業がいったん中断された後に突然あふれ出した。

シカゴ政界のボス、リチャード・デイリー市長は、開票途中でケネディに電話をかけている。

「ちょっとした運と少数の親友の助け」があれば大丈夫だ。ここは安心してくれ。

デイリー・マシーンと異名《いみょう》を取った組織に、マフィアのボスであるサム・ジアンカーナも協力した。シカゴを牛耳《ぎゅうじ》っていた彼は、ケネディ当選は自分のおかげだと誇らしげに語っている。とすれば、ケネディ政権がマフィア撲滅に乗り出した時、彼が感じた怒りのほどは想像にかたくない。のちにいわれるように、それがケネディ暗殺につながったとしても不思議ではない。

デイリーとケネディの父ジョゼフとの絆も強かった。父は開票のゆくえを懸念する息子を「心配するな。イリノイはもらった」と安堵させた。

テキサス州でも、ほぼ十万票が無効となり、有権者数を超える票が出るなど怪しげな出来事があった。こちらの主役はケネディの副大統領候補ジョンソンだったとされる。

非公式な数え直しでは、イリノイ州クック郡でニクソン票が四千五百あまりも増えたという。再集計を求める声もあったが、ニクソンは断念した。泥仕合になれば政治的空白が発生し、アメリカの威信や大統領職の権威を損なうからである。不正を糾弾したあげく負けが確定すれば、恥の上塗りだからでもある。だがその胸中たるや察するに余りある。

選挙結果をめぐる紛争はアメリカ大統領選挙にまれではない。二〇〇〇年には、アル・ゴア副大統領に対するジョージ・W・ブッシュの勝利に、フロリダ州での開票疑惑が取り沙汰された。敗れた側が潔く引くとは限らない。二〇二〇年にトランプが引き起こした騒ぎが典型である。

だが一九六〇年、メディアは開票疑惑をほぼ黙殺した。ケネディがそれまで記者たちとの間に築いてきた関係がものを言ったのである。新聞も雑誌もテレビも、新大統領の就任準備、新政権の陣容、長男ジョン二世の誕生などを報じ、国民の期待をいやがうえにも高めていった。

9　船出の準備は着々

経験不足も何のその

大統領当選の翌日から就任前日までは七十二日間。政策の立案、人事の決定、就任演説の起草、就任式の打ち合わせなど、なすべきことは多く、ケネディは大忙しだった。

幸い、政権引き継ぎはおおむね順調に進んだ。新旧大統領の顔合わせでドワイト・アイゼンハワーがケネディの能力や人柄に感銘を受け、この男はただの若僧ではないと悟り、その結果二人の間に親密な関係が打ち立てられたことが大きい。

アイゼンハワーはこの時ケネディに、大統領が決定を迫られる問題に容易なものなどまったくないのだと助言した。実際にホワイトハウスでの日々は、ケネディに「大統領になった時にうまく役立つような経験など何一つない」し「大統領となる準備などできるものではない」のだという事実を痛感させることになる。

アメリカでは猟官制度《スポイルズ・システム》のもと、政権交替のたびに多数の高級官僚が入れ替わる。しかし選挙運動に明け暮れ、ワシントンを留守がちだった彼には、分野を問わず十分な人脈がなかった。

彼は愚痴るばかりだった。「人、人、人！　私はまるで人を知らない。私の知っているのは選挙民だけだ。どうやってこの千二百の官職を埋めたらいいのか?」「こんなにたくさんの立派な人たちを、私はどこへ探しに行ったらいいんだろうか。この国にこんなにたくさんの立派な人がいるんだろうか」。それもこれも経験不足のつけにほかならない。

海軍次官として名の挙がった一人が、ケネディの元戦友ポール・フェイである。彼は中小企業の二代目にすぎず、ロバート・マクナマラ次期国防長官は彼の経験不足を懸念した。ケネディも一つ下の次官補で手を打たないかとフェイに打診した。

だが彼は、自分の会社と海軍省の違いは扱う数字にゼロが三つか四つ多いかどうかだけだと反論し、最終的には次官の地位についた。だが本当に数字の桁だけの話で済むかは疑問だった。

彼の上司マクナマラは初め、自分には軍事分野での経験がないと国防長官就任を固辞した。だがケネディは閣僚や大統領の養成所など聞いたことがないと彼を押し切った。ケネディ自身だろうが閣僚だろうが、素人が任についてから物事を学ぶリスクをアメリカと世界に押しつけたわけである。

大統領特別補佐官となった歴史学者アーサー・シュレジンガーはケネディに「何をするのかよくわかりません」とぼやいた。「それはぼくも同じ」だ。だが「山ほど仕事があるのは確か」だ。こうした答えが返ってきた。何やら不安を抱かせる船出である。

根拠なき自信

大統領就任直前、ケネディは故郷のマサチューセッツ州議会で、指導者に求められるべき特質を四つ挙げた。勇気・判断力・誠実・献身——願わくばそれらが新政権の特徴とならんことを。

ボストン・マサチューセッツ州議会議事堂前のケネディ像（絵葉書）。

だが彼の本音では、自分こそまさにそうした特質を備えていた。「この仕事をぼくよりもうまくやれそうな人物をぼくは知らないね」と、彼は『タイム』誌のヒュー・サイディ記者に漏らしている。新政権の顔ぶれについても、ケネディは心から満足していた。

大統領選挙中、彼は父ジョゼフにこう言っている。過去二千年、どの世代にしてもたいていみな、かつて例を見ない大変な問題に直面してきたのだ。だがそういう問題をみな、神の加護によって解決してきたではないか。「だったら、私たちだって当然やれるはずです」。

自信満々、いや傲慢《ごうまん》ともいえる姿勢である。だがそれは彼一人ではなかった。第一次・第二次世界大戦に勝ち、アメリカを世界一の経済・軍事大国にし、冷戦で共産主義の脅威にも断固立ち向かい、社会を進歩させてきた二十世紀アメリカの自負、時代の空気がそこに噴出していた。

新政権の人事はメディア注目の的だった。正式発表前に名前が報じられることもたびたびだった。ケネディ政権に結集した多彩な面々は、『ニューヨーク・タイムズ』紙記者デービッド・ハルバースタムのいう「最良かつ最も聡明な人々《ベスト・アンド・ブライテスト》」の名にふさわしかった。ただしそれは、のちにベトナム戦争という災厄をもたらした彼らが皮肉られたうえでの命名である。ハルバースタムはこの戦争報道でのちにピュリツァー賞を受けた。

とりわけ若い俊才を象徴する言葉が「神童《ウィズ・キッズ》」である。だがベテラン政治家のサム・レイバーン下院議長の不安は、まさにそこにあった。彼ら「頭の切れる秀才」たちの中に「一人でいいから、地方の保安官にでも立候補した人間がいれば」安心できるのだが。

政権引き継ぎを取り仕切ったクラーク・クリフォード（のちベトナム戦争末期にマクナマラの後任）も、彼らには「時代を読みとる感覚」が欠落していたという。それどころか連中は「右も左もわかっちゃいなかった」のだと、まさに一刀両断である。

一九六三年、マクナマラ国防長官が、カナダがアメリカから購入したミサイルが軍事的にはあまり役に立たないと発言、物議をかもした。この時ケネディは「選挙に出ない人間はダメだね」と語っている。大統領としての経験が彼に何かを学ばせたのだろう。

若さと活力と知性

国務長官にロックフェラー財団理事長で元極東担当国務次官補のディーン・ラスク。国防長官にフォード自動車会社社長のマクナマラ。財務長官に前国務次官の銀行家ダグラス・ディロンなど。彼ら閣僚の平均年齢は約四十七歳、前政権から十歳ばかり低下した。最高齢はルーサー・ホッジス商務長官の六十二歳、最年少はケネディの弟、司法長官ロバートの三十五歳だった。

大統領は一気に二十七歳、ファーストレディは三十三歳も若返った。ケネディは四十三歳、ジャクリーンは史上三番目に若い三十一歳。大統領夫妻はともに、初の二十世紀生まれである。

ケネディはしばしば最年少の大統領だと誤解される。それというのも、彼にまとわりつく若さのイメージがあまりに強烈だからである。正確には、選ばれた大統領として最年少であるにすぎない(四十三歳七か月。副大統領から昇格したセオドア・ローズベルトは四十二歳十か月)。

若さはみなぎる活力、頑強さ、前向きな姿勢、行動主義などに直結していた。自分たちは一九五〇年代には見失われていた、アメリカのあるべき姿を体現しているのだ。こうした強烈な自負がワシントンを支配した。

ケネディ政権の中核をなす活力の象徴が「五十マイル・ハイキング」である。海兵隊士官たるもの約八十キロを歩き通すべしとしたセオドア・ローズベルト大統領の、半世紀以上前の手紙をケネディが目にした。そして軍人にも文官にも、体力づくりや減量を強く求めたのである。ロバートは実際に五十マイルを歩き、ニュー・フロンティア精神の体現者として注目を浴びた。

ワシントン全体がいわばアドレナリンの過剰分泌《ぶんぴつ》状態に陥った。政権の面々には、ワイシャツの袖をまくって動きまくるイメージができあがった。ケネディは猛烈に読み、次から次に指示を下した。彼の速読術も巷《ちまた》の話題になった。

政権内では「締め切り期限はつねに一昨日」だという評判だった。デービッド・ベル予算局長にとってそれは「四六時中まるで追いまくられている感じ」を味わう日々だった。

ケネディ政権は英知の香りも振りまいていた。ベストセラーとなった著作を持つ大統領のもと、学者が大挙加わったからである。

ホワイトハウスがハーバード大学から迎えたのは、歴史学者シュレジンガーが大統領特別補佐官。

国際政治学者マクジョージ・バンディが国家安全保障担当大統領補佐官。

同じくハーバードからホワイトハウス以外の省庁に入った者としては、経済学者のセイモア・ハリスが財務省最高経済顧問。法律学者エイブラム・チェイズとアーチボルド・コックスがそれぞれ国務省法律顧問と司法省首席検事（司法長官・次官に次ぐ地位）。海外に赴任したのは、経済学者ジョン・ガルブレイスが駐インド大使。日本研究者エドウィン・ライシャワーが駐日大使。

マサチューセッツ工科大学（MIT）からは、経済学者ウォルト・ロストウがホワイトハウスでバンディの代理。電子工学者ジェローム・ウィズナーが大統領科学顧問。ミネソタ大学からは、経済学者ウォルター・ヘラーが大統領経済顧問。かつてプリンストン大学で政治学を教えていたロジャー・ヒルズマンが国務省情報調査局長（のち極東担当国務次官補）。

彼ら一群の行動派知識人が新政権に活気と知性の光を与えた。冷戦外交であれ社会改革であれ、自分たちの理論や学識を政治の場で実現しようと彼らは意欲満々だった。ハーバード大学はいまやワシントン・ポトマック川のほとりに移転したという冗談も生まれた。

学者の世間知らずや現実離れした側面を示す言葉が「象牙《ぞうげ》の塔」である。政権入りに二の足を踏むある学者を、ケネディが自分も「象牙の塔の大統領になるつもり」だから心配無用と、やはり冗談めかして説得に努めたことがある。しかし問題は、ケネディ政権に参画した学者たちの考え方や行動が、本当に机上の空論でしかない場合にいったいどうなるかだった。

だがケネディへの期待は急上昇した。それと反比例するかのように、依然として「アイク」の愛称で親しまれてはいたものの、指導者としてのアイゼンハワー株が大きく低下していった。

典型が「アイゼンハワー人形」である。一度ねじを巻いておけば八年間微動だにしないと揶揄《やゆ》されたもの。ただしベトナム戦争を経験した後、アメリカは失われたものの大きさを痛感し、アイゼンハワーがもたらした平和と繁栄が再評価されるのだが。

頼れるものは弟なり

ホワイトハウスの側近たちは「アイリッシュ・マフィア」の異名《いみょう》をとった。アイルランド系以外の者も含め、ケネディへの忠誠心を絆に、大統領当選のため一丸となってきた人々である。もっとも、こうした大統領を核とする凝固体の形成は、ケネディに限った話ではない。

その中枢にロバートがいた。これまで選挙でケネディ売り込みの司令塔だったとはいえ、ろくに法律経験も行政経験もない若者が司法長官になったのである。

ロバートの念頭には一九六二年のマサチューセッツ州知事選挙への出馬があったようである。キャリアの出発点として、国防次官ないし次官補、国務次官補なども考えられた。

夫人のエセルも夫の自立を求めた。だが「決めるのはおじいさまなのよ」と彼女をたしなめたのは義姉ジャクリーンである。実際に父ジョゼフは執拗にロバート起用を求めた。

それまでもケネディは人事でしばしば父の助言を仰いでいた。政権準備を手助けする人材を集めたのも父だった。最も初期の人事、連邦捜査局（FBI）長官エドガー・フーバーと中央情報局（CIA）長官アレン・ダレスの留任も父が決めたといわれる。ロバートの件でもケネディは父の要求を拒めなかった。

起用の理由はいくつもあった。第一に、選挙での勝利に貢献した三男への論功行賞として。そこに父を含む家族への感謝の表明を加えることもできる。

第二に、次男の政権を強化する切り札として。海軍将校時代以来の因縁からケネディの弱みを握るフーバーFBI長官を利用しつつ、その影響力を封じ込める。長年父と協力関係にあったマフィアを切り捨て、少なくとも抑える。

ロバートはそれが兄の死につながったのではないかと、のちに激しい後悔と自責の念を抱くことになる。もし本当にそうだったとすれば、すべては父のなしたわざだったわけである。

第三に、新大統領を支える、親しく、信頼でき、有能な存在として。だからケネディ自身が懸命にロバートを説得したともいわれている。とすれば父と兄の挟み撃ちである。

縁者贔屓《びいき》の非難を恐れてロバートは尻込みした。ケネディにも躊躇《ちゅうちょ》があった。深夜二時頃に玄関を開け、人影がないのを見澄ましてから、この人事を発表するつもりだと冗談を飛ばしていた。

実際に批判はあったが、むしろ新政権の若さの象徴として、好意的に受け止められた。ロバートは誠心誠意兄を支え、その助言者となり、また兄に大きな影響力を行使し、汚れ仕事にも手を染めた。彼は政権「ナンバー2」ではなく「ナンバー1・5」と呼ばれた。

ケネディをはじめニュー・フロンティアの戦士たちによる新たな指導者像形成の努力は、政権発足準備中に、いや選挙戦中から始まり、大統領就任以降も入念に続けられる。とくに夫人ジャクリーンや幼い子供たちの助けを借りて、さらにケネディのイメージは膨らんでいくことになる。

10　輝くワシントン

過去に決別

一九六一年一月二十日。前夜の猛吹雪《ふぶき》が夜明け方に止んだばかりの、凍てついた、しかし晴れ渡った首都ワシントン。ケネディの大統領就任式の日である。

就任式が人々の目にどう映るかは、ケネディやジャクリーン、そして新政権全体への評価を決めかねない重要問題だった。ケネディは就任式の演出にあれこれ口を出した。ジャクリーンはドレスやコートの選択、招待客の名簿作成など細部にまで注意を払った。

就任式は、十四年に及ぶケネディの政治家歴総決算の舞台だった。「大事なのはありのままのお前ではない」という父ジョゼフの言葉に従ってきた、長い歳月が報われた瞬間でもあった。次の、より重要な局面への飛躍台でもあった。リチャード・ニクソン相手の、疑問の余地さえ残る辛勝は、これまで熱心に進めてきたイメージ形成がまだ不十分なことを示していたからである。

就任式前夜の祝賀舞踏会にはフランク・シナトラら有名歌手や俳優などが大挙動員された。ほぼ六千万人のアメリカ人が新大統領の船出をテレビで目撃した。イギリス人も、海底ケーブルを用いた中継で同じものを味わった。初のラジオ国際生中継も実現した。

演出の一つが、有名な詩人ロバート・フロストによる詩の暗唱である。「詩と力の新しい黄金時代」の始まりを称える言葉が、新時代の開幕を高らかに告げた。

アフリカ系（黒人）女性歌手マリアン・アンダーソンによる国歌斉唱は、従来にない、人種差別撤廃に向けた積極的取り組みを予感させた。ジャクリーンの発案だったともいわれる。

肌を切り裂くような寒さの中、ケネディはコートを脱ぎ捨てて演壇に向かった。七十歳のドワイト・アイゼンハワー前大統領と対照的な姿を見せる演出である。何もそこまで、と苦笑する向きもあった。

そのケネディがこの日、国民と世界に伝えようとしたメッセージの中核が、過去との決別だった。沈滞の一九五〇年代は終わり、躍進の一九六〇年代が始まったのだ。いや、自分がそれを創出するのだ。

ケネディ一家がワシントン入りした日など、首都「全体が輝いたよう」だったと、のちに下院議長となるティップ・オニールは述懐している。『タイム』誌は首都を「ジャックの街」と呼んだ。

松明は新世代に

一九六〇年大統領選挙はアメリカの変容を象徴していた。テレビ政治の本格化、公民権運動《シビル・ライツ》の高揚、新しい世代の登場、カトリック大統領の誕生などである。

ホワイトハウス入りを果たしたケネディは引き続き、積極的に社会を変えようとする一九六〇年代の風に乗った。同時にその風をいっそう刺激した。それが選挙戦でのニュー・フロンティア驀進《ばくしん》の原動力となった。ケネディ政権の旅立ちも同じである。

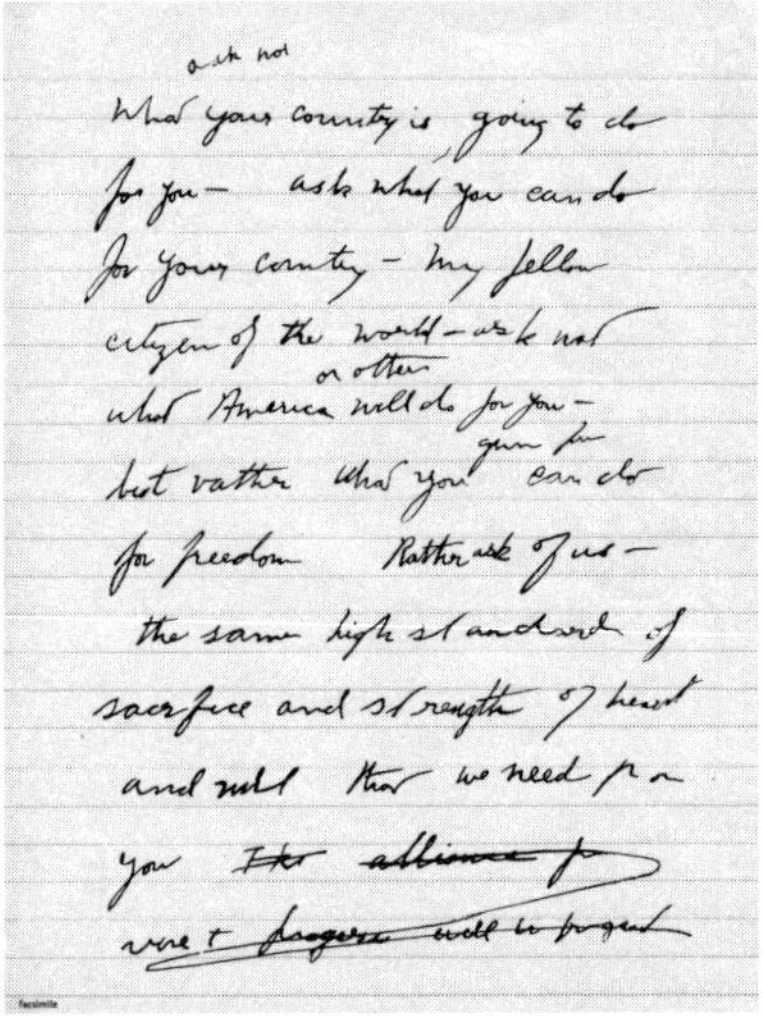

就任演説の手書き草稿。有名な「諸君の国が諸君のために……」の一節（ケネディ大統領図書館・博物館で購入〔複写〕）。

就任演説でケネディは「松明《たいまつ》は新しい世代のアメリカ人に引き継がれた」と宣言した。彼は「この世紀に生まれ、戦争によって鍛えられ、冷たく厳しい平和によって訓練された」世代の代表を見事に演じたのである。

彼は理想や希望を実現するため自己犠牲も求めた。アメリカ人には、「諸君の国が諸君のために何をなしうるかを問いたもうな。諸君が諸君の国のために何をなしうるかを問いたまえ」と。世界の人々には、「諸君のためにアメリカが何をなしうるかを問いたもうな。人類の自由のためにわれわれがともに何をなしうるかを問いたまえ」と。

のちにそれは、冷戦心理にどっぷり浸かった大仰《おおぎょう》なレトリックでしかないとも批判された。ベトナム戦争映画の一つ『7月4日に生まれて（*Born on the Fourth of July*）』（一九八九年）は、就任演説のテレビ中継でケネディの言葉に接した少年が長じて海兵隊に志願、ベトナムで戦い、傷つき、反戦運動に身を投じていく。ある元兵士の自伝にもとづいた物語である。

だがいまでもケネディの言葉は、歴史的名演説の一つに数えられることが多い。少なくともこの日、ケネディはアメリカ人に誇りと高揚感、一体感をもたらした。彼の言葉は時代の空気を象徴し、アメリカと世界に新風を巻き起こし、人々の脳裏に深く刻み込まれた。ケネディは新時代創出に向けて意気揚々だった。

神話創生の協力者

就任一週間後、ケネディ支持率は六九パーセントと上々だった。暗殺の日まで、最低でも六割近く、平均では七割もの支持率を誇っていた。近年のどの大統領と比べても遜色《そんしょく》ない数字である。

彼の髪型や服装が流行した。彼の愛読書、たとえば、映画にもなったイアン・フレミングのスパイ小説『007』シリーズはベストセラーとなった。物真似レコードも出た。記者会見でコメントを求められたケネディは、自分よりむしろ末弟（四男）エドワード似の声だと記者たちを笑わせた。

大統領になるまでと同じく、ケネディはメディア対策をきわめて重視した。記者に気を使い、報道には丹念に目を通す。不都合な記事があれば、抗議し、訂正を求める。ときに記者を締め出し、新聞の購読を止める。逆に、何人かを特別扱いし、ひそかに都合のよい情報を漏らす。

多くの記者は大統領の売り込みに一役買った。アウトサイダーになる危険を冒すわけにはいかなかったからである。彼らはすでにケネディの生前から神話の下僕だった。

とりわけテレビなしではこの政権を続けることもできないと、ケネディ自身が知っていた。就任から五日後、彼が史上初めてテレビ生放送による記者会見を始めたことは象徴的である。

ケネディは大統領としての自己イメージに気を使った。好きなゴルフに興じるさまを撮影されるのも警戒した。前任者アイゼンハワーのゴルフ三昧《ざんまい》が批判されたためである。

略称は「ジャック」ではなく「JFK」でとメディアに要請した。若僧扱いを避け、同時に民主党の偉大な先輩「FDR」つまりフランクリン・デラノ・ローズベルトを想起させるためである。

休暇中、ヨットの操作を誤り座礁させたことが報じられると、証拠写真も無視して誤報だと言い張った。それどころか大統領、つまりアメリカ軍の「最高司令官が小さなヨットを座礁させたことを共和党側がどういうか、きみは考えたことがあるかね」と記者に食ってかかる始末。

隠された真実

ケネディは相変わらず背中の痛みに悩まされていた。大統領専用機《エアフォース・ワン》のタラップを降りるのも要注意。彼が黙りこくっているのは痛みをこらえている時だった。一九六一年六月、訪米した池田勇人《はやと》首相を迎えるべく、愛用のヨットに乗り込んだケネディは松葉杖姿だった。ダラスで銃撃を受けた彼を手当てした医師たちは、あまりに大きなコルセットに仰天した。

司法長官となったロバートは兄に、怪しげな注射を止めるよう求めた。だがケネディは、痛みを緩和してくれさえすればそれが「馬の小便」だろうが構わないと、平気の平左だった。

あとはいかに実情を隠し通すか。愛用の揺り椅子《ロッキングチエア》は、ニュー・フロンティア――内外の難題に沈思黙考の大統領――の象徴に祭り上げられた。健康不安を取り沙汰されることに神経質なケネディは、風邪薬の服用さえ人目をはばかっていた。記者会見で背中の状態を聞かれ、「政界天気図ほか」しだいだと軽口を叩いた。

もう一つ、これもある意味病気、つまり疲れを知らない漁色《ぎょしょく》があった　最も有名なお相手が女優マリリン・モンローだろう。彼女はケネディとの結婚すら夢想していたようである。

だが彼女は一九六二年八月五日、自殺説あり殺害説ありの謎めいた死をとげた。ロバートやその義兄（四女パトリシアの夫、つまりケネディにとっては義弟）で俳優のピーター・ローフォードらによる隠蔽《いんぺい》工作もささやかれている。

大統領夫妻の関係は悪化する一方だった。ケネディがジャクリーンの突然の帰宅に大慌てだったこと、他の女性の下着をベッドで発見した彼女がそれを夫に突きつけたこともある。

ジャクリーンは自分の殻に閉じこもった。しょっちゅう外出する（それが夫に浮気の機会を提供した）。洋服を買う。外遊に出る。大統領の年収を超える支出にケネディは怒ったが、自業自得というものだろう。

一九六三年八月、ケネディの秘書エベリン・リンカーンは、再選後二人は離婚すると見ていた。一九六三年八月、生後間もない次男パトリックを失い、悲しみを共有したことから、夫妻の関係は急速に改善されたようである。だが大統領になるまでと同様、ケネディのホワイトハウスは女遊びや健康不安などが隠され続けた上に立って輝きを放っていたのである。

世界を魅了した女性

ジャクリーンはまさにアメリカが新たに迎え入れた王妃、ケネディ時代の象徴の一つだった。はるかのち、NHKのある特番は彼女に「スーパー・ファーストレディ」の名を奉《たてまつ》った。

彼女は、御用達《ごようたし》の有名デザイナー、オレグ・カッシーニに、つねにオリジナルの服を求めた。フランス趣味や価格などへの批判をよそに、「ジャッキー・ルック」がそれまで以上に流行した。

作家や詩人、音楽家、芸術家などがホワイトハウスに招かれた。フランシスコ・フランコ独裁下の祖国スペインには戻らない。これを支えるアメリカにも行かない。そう言っていたチェロ奏者パブロ・カザルスでさえ、彼女の招きに応じた。彼女に感銘を受けたシャルル・ドゴール仏大統領のはからいで、名画『モナリザ』もルーブル美術館から海を渡った。

じつはケネディ本人には芸術への興味など乏しく、演奏会でもバレエでもよく居眠りしていた。カザルスが弾く楽器もよく知らず、いったいそれは何者だと側近に聞いたこともある。

二〇一六年の映画『ジャッキー／ファーストレディ　最後の使命（*Jackie*）』（アメリカ・チリ・フランス）で、ジャクリーンは夫を「選挙に大金を使っても美しい絵は買おうとしない」人物だったと述懐している。もちろんフィクションにすぎないが、言い得て妙だろう。

だが文化や芸術を理解し、愛する大統領夫妻のイメージが早々と確立した。二人は、才能ある音楽家や芸術家を保護し、彼らの作品を慈しむ国王と王妃も同然だった。

二人が住まうホワイトハウスはアメリカの歴史や文化の象徴でなくてはならない。そう考えるジャクリーンは大改装に乗り出した。「洞窟探検」と称して歴代大統領の所有物を掘り起こし、骨董品や美術品も収集した。議会が認める予算では足りず、寄付も募った。

その成果が一九六二年二月十四日、いわゆる『ジャッキー・ケネディ・ショウ』に示された。CBS放送が二十五万ドル以上をかけたテレビ番組『ケネディ夫人のホワイトハウス案内（*A Tour of the White House with Mrs. John F. Kennedy*）』である。

視聴者は五千万人ないし六千万人。ジャクリーンは絶賛され、大統領も喜色満面だった。番組は優れたテレビ番組に贈られるエミー賞を獲得し、世界百か国以上で放映された。翌年、出版されたガイドブックはベストセラーとなった。ホワイトハウスの観光客も増えた。

ジャクリーンは政治にも大統領夫人の仕事にも熱心でなく、衆人環視《しゅうじんかんし》の生活にうんざりだった。だがしだいに自信満々でファーストレディ役をこなすようになっていった。国外ではじつに効果的なアメリカの親善大使、ケネディ外交の切り札となった。

パリではドゴール大統領を、ウィーンではソ連のニキタ・フルシチョフ首相を、インドではジャワハルラル・ネルー首相を、そして世界いたるところで無数の人々を魅了した。彼女とともに訪仏したケネディは「ジャクリーン・ケネディのお供《とも》でパリへ来た男」だと自己紹介した。コロンビア訪問では「ヤンキー・ゴー・ホーム／ジャッキー・カム・バック」というプラカードが登場した。

二人の小さな大スター

カメラマンは、娘のキャロラインの後も追いまくった。記者はピエール・サリンジャー大統領報道官を質問攻めにした。キャロラインのハムスターが死んだというが本当か？　キャロラインに贈られたウサギはおもちゃのトランペットを吹けるそうだが、二、三曲披露してもらえまいか？

当のキャロラインは、記者会見前に「パパは靴と靴下を脱いで二階の部屋にすわっているわよ。何もしてないわ」と情報を漏らし、記者を喜ばせた。街ではキャロライン人形やジャクリーン人形が売られていた。

目尻を緩めながらもケネディは「もう彼女を引退させるころではないか」とほのめかした。だがマイク・マンスフィールド民主党上院院内総務は、各地の世論調査で民主党議員の支持率が大統領に及ばない理由を「ケネディにはキャロラインがついているからね」と説明した。共和党のある女性政治家は、四歳以下の女性政治家を禁止せよと息巻いた。

大統領当選直後の一九六〇年十一月二十五日、長男ジョン二世が誕生している。赤ん坊を抱いて、車椅子で出てきたジャクリーンを襲ったのは、カメラとフラッシュの放列だった。

彼女は赤ん坊の新聞報道を禁じた。ケネディは、ジャクリーンの留守中にカメラマンと子供たちを大統領執務室に忍び込ませた。それでも写真は一年間発表禁止となった。

ジャクリーンは、家族とりわけ子供の生活をメディアの人身御供《ひとみごくう》に差し出すことに反対した。だが『ライフ』や『ルック』など、ごく限られた、彼女お気に入りの雑誌は別の話だった。

美しい妻と、愛らしい子供たちに囲まれた、幸せな夫そして父親。一九六〇年大統領選挙前から一貫してアメリカ人が求め、政治家ケネディがそれに応えて定着させてきたイメージが、ホワイトハウスでさらに強められ、輝きを増していった。

だが、一点の曇りもなく光を放つばかりに見えたケネディは、一〇三七日間にわたって内外の著しい困難や厳しい危機に直面する。彼一人でなく、アメリカも、そして世界も、こうした激動に翻弄《ほんろう》され続けるのである。

第二章　多事多難な一千日

1　対決から和解へ

課題続発

一九六一年一月の大統領就任から、四か月あまり後のこと。ジョン・F・ケネディは「ちょうどわれわれが話し合っていたそっくりそのままに事態が悪化」していることに、自分たちが本当に驚いたものだと述懐している。

さらに一年ばかり経《た》った頃にはこうも述べた。下院議員時代には、ハリー・トルーマン大統領があれほど厄介事を抱えている理由がわからなかった。だがいまやっとわかるようになった――聴衆を笑わせたのはよいが、現実は冗談どころでは済まされなかった。

ケネディがホワイトハウスの主になろうとする頃、冷戦のライバル・ソ連（ソビエト社会主義共和国連邦）は「至上の幸福感」を味わっていた。アーサー・シュレジンガー大統領特別補佐官はそう回顧する。

ニキタ・フルシチョフ首相は一九七〇年までにソ連経済がアメリカに追いつくと豪語していた。アメリカはソ連による史上初の人工衛星スプートニク1号打ち上げ以来、宇宙開発競争で出遅れたまま。地上でも、ソ連との対決でしばしば後退を味わった。とくに発展途上世界では革命やゲリラ戦争の嵐に翻弄《ほんろう》されていた。

国内でも、ドワイト・アイゼンハワー政権の置き土産が次から次にケネディを襲った。雇用、住宅供給、教育、社会保障、景気、国際収支、人種差別などである。

そこで第二章では、彼が直面した多くの課題から、重要と思われる八つを取り上げ、彼の対応を検証していきたい。外交政策ではソ連との冷戦、宇宙開発競争、ベルリン危機、キューバ危機、ピッグズ湾事件、発展途上世界の革命。国内政策では鉄鋼危機、公民権《シビル・ライツ》問題である。

力と力

アメリカ大統領は毎年初め、その基本政策や立法計画などを議会に説明する。これが一般教書（年頭教書）である。一九六一年一月三十日、大統領就任から十日後のケネディも議会で初の一般教書を発表した。その中で彼は、大統領の紋章に描かれる鷲《わし》が「オリーブの枝」と「矢の束」をともに携えていると指摘した。

ホワイトハウスで執務机に向かうケネディ（絵葉書）。

冷戦外交は和戦両面でというわけだが、現実には矢が先だった。オリーブの枝は、十分な力を構築し、その効果的な活用によって冷戦を有利に展開したうえで、差し出すべきものだった。ケネディの尊敬するウィンストン・チャーチル元英首相のいう「話し合うために武装する」姿勢である。

この一般教書でケネディは、アメリカが直面する危機を強調し、今後さらに潮流は不利になろうと警告した。国民の危機感をむやみに煽《あお》ったと批判されたほどである。だがその逆転こそが彼の使命だった。

実際にケネディ政権のほぼ三年間で、国防予算は約四百六十億ドルから約五百四十億ドルに増えた。七〜八千億ドルが当たり前に思える現在からすれば少額に見えるが、当時としては巨額の支出である。しかも平時、これほどの軍拡を行うのはアメリカとしても初めての経験だった。

軍事戦略の転換も進められた。柔軟反応《フレキシブル・レスポンス》戦略の名のもとで、核戦争・通常戦争・ゲリラ戦争などすべてに対応できる軍事力を、費用対効果《コスト＝ベネフィット》の原則にのっとりながら整備する。ポラリス原潜や核ミサイルなどの増強、通常兵力の拡充、特殊部隊の重視、民間防衛《シビル・ディフェンス》つまり核シェルター建設の推進、同盟国への軍拡要求……。急ぐべき課題は山ほどあった。

ただし必ずしもケネディが怯えと焦りに身を任せていたわけではない。評価は四対一から二十対一まで諸説あるが、核ミサイル分野でアメリカは質量ともにソ連を圧倒していたからである。民主党が一九六〇年大統領選挙まで喧伝《けんでん》しきりだったミサイル・ギャップなど幻想でしかなかった。政権発足後間もない一九六一年二月、ロバート・マクナマラ国防長官がそれを記者に漏らしてしまった。直後に否定したものの、ケネディは激怒した。巷《ちまた》では、虚偽の主張で大統領に当選したとして、前年の大統領選挙のやり直しを求める声さえ上がったからである。

九月一日、ソ連は一九五八年以来自粛していた大気圏内核実験を、三十メガトン規模で実施した。

これ以降二か月で五十回も続く試みの始まりである。ソ連の弱さを露呈された打撃から回復し、失った面目を取り戻そうとする、フルシチョフのあがきだったかもしれない。

だがたとえそうでも、ケネディはソ連の動きを座視できなかった。九月十五日、彼は地下核実験再開で応じた。またもしてやられた。騙され、裏切られ、虚仮《こけ》にされた。これ以上鼻面《はなづら》を泥の中にこすりつけられるのは我慢ならない。こう考えたからである。

十月二十一日、ロズウェル・ギルパトリック国防副長官がミサイル・ギャップは存在しないとあらためて発表した。今度は大統領の了承を得たうえでのことだった。冷戦つまり世界を相手のイメージ戦争の中でアメリカの優位を示し、フルシチョフを牽制するためである。

十月三十日、今度はソ連が反撃に出た。五十メガトン規模、史上最大の核実験実施である。アメリカは一九六二年四月、大気圏内核実験を再開した。米ソ二つの超大国の指導者はたがいの面子《メンツ》をかけ、地球上に死の灰を撒《ま》き散らしながら、軍拡路線を競い合った。

殺伐たる米ソ関係を反映した、実話にもとづく映画が『K‐19（*K-19: The Widowmaker*）』（二〇〇二年）である。一九六一年、ソ連は世界を二回、アメリカは十回も壊滅できるだけの核兵器を有し、なお軍拡に邁進《まいしん》中だった。劇中、ソ連の最新鋭ミサイル原潜が、ミサイル発射実験のためベーリング海に出航する。ケネディに対して、ソ連の新たな核戦力を誇示するためである。

たがいにオリーブの枝を

ケネディがオリーブの枝を頭から無視していたわけではない。就任演説では「平和の探求《クエスト・フォア・ピース》」をソ連に呼びかけている。

フルシチョフも、米ソ間に第二次世界大戦中のような緊密な関係を回復したいとケネディに伝えた。ソ連政府や共産党の機関紙『プラウダ』『イズベスチャ』はこのケネディ演説を全文掲載した。アメリカの対外宣伝を担うアメリカの声（VOA）放送が演説を流した時も、妨害はなかった。

就任翌日、フルシチョフからケネディへの贈り物が届いた。一九六〇年七月、北極圏で撃墜された偵察機RB47のパイロット二人の釈放である。

劇的効果を狙うケネディは就任から五日後、大統領として初のテレビ記者会見でこれを発表した。フルシチョフも事前の漏洩《ろうえい》や発表を思いとどまり、ケネディに協力した。ケネディの側も、ソ連領内での偵察飛行を中止し、この件を反ソ宣伝に利用しないと約束した。

今回のパイロット釈放は、一九六〇年五月、U2撃墜事件で捕らわれたパイロット一人とともに、ドワイト・アイゼンハワー政権が水面下で求めていたものである。もし大統領選挙中に実現していれば、現職副大統領リチャード・ニクソンの得点となったろう。どうやらフルシチョフはケネディ当選を望んでいたようである。若僧のほうがやりやすいと判断したのかもしれない。

一九六一年六月三〜四日の米ソ首脳会談で、フルシチョフは自分はあなたに投票したのだと軽口を叩いた。ケネディも笑顔でそれを認めた。米ソ協力の素地はたしかに存在していたのである。

このウィーン会談でのフルシチョフの目的は第一に、ケネディの人物を探ることにあった。第二に、二十三歳も年下の青二才に、自分の手強《てごわ》さを思い知らせることだった。彼はケネディに「命令するために」ウィーンに赴いたのだと、ピエール・サリンジャー大統領報道官は述懐している。

ケネディは時期尚早な首脳会談に躊躇《ちゅうちょ》を感じていた。警鐘を鳴らす顧問も多かった。そこに四月、キューバ侵攻の失敗（ピッグズ湾事件）が起きた。ケネディの立場はさらに弱まってしまう。だが逆にこれで、首脳会談の必要性はかえって高まった。フルシチョフは自分を甘く見ているにちがいない。直談判《じかだんぱん》で自分を見直させ、こちらは一歩も引かない姿勢を示すしかない。

対話こそ重要

たとえどれほど気が進まなくても、今後に備えてフルシチョフの腹を見きわめておくことは大事だった。ケネディは『タイム』誌のヒュー・サイディ記者に、コンゴもラオスもキューバも「いずれもロシアが震源地」だからだと説明している。「あまり多くをねだってはいけない」とフルシチョフに釘を刺しておく必要もあった。

だが当時毎日新聞ワシントン支局長だった大森実によれば、ケネディは「刑場に引かれる仔羊のような淋しげな後姿」を残してウィーンに発った。実際に二日間の会談で、フルシチョフはケネディを圧倒し続けた。彼は今後も米ソ関係で主導権を握れるという確信を得たようである。

直後、ケネディに接した者たちは彼の表情に、苛立ち、不安、動揺、憤激、落胆、衝撃、呆然自失、憂鬱《ゆううつ》などを読み取った。彼自身、これは「貴重」な、だが同時に「人生で最悪」の経験だったと振り返っている。まるっきり子供扱いされたとも感じていた。

ウィーン会談は結果的に、米ソ対決への機運を生み出してしまった。これ以上弱腰に見られまいと、ケネディはたとえばベトナム介入に敢然とのめり込んでいく。

だがフルシチョフは回顧録で、二人の意見交換じたいに価値があったのだと述べている。少なくとも、補佐官に頼り切りの様子だったアイゼンハワーと対照的なケネディを評価したようである。事実、ウィーン会談は二人の対話も導く出来事となった。弟（三男）で司法長官のロバートやセオドア・ソレンセン大統領特別顧問ら、ケネディが心を許したごく少数の人々が非公式なパイプ役を務めた。

一九六一年秋、ケネディとフルシチョフは通常の外交ルートを通さない個人的な書簡交換を始めた。意思疎通と相互理解を求めた、サリンジャーのいう「秘密外交」である。

同じ頃ケネディは、フルシチョフの娘婿で『イズベスチャ』紙編集長アレクセイ・アジュベイの単独インタビューに応じた。十一月末、ケネディの言葉を掲載した『イズベスチャ』は数時間で売り切れ、アメリカ大使館によれば「静かな興奮」をモスクワ市民にもたらした。数か月後になっても彼らは、ぼろぼろになった新聞をポケットに持ち歩き、たがいに手渡して読み合っていたという。

アメリカ側はさらにテレビによる米ソ首脳の意見交換を、ソ連側は二度目の米ソ首脳会談を提案した。いずれも実現はしなかったが、双方が接点を求め続けたことが重要である。

一九六二年二月には、一九六〇年以来捕虜となっていたU２パイロットと、逮捕されたソ連人スパイの交換が実現した。U２撃墜事件からスパイ交換にいたるまでの紆余曲折《うよきょくせつ》は、映画『ブリッジ・オブ・スパイ（*Bridge of Spies*）』（二〇一五年）に描かれている。

五月、訪ソしたサリンジャーにフルシチョフはこう語った。意見の相違はあるが、自分はケネディの理性を評価する。彼が好きだし、友人になりたい。できれば彼をソ連に招きたい。

平和戦略を発動

一九六二年十月のキューバ危機はケネディとフルシチョフに、米ソがつねに、いずれもが望まない核戦争の縁にあるという厳然たる事実を教えた。二人は、自分たちが似たり寄ったりの立場にあることも自覚した。ともに、核戦争の恐怖をどう封じ込めていくかに腐心する。政権内では、相手国を信用せず軍拡や対決を求める勢力と対峙する。国外では、同盟国との軋轢《あつれき》に苦しむ。

一九六三年六月十日、ケネディがアメリカン大学卒業式で行った「平和の戦略《ストラテジー・オブ・ピース》」演説が、和解実現への触媒となった。具体的な措置や協定などをつうじて「より現実的な、達成可能な平和」を樹立しなくてはならない。ソ連や冷戦に対するアメリカ自身の態度を再検討しようではないか。

米ソ雪解けに向けた雄弁な訴えだったが、国内の報道や世論の反応は鈍かった。ケネディの言葉はむしろ海外、とりわけ西欧やソ連で大きな反響を生んだ。フルシチョフは、フランクリン・ローズベルト以来のアメリカ大統領による「最高の演説」だと激賞した。

ソ連国民は、演説全文を掲載した『イズベスチャ』を擦り切れるまで読んだ。その切り抜きを財布にしまっている者もいたようである。VOA放送が演説をロシア語で放送すると、ほとんど妨害されず人々の耳に届いた。これ以降、ソ連は西側の放送を妨害しなくなった。

言葉は具体的な合意に昇華した。まず危機管理に不可欠な、米ソ首脳直通回線《ホット・ライン》。キューバ危機では刻一刻と事態が緊迫の度を増す中で、外交チャンネルを用いた連絡に時間が空費された。そこで、ソレンセンのいう、「おせっかいな連中をとおさないで」ホワイトハウスとクレムリンを結ぶ経路が必要となった。協定成立は六月二十日、開通は八月三十日である。

かねて米ソ間の懸案だったのが、核実験禁止条約である。実験をめぐる査察をスパイ行為と見なすソ連はその回数を抑えようと、アメリカは増やそうとし、溝は埋まらなかった。

だがソ連も態度を和らげた。核戦争への恐怖が高まったこと、中国を牽制する必要が強まったこと、偵察衛星の発達で査察の意味が薄れたことなどが理由である。最後は、なお現地査察を必要とする地下実験が禁止対象から除外され、合意への道が開けた。

アメリカの軍部や科学者、産業界などにはソ連への不信、核実験禁止への反対が少なくなかった。一九六三年五月、ケネディは条約成立に「希望が持てない」とまだ弱気だった。

千里をたどる第一歩

七月初め、ようやく光が差した。フルシチョフが部分的核実験禁止条約（ＰＴＢＴ）への同意を表明したのである。ケネディは、かつて駐ソ大使も務めたベテラン政治家アベレル・ハリマン国務次官を首席代表に任じた。

ケネディがアメリカン大学演説で、条約実現のため他国に先がけて大気圏内核実験を中止すると声明したことと合わせて、ソ連側はハリマン起用にケネディの本気度を悟ったという。ケネディは条約をめぐる細かな事実にもつうじており、ハリマンを困惑させるほど交渉にあれこれ口を出した。

七月二十五日、仮調印。翌日夜、ケネディはテレビに登場した。「千里の道も一歩から」ということわざに言及し、平和に向けた前進を力強く国民に呼びかけたのである。

八月五日、正式調印。九月二十日、国連総会に臨んだケネディは、梃子《てこ》の原理を引いて、国連を足場に世界平和をもたらそうと訴えた。

条約批准に必要な三分の二を上院で確保するのは並大抵ではなかった。ケネディは、この条約が成立するのなら自身の再選を犠牲にしてもよいとさえ考えていたという。

しかしむざむざ敗北を座視するつもりもなかった。電話や非公式の話し合いで有力議員を説得する。モスクワでの正式調印には超党派の上院議員団を送らせる。反対派には、大気圏内の核実験をしなくてもアメリカの核優位は変わらないと訴える。

世論調査でも条約支持が増えた。一九六三年秋、西部遊説の旅でケネディは、人々が平和を待望していると肌で感じた。それは彼自身が国民にもたらした変化でもあった。

九月三日には上院外交委員会が十六対一で、二十四日には上院本会議が八十対十九で批准に同意した。十月七日、ケネディは条約文書に署名した。

ケネディは部分的核実験禁止条約をみずからの最大の業績と見なした。心中ノーベル平和賞も期待していたらしい。今日でもそれはケネディ時代を象徴する事績の一つである。

核実験を制限しただけではない。米ソ間で結ばれた初の、そして冷戦史上でも重要な軍備管理条約だった。一九六八年の核拡散防止条約（NPT）や一九七二年の第一次戦略兵器制限条約（SALTⅠ《ソルト・ワン》）に、つまり緊張緩和《デタント》につながる道を開いたとも評価されている。

協調は次の段階へ

米ソ和解はさらに次の段階に進んだ。十月九日、ケネディがソ連に二億五千万ドル相当の余剰小麦売却を決めたのである。

国内政治的にも意味ある転換だった。それまでソ連はカナダやオーストラリアなどから小麦を輸入していた。この市場にアメリカが食い込めれば、共和党が強い中西部の農業州に恩を売れるはずだった。

だが風当たりもまた強かった。農業不振に苦しむロシア人を助けるなどとんでもない。ソ連は余裕ができた分を、衛星諸国や発展途上諸国への援助に向けるに決まっているではないか。反対論をなだめようと、ケネディは小麦輸送にコストの高いアメリカの貨物船を利用させることにした。決定から二週間あまり後の世論調査では、ほぼ二対一で賛成が多かった。

近い将来ケネディがアメリカ大統領として初めてソ連を訪問する可能性さえ浮上した。フルシチョフはのちにケネディをこう描いている。戦争を欲せず、力による紛争解決の時代は過ぎ去ったと知り、米ソ緊張緩和の意義を理解し、そのために努力した、賢明なかつ信頼できる人物だったと。ケネディ暗殺を知ったフルシチョフは呆然自失、目に涙を浮かべながら執務室を歩き回ったという。

険悪だったアメリカとキューバの関係改善もしだいに現実味を帯びてきた。一九六二年末、五千三百万ドルの食糧や医療品、現金二百九十万ドルなどと交換に、ピッグズ湾事件で捕虜となった亡命キューバ人部隊が釈放された。

一九六三年夏には、ウィリアム・アトウッド米国連代表部特別顧問とキューバのカルロス・レチュガ国連大使が非公式の協議に入った。それ以外の場でもひそかに和解への道が模索された。
キューバの指導者フィデル・カストロも二期目のケネディに期待していたようである。フルシチョフも、彼にケネディは信頼できる人物だと伝えるなど援護射撃を図った。

ケネディ暗殺の報に接したカストロは「これはひどいニュースだ」と語り、これで「すべてが変わる」と落胆したという。この時カストロの別荘で昼食をともにしていたのが、フランスの『レクスプレス』誌記者ジャン・ダニエルである。彼はケネディの意を体し、関係改善に向けた極秘接触に関与していた人物。その目に映ったカストロの姿は、まるで「仲間を失ったかのよう」だった。

多極化に直面

世界は変わった。米ソは平和に向かって動き出した。いやこの時冷戦は終わったといってよい。少なくとも一九六三年は大きな転換点となったのだ。こう主張する者は少なくない。

だがじつは、この時の米ソ和解にはいくつかの限界があった。第一に、それは米ソ間の現状凍結を意味していた。冷戦構造には手をつけず、競争的ないし対立的な共存と、二大超大国の核バランスのうえに平和を維持する「恐怖の均衡《バランス・オブ・テラー》」を容認しただけである。

第二に、核軍縮や核廃絶という理想追求の観点からすれば、部分的核実験禁止条約でさえ不満足だった。米ソは地下実験を、これ以降十年で四百回以上も行ったからである。

第三に、多極化という現実の前に米ソの握手は無力だった。フランスも中国も、米ソによる核管理にそっぽを向いたからである。

ことに中国は頭痛の種だった。一九六一年の一般教書でケネディは、中国の「無慈悲な圧力」がアジア全域にとって脅威だと警告した。一九六二年秋の中印国境紛争も、ワシントンからすれば北京の侵略性を証明する事件にほかならなかった。

中国の国連加盟も、ケネディはしばらく阻止し続ける構えだった。それは「二つの中国」固定化を意図するものとして、中国の対米非難を激化させた。米ソ和解が軌道に乗った一九六三年、とりわけアジアで冷戦の主要敵は中国だった。

一九六三年十二月、ロジャー・ヒルズマン極東担当国務次官補は対中和解の可能性を示唆した。この演説はケネディ死後だが、準備されたのは彼の生前である。ケネディによる大胆な政策転換の証拠の一つとして注目する者も少なくない。

ただしこの時の米中和解には、中国側がアメリカ敵視政策を止め、二つの中国という現実を受け入れるという、夢のような条件がついていた。ヒルズマンのいう「新しい柔軟性のための素地」づくり以上のものではなかったのである。厳しい反共主義に彩られるアメリカの世論、台湾（中華民国）を支持する「中国ロビー」の力を考えれば、それは遠い先の課題にすぎなかった。

超大国の重荷

ケネディには平和実現に邁進するに足る、切実な理由があった。その第一が核戦争の危険である。彼は一九六一年九月、国連総会で「この地球が、もはや住めなくなるかもしれない日」に言及した。人類は「核というダモクレスの剣のもと」にあるとも述べた。人類が戦争に終止符を打たない限り、戦争によって人類のほうが終止符を打たれてしまう。彼は切々とそう語った。

米ソ核戦争におけるアメリカ人の犠牲は、ソ連が先制攻撃をかけた場合で少なくとも九千三百万人。アメリカが先手を打った場合でも六千三百万人。この見積もりに彼が接したのは、一九六三年九月のこと。核戦争の危険を少しでも減らすことは彼の急務だった。

第二が核拡散の恐れである。いま核を持つのは米英仏ソの四か国。一九七〇年までにそれが十か国に増えるとケネディは懸念していた。その防止は米ソ双方にとって好ましかった。とりわけアメリカは中国、ソ連は西ドイツ（ドイツ連邦共和国）の核武装を懸念していた。

第三が懐《ふところ》具合である。アメリカン大学演説で彼はこう述べた。世界最強の二国である米ソは、貧困・飢餓《きが》・疾病《しっぺい》などを根絶できるほどの巨費を軍備に投じたあげく、核戦争の危険に最もさらされ、冷戦でも最大の重荷を担わされている。平和実現と軍拡競争中止こそ両国共通の利益なのだ。

第四が核実験による大気や水などの汚染である。ある雨の日、ケネディは大統領科学顧問ジェローム・ウィズナーから、核実験によるいわゆる死の灰が雨で運ばれるのだと聞かされた。「それでは放射能はこの雨の中にもあるんだね」と、彼は悲しげに、黙って窓の外を眺めていた。

彼はしばしば自分の、そして世界中の「子供たち」への思いを吐露した。「子供というものさえいず、これから生まれる子供もいなかったら」決定など容易だ。「われわれの世界」ではなく、娘の「キャロラインの世界」がどうなるかが問題なのだ。

それはケネディの理想主義の表れか。いや、むしろ冷徹な現実主義の発露にほかならなかった。アメリカン大学演説は、イデオロギーの相違など、「この小さな惑星の住人」だという共通点の前には問題ではないと断言した。「われわれはみな同じ空気を吸っている。われわれはみな子供の未来を大事に思っている。そしてみな死んでいくのである」。

これこそ、民族や国籍、政治的立場などを超えた、世界どの国であれ政治家たる者が認識すべき現実ではあるまいか。ケネディ外交は、アメリカに特有のイデオロギーへの拘泥《こうでい》から、現実主義への転換を志したものとして高く評価されている。それが二十年近くも冷戦に翻弄されてきた世界に新たな地平を展望させたのである。

いわゆるアメコミ映画の一つ『X-MEN:ファースト・ジェネレーション(*X-Men: First Class*)』(二〇一一年)では、突然変異の超人《ミュータント》が人類に及ぼす脅威への懸念から、米ソが協力して彼らの抹殺を図る場面がある。みずからを脅かす巨大な存在が眼前に現れた場合にのみ、米ソは手を握り合うわけである。それが核戦争・核拡散・核軍拡・核汚染であれ、ミュータントの存在であれ。

だが、米ソの握手が実現する前に、アメリカと世界はいくつもの危機を体感しなければならなかった。しかもはるか高空、宇宙における冷戦が、地上を舞台とする両国の対決を激化させていく。

2 宇宙の冷戦

ガガーリン・ショック

冷戦開始から十五年あまり、その舞台は宇宙にも拡がっていた。それはケネディのニュー・フロンティア政策を象徴する新たな挑戦の場、ゆるがせにできない戦場だった。

じつはケネディにはもともと宇宙開発への関心も知識もさほどなかった。政権発足当初も、有人宇宙飛行や月到達には必ずしも熱心ではなかった。

だが一九六〇年大統領選挙で「スペース・ギャップ」をあげつらい、共和党政権を糾弾したことが、ブーメランとなって返ってきた。彼の使命は、宇宙でソ連の後塵《こうじん》を拝するアメリカに逆転への扉を開くことだった。いわゆるスプートニク・ショックからすでに三年あまりが経過していた。

一九六一年四月十二日。その少し前にミサイル・ギャップの不在を暴いてソ連首相ニキタ・フルシチョフの面子《メンツ》をつぶす結果になったケネディが、今度はすっかり色を失ってしまった。ソ連がボストーク1号を打ち上げ、ユーリ・ガガーリンによる人類初の有人宇宙飛行を実現したのである。

日本でも、お祭り騒ぎのソ連とは対照的にワシントンが「濃い沈黙」に包まれていると報じられた。科学や軍事、経済、人材養成や資源活用なども含めた社会体制、すべての面でアメリカはソ連に劣っているというイメージが世界中に拡がった。「ガガーリン・ショック」である。

ソ連の欣喜雀躍《きんきじゃくやく》ぶりは、二〇一三年のロシア映画『ガガーリン　世界を変えた108分（*Gagarin. Pervyy v kosmose*）』によく示されている。逆に、スプートニク以来、あいつぐ周章狼狽《しゅうしょうろうばい》から立ち直ったアメリカの逆襲は『ライトスタッフ（*The Right Stuff*）』（一九八三年）に描かれている。

五月五日、アメリカはアラン・シェパードをフリーダム7号に乗せて宇宙に送り込んだ。彼のワシントン入りは、二十五万人の大群衆に迎えられた。だがそれは十五分の弾道飛行で、一時間四十八分も地球を回ったガガーリンとは比べものにならなかった。八月にはソ連のゲルマン・チトフがボストーク2号で地球を十七周、二十五時間あまりも宇宙に滞在した。

一九六二年二月、ジョン・グレンがフレンドシップ7号で五時間近くかけて地球を三周した。この成果にアメリカ人は酔いしれ、愛国心を高めた。ケネディも自身と政権、一族のために英雄グレンを利用した。グレンはのち政治家に転身する。一九六八年大統領選挙では、司法長官から上院議員に転じた、ケネディの弟（三男）ロバートを支援した。

だがそれは先の話。一九六三年六月、ソ連のボストーク6号は初の女性飛行士ワレンチナ・テレシコワを宇宙に送った。アメリカ逆転の日はまだまだ遠いように思えた。

二〇一六年の『ドリーム（*Hidden Figures*）』は、航空宇宙局（NASA）に勤める三人のアフリカ系（黒人）女性が、人種や性別などの差別と闘う実話にもとづいた映画である。出勤途中で車が故障。そこにやって来た白人警官は、三人の身分証を見てびっくり。空を見上げて「ロシア人に監視されてる」と危機感をあらわに示す。修理後、警官の申し出でパトカーの先導を受け、NASAに急ぐ三人。一人が言う。「白人警官を追って突っ走る三人の黒人女性。時は一九六一年。これは神が与えたもうた奇跡よ」――宇宙での勝負は、それほどの重大事だったのである。

競争も協力も

ガガーリンの宇宙飛行に祝意を表した日、記者会見でケネディは、ソ連に追いつくにはかなり時間がかかると認めた。「誰よりも一番うんざりしているのは私だ」と苛立ちも隠さなかった。

恥辱は地上にもあった。ガガーリン・ショック直後に起きたピッグズ湾事件である。フルシチョフとのウィーン会談も控えており、失地回復は焦眉《しょうび》の急だった。

ケネディは、宇宙開発を委ねるリンドン・ジョンソン副大統領にこう書き送っている。「宇宙に実験室を打ち上げるとか、月への周回飛行とか、ロケットを月に命中させるとか、ロケットで月に人間を送り帰還させるとかによって、ソ連を打ち負かせる可能性はあるか？　わが国が勝てるような劇的な結果が確実な宇宙計画はそれ以外にあるか？」。

パラグアイ発行の切手。ケネディの打ち上げ基地視察、宇宙飛行士との交流、宇宙飛行をテレビで見守るケネディ夫妻とジョンソンなど。

ケネディはソ連のあいつぐ成果に、持ち前の闘争心や競争意識を著《いちじる》しく刺激された。ジョンソンもまた、アメリカ人が「共産主義の月の光の下」で毎夜眠りにつく羽目に陥ることを恐れた。

五月二十五日、ケネディは議会に赴き、「緊急の国家的必要」に応じる行動を求めた。われわれは月へ人間を送るべきだ。それも一九六〇年代のうちに。

ケネディの宣言とアポロ計画の

登場で、宇宙開発競争は新たな段階を迎えた。

一方、アポロ計画ほど知られてはいないが、ケネディは宇宙でソ連との競争ではなく協力も提唱した。就任演説には、疾病《しっぺい》の根絶、砂漠の征服、深海の開発、学芸と通商の奨励などと並んで、米ソが「ともに天体を探査しようではないか」という言葉もあった。アメリカン大学演説では「科学と宇宙、経済や工業の成長、文化、勇敢な行為」などで多くの事績をなしとげたソ連国民を称えた。

一九六三年、国際環境の急転が宇宙での協力にも道を開いたように思えた。米ソ首脳直通回線《ホット・ライン》協定成立と前後して、米ソは気象と宇宙にかんする情報交換、とくに人工衛星を利用した地質調査などの協力で合意した。セオドア・ソレンセン大統領特別顧問によればそれはいくつもの「些細な協定」の一つにすぎない。だがたとえそうでも、宇宙への平和的な道を開く契機となりえた。

九月二十日、国連総会でケネディは、全人類の代表として、実質的には米ソ協力のもとで月に人間を送ろうと提案した。十一月十二日、ケネディはＮＡＳＡに、宇宙開発における米ソ協力の具体的計画を早急にまとめるよう指示した。ほどなく米ソは、宇宙開発が「協力と相互援助の原則」にもとづくべきこと、宇宙飛行士は「外宇宙への人類の使節」と見なすべきことなどで合意した。

共同での宇宙開発は、資金や技術、人材の有効活用による経費節減につながる。月面到達の日も早まる。地上でも平和的共存をさらに促す。宇宙での協力は現実の要請でもあった。

無謀な計画だが

アメリカ単独で月を目指すアポロ計画は、二つの大きな現実の壁に直面していた。第一が経済的な重荷である。ケネディは議会で、今後五年間で毎年七十〜九十億ドルという見積もりを示した。月到達までの経費となると、当初見込みで二百億ないし四百億ドル。もしこれで確実にアメリカの威信回復が買えるのだとすれば、安い買い物だったかもしれない。だが数字を見てケネディは「ぎくりとした」様子だったと、『タイム』誌のヒュー・サイディ記者は書いている。

ケネディは、威信高揚のためこれほどの巨費を投入する価値があるか疑念を抱いた。何か地上でソ連に勝てるような別の方法はないものかと模索したこともある。

ギャラップ世論調査でもアポロ計画反対が六割近くにのぼった。福祉や教育などに悪影響を与えかねないほど膨大な経費が必要だったからである。しかもなお、本当にソ連の先を越せるかどうかはせいぜい五分五分でしかないと思われたからでもある。

現実にそれはアメリカ経済に大きな負担を強いた。アメリカ国民は月面に降り立った飛行士やそこに立てられた星条旗に酔ったけれども、そのコストはけっして小さくなかった。

ベトナム戦争。社会福祉拡充を目指すジョンソンの「偉大な社会《グレート・ソサエティ》」計画。そしてアポロ計画。一九六〇年代とはアメリカ挑戦の十年、浪費の十年、自信の十年、そしてその自信崩壊の序曲たる十年だった。そのかなりの部分は、誉れも責めもケネディが負うべきものである。

壁の第二が実現可能性である。大統領科学顧問となるジェローム・ウィズナーはケネディ政権発足直前、有人宇宙飛行実現を目指すマーキュリー計画さえ技術的には危険をともなうとして、宣伝を極力控えるようケネディに助言した。まして月の表面など「これっぽっちも知らない」ままで月着陸を目指すなど「突拍子もないこと」でしかないと、彼はアポロ計画にも慎重だった。

ケネディは、二期八年の任期が終わる一九六九年一月までにけりをつけたかった。いや一九六八年大統領選挙で民主党が勝つためには（大統領候補は次弟ロバートかもしれない）、その前に確かな成果を上げておく必要があった。それどころか、宇宙での出遅れは一九六四年大統領選挙での再選すら危うくしかねなかった。

一九六〇年代末までに月へ。それは科学技術的には最短、政治的には最長の期限設定だった。それでもケネディが、ソ連の成果に「追いつけないかもしれないな」と弱気になったこともある。アポロ計画とは、ケネディの政治的焦りからくる、じつに無茶な計画だった。

しょせん政治の道具

宇宙での米ソ協力も、三つの問題を抱えていた。第一に、アポロ計画とのジレンマである。米ソ和解が軌道に乗れば、アメリカが月一番乗りにこだわる意義も薄れる。宇宙開発への原動力そのものが削《そ》がれ、月到達までの経費など国民が許さなくなる。

第二に、計画の空虚さである。宇宙開発競争が米ソの威信を賭けた戦いの舞台である限り、しょせん共同での月旅行など夢物語か、宣伝の域を出なかった。

ウィーン会談で、ケネディはフルシチョフに「一緒に月に行きましょう」と語りかけた。フルシチョフも「結構だ。やりましょう」と応じた。だがソレンセン大統領特別顧問によればそれは「半ば茶化して」の反応であり、早くも翌日、前言は撤回された。

フルシチョフはこう言ったことがある。「われわれはガガーリンとチトフを宇宙に送った。人間の代わりに別のものを乗せて、地球のどの地点にでも運ぶことができる」。成果を誇りたい無邪気さの表れだったろう。ミサイル・ギャップの不在を暴露された焦りの反動でもあったろう。だが宇宙開発と軍事技術との、そして冷戦との密接な関係の証左でもあった。

第三に、議会の動向である。議員たちはほぼ諸手《もろて》を挙げてアポロ計画に賛成した。膨大な経費への不安を別にすれば、アメリカのソ連に対する逆襲を心待ちにする点、彼らも人後に落ちなかったからである。宇宙ではなく地上の軍備に資金を注ぎ込めという声もあったが、発想は同じである。

対照的に、議員たちは米ソ共同での宇宙開発には冷淡だった。まともに受け止めてさえいなかった。もし現実になれば宇宙開発計画の縮小、つまりアメリカの産業への悪影響も懸念された。冷戦緩和への警戒も根強かった。ケネディから事前の相談を受けておらず、臍《へそ》を曲げてもいた。

ケネディは一九六一年五月、議会を相手に、アメリカがここで主導権を握れるかどうかを「地上におけるわが国の将来を左右する鍵」だと描いた。月到達を含む宇宙での成果は、冷戦勝利を目指す一つの手段だった。アメリカ人がそこに持てる力を傾注しようとしたのも、壮大な夢物語が冷戦という地上の現実と一体不可分だったからである。

ケネディは一九六三年九月、宇宙開発とは「政治闘争」なのであり「何とか続けなければならない」とジェームズ・ウェッブNASA長官に語った。そして付け加えた。「くそったれめ」と。

新時代拓いた精神

一九六九年七月二十日、アポロ11号が三人の宇宙飛行士を月に送り込み、うち二人を月面に降り

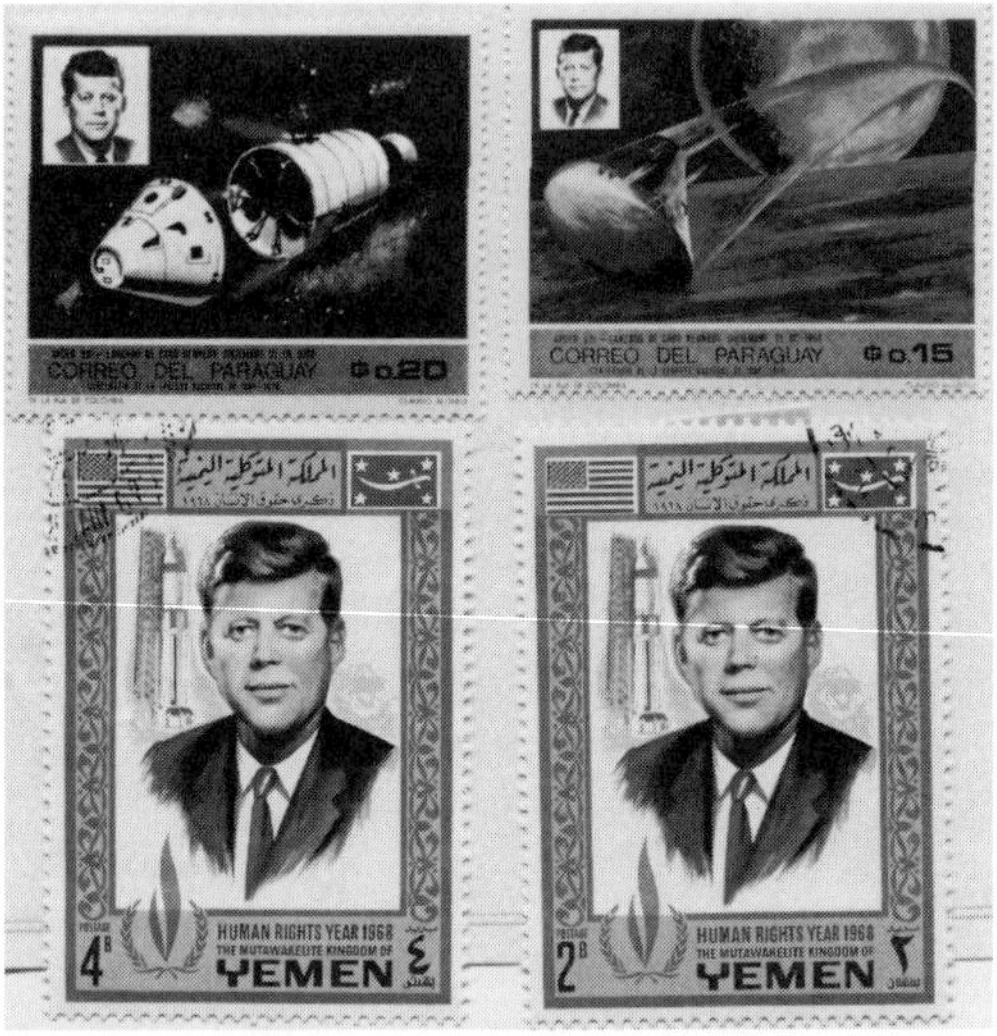

パラグアイ（上2葉）およびイエメン（下2葉）発行の切手。宇宙空間を飛行中のアポロ宇宙船や打ち上げ前のサターン・ロケットとケネディ。

立たせた。皮肉なことに彼らを地球に迎え入れたのは、第三十七代大統領となったケネディ終生のライバル、リチャード・ニクソンである。

だがこの人類史上画期的な出来事は、アポロ計画を掲げ月に行くのだと叫ぶケネディの映像とともに、ニュー・フロンティアの象徴的な遺産となっている。月という名の壮大な目標はアメリカに夢を与え、人類の新たな未来を拓いた。

英語には新しい言葉さえ生まれた。「ムーンショット」である。もともとは月を目指すロケットの発射を意味するものだった。だが、たとえ困難きわまりなくとも、ひとたび達成されさえすればじつに巨大な影響を及ぼす、壮大な目標あるいは事業を表すようになったのである。

アポロ計画は一九七二年に中止された。それは月面に宇宙人の基地があり、地球人がそこに立ち入れなくなったからだという珍説がある。だがむしろ、アメリカが月一番乗りを果たした以上、巨大な経費や資源、労力などを投じ続けるだけの価値が失われたからだと考えるほうが自然だろう。

その価値を創出したのはケネディである。

　死の前日、彼は「この国は宇宙という壁の向こう側に帽子を放り入れてしまった。もう、それに従う以外の選択肢はない」と述べた。だがアメリカを追い込んだのは彼自身である。ちなみに「帽子を放り入れる《スロー・ハット》」とは、競争への参加や選挙への立候補などを示す表現。一九六〇年大統領選挙への出馬表明を報じたニュース映画の見出しも「ケネディ帽子を投入」だった。

　かつてチョモランマ（エベレスト）山に挑んだ登山家ジョージ・マロリーは、危険を冒す理由を問われて「そこに山があるからだ」と答えた。ケネディは宇宙開発に挑む理由について「そこに宇宙があるからだ」と述べた。それが難事業だからこそあえて挑むのだとも語った。アメリカの力、実現可能性、膨大な経費、すべてについて疑問を封じたのである。

　二〇一八年の映画『ファースト・マン（*First Man*）』は、人類史上初めて月面に到達した宇宙飛行士たちの物語である。無事地球に帰還した彼らは、アメリカのみならず世界挙げての大歓迎をテレビで目にする。そして、われわれは月に行くのだと叫ぶケネディの演説を。

　だがこうした精神はアメリカの、そして一九六〇年代の光と影の表象でもあった。それが宇宙ではアポロ計画、地上ではゲリラ戦争の脅威に立ち向かうベトナム戦争に発揮された。アメリカはその一方で勝利し、他方で敗北を喫した。

　元ビートルズのポール・マッカートニーによる一九八九〜九〇年のワールドツアーの記録『ゲット・バック（*Get Back*）』（一九九一年、アメリカ・イギリス）の中で、一九六〇年代を振り返る曲として彼が切々と歌う『ザ・ロング・アンド・ワインディング・ロード（*The Long and Winding Road*）』

（一九七〇年）。そのバックには、アポロ11号とベトナム戦争の映像が用いられている（ライブ会場での上映か編集による挿入かは不明）。

一九六〇年代を象徴する、輝かしくまた苦悶に満ちた二つの幻想を生み出したのが、ほかならぬケネディだった。

3　突如出現した壁

寒い冬が来る前に

地上でも宇宙でも冷戦が激化した一九六〇年代初め、あわや米ソ核対決かと世界をあいついで怯えさせた事件が二つある。一九六一年のベルリン危機、一九六二年のキューバ危機である。

ソ連の指導者ニキタ・フルシチョフによれば、一九六一年当時、米ソ間の「最も緊急の困難な問題」はドイツだった。その焦点が、彼のいう「世界で最も危険な場所」ベルリンである。

一九四九年のベルリン封鎖終了以降、繁栄する西ドイツに脱出した東ドイツ（ドイツ民主共和国）国民は二百五十万人以上。多くは学生や高学歴の持ち主、技術者や熟練労働者など、国家建設のため必要な人々だった。

当時、ドイツの首都ベルリンは東西に二分されていた。その西半分（西ベルリン）は豊かさや自由などのショウケースであり、東ドイツ国民の逃亡経路であり、フルシチョフのいう「喉に刺さった骨」だった。

彼は一九五八年以来、この西ベルリンの非武装・自由都市化、米英仏三国の軍隊の撤収を求めてきた。もし西側が応じなければ、ソ連は単独で東ドイツと平和条約を結び、西ベルリンへの通行管理権も東ドイツに引き渡す。ケネディ政権発足直後の一九六一年二月、この要求が蒸し返された。

六月、ケネディとのウィーン会談は、フルシチョフがこの「ヨーロッパの心臓からとげを抜く」好機に思えた。ベルリン問題解決を強く求める彼に、そうなれば誰もアメリカの公約を信じなくなるとケネディは反駁《はんばく》したが、とりつく島もなかった。

別れ際、ケネディはフルシチョフに「寒い冬になりますね」と語った。だが冬を待つことなく、ベルリン危機がやって来た。一九四八年、一九五八年に続く三度目の米ソ対決である。

追いつめられる二人

ウィーン会談後、フルシチョフは東ドイツとの平和条約締結、西ベルリンへの西側の通行権剥奪《はくだつ》という決意をあらためて表明した。ケネディを押しまくった勢いで、いまこそベルリン問題の片をつけるのだ。

だがそれはフルシチョフの悲鳴でもあった。国家崩壊の危機に瀕《ひん》する東ドイツの指導者ヴァルター・ウルブリヒトから、人口流出の阻止を求められていたが、これに対してソ連には、効果的な打つ手がなかったからである。

東ドイツ政府はソ連の許可を得ないまま、東西ベルリン間の民間人の移動に身分証明書の提示を要求し始めた。西ベルリン＝西側諸国間の空路封鎖さえ提案した。だがこれはソ連側が却下した。怪しい雲行きに、脱出者は七月には一日あたり千人、八月に入ると千五百人に達した。五千人近くが出て行った日さえあった。

ベルリンを挟んで、米ソは力の誇示に余念がなかった。七月八日、フルシチョフは国防費を三割増やし、発表済みの兵力百二十万人削減計画を取り消した。七月二十五日、ケネディは三十二億ドルを超える国防予算追加の要請、通常兵力の増強とヨーロッパへの増派などを発表した。

彼には「共産主義の中の自由の島」西ベルリンを守り抜く姿勢を示す必要があった。言葉だけではフルシチョフを動かせないとの確信もあった。

アメリカ国民の七割以上が、ベルリンをめぐって戦争になっても構わないとさえ考えていた。ケネディ自身は、米ソ核戦争、そして第三次世界大戦につながる確率は五対一だと踏んでいた。

スチュワート・ユードル内務長官にいわせれば、ケネディは「ベルリンの囚人」だった。フルシチョフも同じである。彼は、ベルリン経由の人口流出を阻止し、東ドイツをソ連から離反させず、自壊もさせないための「外科手術」に乗り出した。東西を隔てる「ベルリンの壁」建設である。

もともとは東ドイツの、自己防衛のための計画だった。それをフルシチョフが認め、ワルシャワ条約機構諸国の賛同も得たうえで建設が始まった。八月十三日未明のことである。

最初は鉄条網による封鎖だった。作業の隙を突いて、この日だけで四百人が西へ逃亡した。見張りの兵士までが鉄条網を飛び越えて逃げた。西ベルリンの周囲に、全長百五十キロを超えるコンクリートの壁が完成するのは十四年後である。

橋頭堡を死守

ワシントンはまったく不意を打たれたようである。だがケネディはベルリン危機を、彼自身と西側陣営の「勇気と意志の偉大な試験場」と捉えた。必要なのは、危機を制御しつつ、同時にアメリカがけっしてこの橋頭堡《きょうとうほ》から引き下がらないという強固な意志を示すことだった。

八月十九日、その決意を西ベルリン市民にも、ソ連にも世界にも知らしめるため、二人の使者が空路到着した。一人は退役していたルシアス・クレイ将軍。一九四八～四九年のベルリン封鎖で空輸作戦を指揮した、西ベルリン市民の英雄である。もう一人はリンドン・ジョンソン副大統領。彼は大群衆を前に力説した。西ベルリンは孤立した島ではない。アメリカを信じよ。

八月二十日、二人が今度は千五百人のアメリカ軍を出迎えた。ケネディが、西ドイツ駐留の部隊を送り込んだのである。西ベルリンのイギリス軍とフランス軍も兵力を増強した。西側陣営の力と結束を誇示するジェスチュアだった。

フルシチョフが今度はどう出るかを試す、危険な賭けでもあった。兵員を乗せ武器弾薬などを積んだトラックが、アウトバーンつまり東ドイツ領内の陸路を百八十キロ近く通っていけるか。部隊の無事到着の報を待ち受けるケネディに言葉をかけた、あるホワイトハウスの高官は「まるで銅像に話しかけるよう」な気持ちを味わった。幸い、フルシチョフはこれを黙認した。

不測の事態を回避すべく、米ソ間で懸命の交渉が続けられた。十月十七日、フルシチョフは一九六一年末という、東ドイツとの単独平和条約締結の期限をいったん延期した。

だが十月二十七日、東西ベルリンの検問所（チェックポイント・チャーリー）を挟んで、米ソ両軍の戦車が睨《にら》み合った。その距離は百メートルたらず。

ほどなくフルシチョフの命令でソ連の戦車は姿を消した。アメリカの戦車も引き揚げた。フルシチョフはのち、モスクワに迎えたピエール・サリンジャー大統領報道官に、これこそが「用兵の才略」なのだと自慢している。ベルリン危機はその後じょじょに終息していった。

パリ＝ボン枢軸に手こずる

ケネディには、西側同盟内部の深い亀裂に対処する必要もあった。彼は一九六二年七月、アメリカと西欧が相互依存と統合を強め、強力な大西洋共同体を構成するという「大西洋パートナーシップ」を提唱している。だがこの年十月のキューバ危機後、同盟関係は崩壊寸前だったとさえいう。すでにその一年ばかり前、ベルリン危機でもかなりの齟齬《そご》が生じていた。戦争も辞さずとばかりソ連の要求を突っぱねるか。それとも交渉を最優先し何とか妥協点を探るか。独仏両国はこの点で、米英よりもかなり強硬だった。

しかも西ドイツは対米不満をつのらせた。ケネディが自分たちに十分な相談も説明もなく、その同意も求めず、ベルリンの壁を容認しフルシチョフと握手したと見たからである。彼らの立場——東ドイツを承認せず、第二次世界大戦後の東ドイツ＝ポーランド国境（オーデル＝ナイセ線）も認めず、祖国統一を求める——が無視されたからでもある。

のち緊張緩和《デタント》を迎えると、西ドイツは「二つのドイツ」を容認する。皮肉なことに、その主役はウィリー・ブラント首相だった。ベルリン危機当時、ケネディの弱腰に激怒した西ベルリン市長である。

米独間の軋轢《あつれき》に絡んだのが、これも頭痛の種だったフランスである。部分的核実験禁止条約（PTBT）を無視する。イギリスの欧州経済共同体（EEC）加盟を拒否する。北大西洋条約機構（NATO）のもとに最新鋭のポラリス・ミサイル搭載の洋上艦隊を創設する、多角的核戦力（MLF）構想を事実上頓挫《とんざ》させる。アメリカのベトナム介入を横目にその中立化を唱える。

シャルル・ドゴール大統領は、ことあるごとにアメリカに楯突いているとしか思えなかった。ケネディはひそかに彼を「馬鹿野郎」呼ばわりしている。

米ソに対抗できる第三極たるヨーロッパ建設を求める「ゴーリズム」の同盟者が西ドイツだった。この「パリ＝ボン枢軸」の象徴が、一九六三年一月の独仏協力条約（エリゼ条約）である。

ケネディはこの年六月、西ベルリンを訪問した。ルドルフ・ウィルデ広場に立った彼は高らかに宣言した。私は一人の自由人として、誇りを持っていう。「私はベルリン人だ《イッヒ・ビン・アイン・ベルリナー》」と。

広場を埋めた大群衆は、サリンジャーによれば「ケネディが望むなら町全体を彼にやるといわんばかり」だった。演壇に同席したコンラート・アデナウアー西独首相は「ケルンの大寺院も、最近これほど群衆を集めたことはないのではないか」とケネディを笑わせた。ケネディは側近に「今日みたいな日は二度とないだろうな」と、しみじみ語っている。

この広場がのち「ジョン・F・ケネディ広場」と名を変えたことからすれば、西ベルリンがアメリカ本土も同然だとする彼の声明はドイツ人の心を繋《つな》ぎ止めたようである。しかもこの年十月にアデナウアーは、反仏・親米派と見られたルートヴィヒ・エアハルトに首相の座を譲った。

戦争よりましな道

一九六一年のベルリン危機当時、アメリカでは強硬論が幅を利かせていた。国家非常事態を宣言せよ。ソ連との交渉になど応じるな。ベルリンの壁などすぐさま叩き壊せ。

だがケネディは抵抗した。批判を甘受しつつ、必死にエスカレーションを回避した。壁は東西ベルリンを隔てる境界線の向こう側にあり、もしこれに手を出せば本物の戦争になるからだった。

だがその結果、突如出現した壁になすすべもなく、後手後手に回り、老獪《ろうかい》なフルシチョフにしてやられたという印象を残してしまう。実際にフルシチョフは、西側に「苦い丸薬」を飲ませてやったのだと胸を張ることができた。東ドイツとの平和条約締結なしにこれ以上の人口流出を防ぎ、西側に東西ベルリンの分離、すなわち東ベルリンおよび東ドイツの存在を認めさせたからである。

ケネディは、西ベルリンへの通行権やドイツ再統一のためにアメリカ人を百万人も犠牲にするのは御免《ごめん》だと、ケネス・オドンネル大統領補佐官に漏らした。「壁は非常によい解決策とはいえないが、戦争よりはるかにましだ」というのがその本音だった。一九六一年末、『イズベスチャ』紙のアレクセイ・アジュベイに向かっても「ドイツ問題からまた戦争が起こるのを防ぎたい」と語った。

一九六二年五月、フルシチョフもサリンジャーに、ソ連は「必要のない西ベルリンのために戦争などはしない」と述べている。「一匹の犬が五本の足を必要としない」のと同じ、明々白々な理屈だとも。超大国の指導者二人はまったく同じ認識だった。

壁構築以前、ケネディはソ連がドイツ分断の恒久化を企てていると糾弾していた。だがいざ危機が発生すると、「自由ベルリン」つまり西ベルリンの死守にしか言及しなくなった。彼の関心はベルリン、ドイツ、そしてヨーロッパの分断という現状の、そして安定した米ソ関係の維持にあった。壁の建設は既成事実を可視化させたにすぎない。いや、それはむしろ救いだった。フルシチョフには西ベルリン併呑の意図はない。西側三国軍の駐留権もこの街への通行権も保たれる。ケネディはむしろ、壁の建設で危機は終わったも同然だと安堵していた。一九六一年末までには、米ソ間にアウトバーンの国際管理案さえ浮上した。さすがにこれは西ドイツが反対した。

ベルリン問題が再び一九六一年夏のように先鋭化することはなかった。ケネディは一九六三年初め、ベルギーのポール＝アンリ・スパーク外相に、ベルリンも西欧もいまや安全だと誇らしげだった。

ベルリンの壁は、月一番乗りと並んで、アメリカと自由陣営の優位を示すものだった。西ベルリンを訪れた時、ケネディはその壁をさして「共産主義の失敗の生きた証拠」だと非難した。共産主義体制のほうが経済建設に役立つなどと考える者は、ベルリンに来て現実を見よとも述べ、西ベルリン市民の拍手喝采を浴びた。

突然の壁建設から一年十か月あまり。西ベルリン訪問は、短いケネディの生涯を飾る栄光の瞬間だった。だがこの二つの出来事の間にはもう一つ、ケネディ外交の頂点としていまも記憶される重大な事件があった。

4　核破滅の瀬戸際

持ち込まれたミサイル

ベルリン危機鎮火からほぼ一年後、はるかに重大な対決が生起した。舞台は西半球唯一の社会主義国キューバ。十月十四日、偵察機U2が、ソ連がそこに建設中のミサイル基地を発見した。キューバ危機の開幕である。

射程二千キロに近いミサイルは、ものの十数分でワシントンを直撃できた。射程約三〜四千キロ、アメリカ本土をほぼすべて攻撃できるミサイルも設置中だった。

ソ連のニキタ・フルシチョフ首相がミサイル基地建設を考えついたのは、その半年ばかり前だったと思われる。十一月七日、四十五回目のロシア革命記念日に大々的に発表し、アメリカと世界の度肝を抜く手はずだったようである。

十月十六日朝、確認情報が届いた。この危機で重要な役割を演じた司法長官ロバートの詳細な記録（アメリカでは死後の一九六九年に刊行。原題は *Thirteen Days: A Memoir of the Cuban Missile Crisis*）や、映画のタイトルにもなった、緊迫の「十三日間」が始まった（ロバート・ケネディ、毎日新聞社外信部訳『13日間――キューバ・ミサイル危機回顧録』毎日新聞社、一九六八年、のち『13日間――キューバ危機回顧録』中公文庫、二〇〇一年、改版二〇一四年。映画は『13デイズ（*Thirteen Days*）』〔二〇〇〇年〕）。

ケネディは不意を打たれ、呆然とした。ベルリンの壁構築の時と同じ反応である。ミサイルをめぐる怪しげな情報はこの年夏以来、中央情報局（CIA）から上げられていた。だが一年半前のキューバ侵攻失敗（ピッグズ湾事件）で味噌をつけた彼らの報告をケネディは取り合わなかった。思い込みもあった。ソ連は東欧諸国にすらミサイルを与えた前例がなかった。まさかキューバとは。フルシチョフがこれほど愚かで、向こう見ずで、挑発的な行動をとるとは。

だがケネディはベルリン危機と同様、これを自分への挑戦状と受け止めた。これを放置すれば、こちらの決意に疑念が生じ、米ソの力の均衡が崩れ、世界に影響が及んでしまう。

しかも猶予《ゆうよ》はならない。ミサイルは十日か二週間もあれば発射可能になると見込まれた。ケネディは、U2の偵察を強化し、精密な写真を含むより確実な情報を集めることを決めた。のち逮捕されてしまうが、ソ連国内のスパイからの情報も大いに役立った。

選択肢は三つ

アメリカにはミサイルを除去しうる方策が三つあった。

〔オプション1〕空爆……「外科手術」とも呼ばれた。ミサイルだけを狙う限定的な作戦から全面的攻撃まで、さまざまな手段が想定された。

〔オプション2〕侵攻……軍首脳は、ミサイルだけでなく、一挙にフィデル・カストロ政権を抹殺できると胸を叩いた。その後に樹立すべき政権についても検討が行われた。

〔オプション3〕封鎖……ソ連の貨物船をキューバ到着前に停止させ、臨検し、兵器を載せていれば引き返させる。同時にミサイル撤去を要求する。空爆と組み合わせる案もあった。

いずれにせよ、アメリカがキューバに持つグアンタナモ基地の艦船を沈め、軍事行動の口実にしてはどうかと司法長官ロバートは考えた。十九世紀末、アメリカ軍艦の爆発がアメリカ＝スペイン戦争（米西戦争）につながったメイン号爆沈事件（原因は不明だがアメリカの自作自演説もある）の二十世紀版である。日本が満州《まんしゅう》事変を導いた柳条湖《りゅうじょうこ》事件のアメリカ版といえるかもしれない。

当初ケネディら首脳の多くは空爆に傾いたが、そこには大きなジレンマがあった。事前通告すれば対抗措置をとられ、効果が失われる。通告なしの奇襲攻撃ではまさに日本軍による真珠湾攻撃の再来となり、彼は「一九六〇年代のトージョー」、つまり第二次世界大戦における日米開戦時の首相・東条英機《ひでき》として糾弾される。

しかも空爆で破壊できるミサイルは最大でも九〇パーセント。目標の位置は一部不明で、中には移動式ミサイルもある様子。一基でもアメリカの都市に着弾すれば六十万人が犠牲になる。

侵攻も、準備段階で察知される恐れが大だった。地上戦が泥沼化する懸念もあった。空爆にせよ侵攻にせよ、ソ連はベルリン侵攻や対米・対西欧核攻撃などの挙に出ると思われた。

封鎖も、直接ミサイルを除去できず、相手に主導権を委ね、時間を空費し、米ソ直接の軍事対決につながる危険があった。フルシチョフが対抗してベルリンを封鎖するだろうとも思われた。ジョージ・アンダーソン海軍作戦部長にいわせれば「馬を盗まれてから家畜小屋の扉に鍵をかける」ような愚策でしかなかった。

帯に短く襷《たすき》に長い選択肢の中から、ケネディは〔オプション3〕つまり封鎖を選んだ。空爆や侵攻に比べれば低レベル、限定的な行動。同盟国や中立国の支持も得やすい。相手の出方を探り、時間を稼ぐこともできる。フルシチョフも引き下がりやすい。必要なら空爆や侵攻に転じればよい。

大胆にそして慎重に

大統領から有力議員には直接、封鎖を行うむねが伝えられた。だが軍事行動を主張し大統領の弱腰を批判する彼らに、ケネディは激怒した。

同盟国四十六か国にも、ソ連のアナトーリ・ドブルイニン駐米大使にも通告が行われた。本国から何も知らされていなかった大使は、一気に十歳ほども老け込んだ様子だったという。

十月二十二日、月曜日の午後七時。ケネディはテレビで語り始めた。ソ連が極秘裏にキューバでミサイル基地を建設中だ。これ以上のミサイル搬入を阻止すべくアメリカは封鎖を行う。ソ連にはミサイル撤去を要求する。万一、西半球のいずれかにミサイルが発射されれば、ソ連の対米攻撃と見なして全面報復に出る。

パニックに陥り、スーパーや核シェルターに殺到したアメリカ国民だが、圧倒的にケネディの決断を支持した。二十三日、米州機構（OAS）は封鎖を全会一致で承認した。もっとも、たとえOASの賛同がなくてもアメリカは封鎖に乗り出すつもりだった。

封鎖宣言への署名をへて、二十四日午前十時に封鎖が発効した。百八十隻ほどの艦艇がキューバを取り囲んだが、その中には駆逐艦ジョゼフ・P・ケネディ二世もいた。アメリカ軍は準戦時を意味する「防衛準備態勢《デフコン》2」に入った。ちなみに「1」が核戦争を含む戦時である。

封鎖線は当初キューバ沖合八百マイル（約一二九〇キロ）に設定された。ソ連のミグ戦闘機の行動半径ぎりぎり外側である。だが衝突の危険を少しでも減らそうと、五百マイル（約八百キロ）に縮められた。ソ連船には五百キロ近くを航行する分、考える余裕が与えられたわけである。

封鎖線に到達した最初の船は故意に見逃された。衝突を望まないモスクワからの指示が間に合わなかった可能性を考えたためである。

無用に武力行使が発生しないよう、ホワイトハウスも、国防総省《ペンタゴン》に詰めるロバート・マクナマラ国防長官も、現場の艦長たちと緊密な連絡を保った。ソ連を過度に刺激しないよう、戦争行為を意味する「封鎖《ブロッケード》」ではなく「交通遮断《クアランティン》」と称した（臨検、隔離、検疫などとも訳される）。

暗闇にまっしぐら

不意を打たれたフルシチョフも口をきわめて反撃した。封鎖は海賊行為、内政干渉、国連憲章違反だ。ソ連船が停止を命じられたら、アメリカの艦船など潜水艦で沈めてやる。

だが洋上では、ソ連の貨物船が封鎖線手前で次々に停船あるいは転針し始めた。ミサイルを積んでいない船はアメリカ側の乗り込みを認めた。

同時に、停船命令を受ければ戦闘状態の発生と見なし、拿捕《だほ》の危険が生じれば自沈せよとの命令も下されていた。ミサイル基地建設も急ピッチで進められ、発射可能なミサイルも増えていった。

キューバ軍も臨戦態勢に入った。

後続の貨物船はなおキューバに向かっていた。ソ連の潜水艦もカリブ海に入った。こちらの決意を示すにはソ連船を「沈めるしかないだろう」と、ケネディは暗い表情だった。

十月二十七日――「暗黒の土曜日」。低空でキューバ偵察を続けるU2が地対空ミサイルで撃墜された。ソ連によるエスカレーションかと思われたが、現地部隊の暴走だった。フルシチョフは驚愕《きょうがく》し、激怒した。ケネディは、報復空爆を求める強硬論を一日だけ待てと抑えた。

アラスカを飛び立った別のU2がソ連領空を侵犯した。米ソ双方の戦闘機が緊急発進したが、ソ連側は撃墜を思いとどまった。フルシチョフの抗議を受け、ケネディが謝罪した。

ソ連潜水艦の鼻先に、アメリカ側が威嚇のため爆雷を投下した。潜水艦の艦長は反撃の魚雷発射を決断したが、同乗の政治士官がかろうじて止めた。

危うい瞬間が連続する中、アメリカの侵攻間近と判断したキューバのカストロ首相はソ連に対米先制攻撃を求め、フルシチョフを驚かせた。アメリカ軍のグアンタナモ基地を攻撃する準備も進められた。キューバにはすでに百六十二発の核弾頭があり、命令があれば二十四時間でミサイルに搭載できた。ソ連軍もワルシャワ条約機構軍も戦闘準備態勢をとった。

マクナマラ国防長官は週末の夕陽もこれで見納めかと沈鬱《ちんうつ》だった。高官や家族は核シェルター入りの準備にかかった。核戦争突入寸前を思わせる危機感に触発されたボブ・ディランの曲が、いわゆる死の灰を大量に含む『はげしい雨が降る（*A Hard Rain's a-Gonna Fall*）』（一九六三年）である。

ほんのわずかな運命の気まぐれで核破滅を免れた、このおぞましい経験は一九六三年に二つの映画も生み出した。『未知への飛行――フェイル・セイフ（*Fail-Safe*）』と『博士の異常な愛情――または私は如何にして心配するのを止めて水爆を・愛する・ようになったか（*Dr. Strangelove–Or: How I Learned To Stop Worrying And Love The Bomb*）』（アメリカ・イギリス）である。

解決の糸口は

十月二十四日、ウ・タント国連事務総長代行（ほどなく事務総長）がソ連にミサイル搬入の停止を、アメリカに封鎖実施延期を求めた。フルシチョフは応じたが、ケネディは蹴った。ミサイル基地建設の既成事実化を意味したからである。彼の腰が砕けたと見られる恐れもあったからである。

それでも米ソはベルリン危機の際と同様、非公式チャンネルを活用しつつ歩み寄りの可能性を必死に模索した。たとえば、司法長官ロバートとドブルイニン駐米大使の対話。さらに水面下では、ケネディ政権首脳と親しいABC放送記者ジョン・スカリと、在米ソ連大使館員アレクサンドル・フォーミン（フェクリソフ）の接触。このフォーミンは、じつは諜報組織である国家保安委員会（KGB）を率い、フルシチョフともパイプを持つ人物だった。

二十六日、ソ連側は一つの提案を持ち出した。ソ連は国連監視下でキューバからミサイルを撤去し、再び持ち込まない。かわりにアメリカもキューバに侵攻しない。

フルシチョフはケネディあての書簡で「戦争の結び目をこしらえたロープ」の両端を双方が引っ張る愚を訴えた。国連でもワレリアン・ゾーリン大使がウ・タントに同様の提案を行った。

だが二十七日、フルシチョフは別の書簡で、アメリカがトルコに置くジュピター・ミサイル撤去を要求した。モスクワもレニングラード（現サンクトペテルブルク）もその射程内だった。

ケネディは困惑した。何かの手違いか。フルシチョフが取引の条件を釣り上げたのか。フルシチョフを無視して、タカ派や軍部が動いたのか。クレムリン内部の政治闘争が本格化したのか。

だがそれはしごく当然の要求でもあった。危機発生当初、ケネディが問うたことがある。キューバにミサイルを置くのは、トルコへのミサイル配備と同じ危険な行動だ。なぜソ連はこれほど無謀な行動をとったのか。マクジョージ・バンディ国家安全保障担当大統領補佐官が答えた。「大統領、そういうことをわれわれはしたということですよ」。

十五基のジュピター・ミサイルは、マクナマラによれば旧式な「がらくた」でしかなかった。前政権が処理に困って配備を決定し、ケネディが一九六一年秋に実施に移したものである。その後撤去命令が出されたが、官僚機構の怠慢やトルコ側の抵抗などでうやむやになっていた。じつは撤去命令など出されていなかったとの説もあるが、そのミサイルが危機解決の糸口を提供するという、じつに冷や汗ものの結末である。

ぎりぎりの取引

それはじつは、かねてケネディの念頭にあった落としどころだった。ウ・タントの口から米ソ双方に、キューバとトルコのミサイル撤去を要求させる手はずもひそかに整えられつつあった。国連事務総長代行の顔を立てた形をとることが、いずれにとっても肝要だった。

封鎖発表のまさにその日、ミサイルは発射可能の状態となり、管轄権もトルコ政府に移った。だが大統領らはそれを知らず、実質的な交渉材料と見なした。怪我《けが》の功名《こうみよう》である。

表向き、キューバとトルコのミサイル交換は拒絶する。だが数か月後、今回の危機とは無関係な措置としてトルコのミサイルは引き揚げる。この提案にソ連が二十四時間以内に同意しなければ、遅くとも三十日までにはキューバ攻撃に踏み切る。

硬軟取り交ぜた条件をフルシチョフは呑んだ。日曜朝にケネディが教会に行くとの情報が、アメリカが戦争を決断したとの誤解を生んだせいだともいう。とすれば幸運な間違いだった。

二十八日――「黄金の日曜日」。モスクワ放送がミサイル撤去という決定を報じた。トルコには触れなかった。取引が漏れないよう、フルシチョフはカストロにも伝えなかった。

キューバのミサイル撤去確認後、十一月二十日に封鎖が解除された。トルコのミサイル撤去は一九六三年四月。そのかわり地中海に最新鋭のポラリス原潜が配備された。

頭越しの交渉で虚仮《こけ》にされた形のカストロは怒り、ミサイル撤去にも条件をつけた。ケネディもキューバ不侵攻の約束を一時取り消した。キューバとソ連の関係も悪化した。

屈辱を味わったソ連は、海軍力の強化に邁進する。それが一九七〇年代以降、ソ連の発展途上世界への進出につながった。ソ連と中国の対立も激化した。

アメリカとフランスなど同盟国との溝も拡がった。シャルル・ドゴール仏大統領はケネディの対応を支持したが、世界の命運を左右しかねない決定がアメリカ一国の都合でなされたこと、西欧の頭越しに米ソの取引が成立したことは、彼のアメリカに対する不信と疑念を強めさせた。

衝突をもたらしたもの

海上封鎖線での米ソ軍事衝突をめぐり時々刻々高まりゆく緊張は、映画『X‐MEN：ファースト・ジェネレーション』（二〇一一年）にも描かれている。そこではキューバ危機とは、ソ連にミサイル配備を、アメリカに封鎖を決意させ、第三次世界大戦を引き金に人類支配を目論む突然変異の超人《ミュータント》と、それを阻止しようと懸命のミュータントとの死闘の場である。

世界は震撼《しんかん》し、そして安堵のため息を漏らした。人々はフルシチョフの譲歩を歓迎し、ケネディの外交手腕に脱帽した。だが危機を生起させた原因、少なくともその一端はケネディの側にあった。

第一に、フルシチョフはアメリカによる再度のキューバ侵攻を懸念していた。ピッグズ湾事件で彼が演じた大失敗にもかかわらず、いやむしろそれゆえにである。

一九六二年九月、ケネディは予備役一万五千人召集の権限付与を議会に求めた。キューバ侵攻を想定した大規模軍事演習「オルツァック（ORTSAC＝カストロの逆綴《つづ》り）作戦」も実施された。侵攻作戦はミサイル発見の六日後、十月二十日までに準備完了予定だった。

アメリカはこうした行動が、ソ連はミサイルの搬入が、相手をどれほど刺激するか考えていなかった。危機はケネディとフルシチョフの手で生み出され、そして解消されたわけである。

第二に、フルシチョフの行動はケネディ政権によるミサイル・ギャップ不在公表に対する反応だった。目と鼻の先のミサイルで、米ソ核バランスを改善してやる。窮鼠《きゅうそ》フルシチョフはケネディという猫を嚙み損ねたわけだが、鼠《ねずみ》を駆り立てたのは猫の側だった。

第三に、フルシチョフはこの若い大統領をもう一度恐れ入らせるなどたやすいと思い込んだ。ピッグズ湾事件やラオス内戦での「弱腰」ぶりやウィーン会談での振る舞いのせいである。信じ込んだほうが悪いのか。信じ込ませたほうが悪いのか。

いったん建設したミサイル基地を撤去しても、かけた手間を除けばソ連には損はない。だが引き換えにベルリンでの何らかの譲歩、トルコのミサイル撤去、カストロ政権承認などをアメリカに強要できれば、大きな得点となる。試みる価値はあるとフルシチョフは考えたようである。

危険な綱渡り

ミサイル発見直後のケネディは好戦的な過剰反応に傾斜しがちだった。その理由の第一は、キューバのミサイルが政治的存在として捉えられたこと。マクナマラ国防長官は軍事的見地から、アメリカの圧倒的核優位はほとんど影響を受けないと冷静だった。だがケネディはこれを、自分とアメリカの威信を大きく傷つけ、米ソ核バランスを揺るがす、ゆゆしき事態と見た。

第二は、自身の顔に泥を塗られたこと。彼はかねて、キューバがソ連の攻撃的な軍事基地と化せばアメリカは「あらゆる必要な措置をとる」と警告していた。それを頭から無視され、クレムリンとの信頼関係を無にされたことに激怒したのである。

面子《メンツ》の大切さはトルコのジュピター・ミサイル撤去問題でも明らかである。表向きケネディはソ連の提案を拒み通した。それが北大西洋条約機構（NATO）へのアメリカの誓約の象徴だったからである。ソ連の脅しに屈したと見える形での撤去は、アメリカとケネディの威信を損ないかねなかった。

それだけではない。国民のケネディと民主党への支持を失わせ、今後の政権運営に困難をもたらす恐れが大だった。外交でも内政でも、受け入れられる選択肢ではなかった。

第三は、フルシチョフに嘘をつかれたこと。十一月のアメリカ中間選挙が終わるまで米ソ関係を悪化させない。ソ連はキューバに地対空ミサイル以上の攻撃兵器は与えていない。ソ連は国外に発射基地など要らない。ケネディはそれを鵜呑《うの》みにしていた。

第四は、国内政治とりわけ選挙が念頭にあったこと。ミサイル発見の報に、これで中間選挙は負けたも同然だとケネディは肩を落とした。いや、それで済めば御《おん》の字だった。もし何もしなければ議会に弾劾《だんがい》されただろうと、ケネディとロバートは語り合っていた。

夏以降、亡命キューバ人の情報などから、共和党はミサイルの存在を指摘、ケネディの無為無策を攻撃していた。ウィリアム・ミラー共和党全国委員長は、現状は「アメリカはなぜ眠ったか」そのものだと、ケネディの著書『イギリスはなぜ眠ったか』を引いてあてこすった。

第五は、ケネディ自身にもなじみの「ミュンヘンの教訓」が政権を支配していたこと。外交的解決は、少なくとも危機発生当初は無視された。ジュピター・ミサイル撤去やグアンタナモ基地の撤収を提唱したアドレイ・スティブンソン国連大使は臆病者扱いだった。

決断を礼賛

だがそれでもなお、キューバ危機の解決はケネディ政権二年十か月の絶頂、ケネディ外交の象徴と見なされている。直後、世論の支持率は七四パーセントに達した。

指導者として十二分にタフさを示し、同盟諸国も団結させた。過剰な軍事行動はとらず、封鎖を慎重に制御した。交渉では柔軟さを失わず、キューバ不侵攻を公然と、トルコのミサイル撤去をひそかに約束するという妙策で人類未曽有《みぞう》の危機を回避した。フルシチョフに引き下がる口実を与え、ミサイル撤去の決断を賞賛し、アメリカが勝利に酔わないよう戒めた。

自分はアメリカの魔手からキューバを救ったのだと胸を張れることがフルシチョフには大事だった。それをケネディも知っており、その道を用意したのである。

マーク・ジョーゼフの小説『原潜ポチョムキン撃沈(*To Kill the Potemkin*)』(松田銑《せん》訳、新潮文庫、一九八七年)には、キューバ海上封鎖に参加した原潜バラクーダが登場する。ソナー室にケネディの写真を貼った古参のソナー員が誇らしげに語る。まさに手放しのケネディ礼賛《らいさん》である。

その時の大統領はおれたちと同じようなタフ・ガイだった。……みんなが一人残らずジョン・ケネディを信用していたな。ケネディはロシア人が退《ひ》き下がらなきゃ、なにが起きるかをはっきり見せつけた。その間中ずーっと、おれたちは発射管に注水して魚雷誘導システムの狙《ねら》いを定めて、待っていたよ。おれたちは死ぬ覚悟だった……おれたちはケネディのためなら、いつでも命を棄《す》てるつもりだった。だが案外に誰も死なずに済んだ。突然ばかみたいに簡単に、ロシア人をアメリカの海から追っ払うことができたんだ。

カストロ政権打倒の好機を逸したと非難する声もあった。空爆や侵攻を主張する軍首脳は大統領の弱腰に憎悪をつのらせた。勝利のためなら核戦争も辞さない。いややるべきだ。もし地球上にロシア人が一人、アメリカ人が二人生き残れば、アメリカの勝利だからだ。

だがケネディは動じなかった。彼らの言いなりになっていたら、命がいくつあっても足りない。核戦争にでもなれば、連中を批判する人間もみな地上から消え失せてしまう。だから平気で強硬論を唱えていられるのだ。

燦然たる金字塔

危機管理の手法も巧みだった。ケネディはかねて閣議を重視せず、下位の官僚に直接接触するなど形式ばらない政権運営を行ってきた。今回も正式な国家安全保障会議（NSC）ではなく、その執行委員会《エクス・コム》をつうじて少数の信頼できる部下や重要人物だけを活用した。

機密保持も成功した。それが時間的余裕を生み出し、ケネディがソ連との対峙で主導権を握る力となった。高官たちはときに車にすし詰めになり、ホワイトハウスの地下からこっそり出入りした。夫人にさえ口をつぐみ、家庭争議に直面した者もいたようである。

封鎖直前、『ニューヨーク・タイムズ』紙が危機切迫を報じようとした。ケネディは社主に電話してこれを抑えさせた。のち、アーサー・シルベスター国防次官補はキューバ危機を例に、国家安全保障を錦《にしき》の御旗《みはた》とする「ニュース操作」を正当化し、議論を呼んだ。

危機のさなか、ヒューバート・ハンフリー上院議員は、自分が大統領でなくてよかったと胸をなで下ろした。ケネディは、一九六〇年大統領選挙の予備選挙で彼に勝つのではなかったと冗談で応じた。だがこれほどの重圧がケネディをさらに鍛えた。青年時代以来、いくたの苦難を乗り越えてきた人生の集大成である。

ケネディの行動は、一年半ばかり前に同じ場所で演じた大失態、ピッグズ湾事件とは雲泥の差があった。大統領としての経験が彼を、別人と見まごうばかりに成長させていた。

賞賛の声は時空を超えて鳴り響く。たとえばジョージ・W・ブッシュ大統領の強引なイラク戦争開戦。あるいは北朝鮮（朝鮮民主主義人民共和国）の核開発への硬直した対応。ドナルド・トランプ大統領のもとでの「米中貿易戦争」激化。これらを批判するわが国の新聞論調が模範例として引いたのが、ケネディのキューバ危機への対応——硬軟取り混ぜ、相手側の事情も斟酌《しんしゃく》し、事態を制御し、世界を危地から救った——である。

一九六二年秋、ケネディ外交は燦然《さんぜん》たる金字塔を確立した。キューバ危機はケネディの永続的な遺産として、いまも語り継がれている。ハロルド・マクミラン英首相によれば、「これだけで彼は歴史上の地位をかちとった」のである。

それはケネディ自身が渇望した結末だった。というのも、キューバ危機に先立つ一年半というもの、フロリダ沖に浮かぶこの島は、彼にとって恥辱と妄執の地であり続けていたからである。

5　破綻した侵攻作戦

厄介な置き土産

一九六二年秋、キューバはいまなお語りつがれる、ケネディ外交栄光の地となった。だがそれまでは、ケネディが犯した大失態の生々しい現場だった。ピッグズ湾事件である。

話はドワイト・アイゼンハワー政権末期に遡《さかのぼ》る。中央情報局（CIA）はグアテマラやニカラグアなどで、一九五九年のキューバ革命を嫌って亡命したキューバ人に武装や訓練を与えていた。キューバ侵攻とフィデル・カストロ政権打倒の担い手としてである。ケネディはそれを引き継いだ。

この隠密作戦には政権内外から異論があった。道義的に間違っている。成功などするわけがない。中南米はむろん、発展途上世界や国連で猛反発を生むはずだ。

だがCIAのアレン・ダレス長官やリチャード・ビッセル副長官が太鼓判を押した。侵攻部隊が上陸すれば、キューバ国民の四人に一人は反カストロの旗を掲げて立ち上がる。一九五四年にCIAがグアテマラでハコボ・アルベンス政権を打倒した時より成功率は高い。

それは脅しでもあった。作戦を延期すれば部隊の士気は低下し、成功の確率は急落する。雨季も近づいており行動はますます困難になる。しかもソ連はミグ戦闘機や戦車などでキューバの軍事力を強化しつつある。キューバから中南米への革命輸出にもいっそう拍車がかかるだろう。

もし作戦が中止にでもなった日には、亡命キューバ人がアメリカ国内各地でケネディを猛然と非難するにちがいない。作戦の内容も漏れ出して、厄介なことになるだろう。

新米の大統領は押し切られた。CIAが大統領を欺いたのだとの批判もある。だが大統領の側も未熟だった。この頃、側近たちは「ボスはもう仕事をマスターした」と豪語していたが、それは間

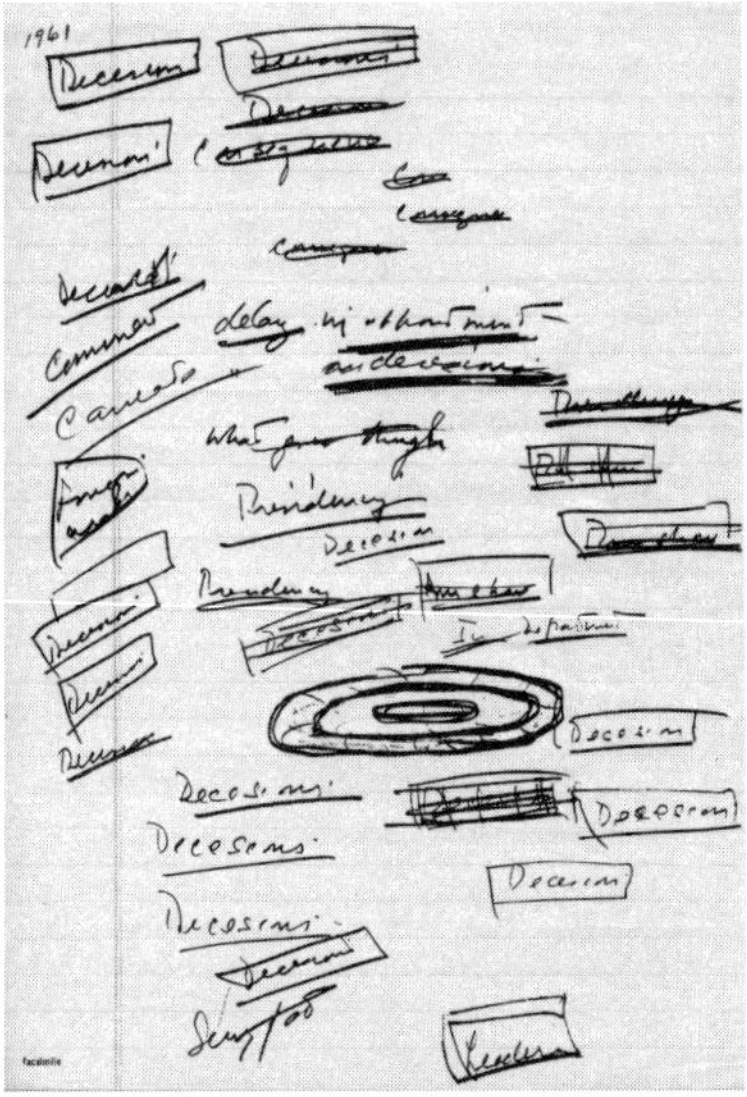

キューバ侵攻をめぐる会議中の落書き。「決断」の文字が17回も繰り返されている（ケネディ大統領図書館・博物館で購入〔複写〕）。

違っていた。

　統合参謀本部（ＪＣＳ）などには軍事的見地からの疑念もあったが、ケネディのもとには届かなかった。彼らには、ＣＩＡの恨みを買ってまで作戦に水を差すほどの義理はなかった。

行動に傾斜

　ケネディは作戦実施の最終決断は自身が下すと念を押したうえで、何度か作戦を延期させた。部隊上陸前に空爆を行う爆撃機を十六機から八機に減らすなど、計画を縮小させることもした。

　じつはＣＩＡは、大規模な空爆が絶対に必要だと確信していたが、ケネディに真実を告げなかった。ケネディの懐疑や躊躇《ちゅうちょ》は、虚構の上に立った作戦遂行に拍車をかけてしまった。

　作戦に反対していた歴史学者、アーサー・シュレジンガー大統領特別補佐官は、この計画をいったいどう考えているかとケネディに問うた。返ってきたのは、「できるだけ考えないようにしている」という答え。大統領たる十分な自覚すら見受けられない、じつに無責任な姿勢である。

　作戦はフロリダ州界隈《かいわい》ではすでに公然の噂だった。怪しげな気配を察知した『ニューヨーク・タイムズ』紙も侵攻計画を報じた。記事は曖昧《あいまい》な内容に抑えられたが、ケネディは漏洩《ろうえい》に激怒した。だがのちには、新聞が細大漏らさず報じてくれていたら計画は取りやめたのにと無念そうだった。何とも他人任せな、そしてここでもやはり無責任な態度である。

じつはそれ以上に問題があった。ケネディ自身がかなり乗り気だったことである。アメリカが口を拭《ぬぐ》ったまま、手間もかけずカストロ政権を葬り去れる、価値ある賭けに思えたからである。数々の難局を乗り切ってホワイトハウスに到達した身には、勝利しか想像できなかったともいう。弱々しさを嫌悪し、大胆さの誇示を求め、危険ある行動に魅力を感じる感性もあった。

ケネディは、「能なし」と見くびられるよりは「侵略者」と非難されるほうがよほどましだと、弟のロバート司法長官に語った。政権内で侵攻反対を唱えれば臆病者呼ばわりされるのが関の山だった。ケネディは、カストロがキューバ革命を共産主義の方向に歪めたと信じ込んでもいた。彼は傲慢《ごうまん》と無知に由来する楽観という病に取り憑《つ》かれてもいた。その楽観を抑えるうえでは、作戦成功を大義名分とする過剰な秘密主義があだとなった。

彼の判断は幻想にも彩られていた。偽装を凝らしさえすれば、亡命キューバ人の上陸作戦とアメリカが無縁だと主張できるというわけである。

上陸作戦直前、グアテマラから飛び立ち、キューバの空軍基地を空爆したB26爆撃機は、キューバ空軍の標識をつけていた。その後アメリカに飛来したパイロットはキューバ空軍の脱走者を自称した。だがすぐに馬脚が現れてしまう。

キューバ侵攻作戦の破綻が明らかになり、アメリカ軍の投入を求められた時も、ケネディは作戦に「介入したくないのだ」となお粘った。だがアイゼンハワー政権期から引き続き海軍作戦部長だったアーレイ・バークはあきれ顔だった。「大統領、もう私たちは介入しているのです」。

不安的中

四月十七日、千四百人がキューバ南岸のピッグズ（コチノス）湾に上陸した。だが二万人を超えるキューバ軍や二十万人もの民兵が待ち構えていた。

三日間で侵攻軍の戦死者は百人を、捕虜は千人を超えた。生き残りの一人は、自分が「まだここで生きていることが不思議なほどラッキーだった」と述懐している。キューバ側の死者も百六十人を数えたが、作戦失敗には変わりない。追いつめられ、次々と捕虜になる侵攻軍の様子を伝える当時のニュース映像は、彼らが「アメリカにだまされたのです」と断じている。

だが国民のケネディ支持率は一気に八割を超えた。失敗で人気が出るなど「アイゼンハワーと同じ」だとケネディは自嘲した。しかもそれは一時的な現象でしかなかった。

有人宇宙飛行でソ連に先を越されたガガーリン・ショックが四月十二日。ピッグズ湾事件は、その直後である。政権発足からほぼ三か月、彼が引っ越し家具を運び入れているさなかに、屋根やドアが吹き飛んだも同然だといわれた。内外でニュー・フロンティアへの失望が拡がり、中南米では反米デモが起きた。

大統領がアイゼンハワーだったらという声も聞かれた。この前大統領はケネディの著書を引いて、「臆病と不決断の横顔《プロフィール》」を批判した（『勇気ある人々』の原題は「勇者たちの横顔《プロフィールズ》」を意味する）。一九六四年大統領選挙のゆくえも懸念された。

ジャクリーン夫人は、背中の手術以来これほど塞《ふさ》ぎ込んだ夫を初めて見た。ケネディは親友に、一期限りで大統領の座を退《しりぞ》くことさえほのめかしている。彼は寝室で声を上げて泣き、何度も父ジョゼフに電話で助言を求めた。愚痴に終始する息子を父は必死に力づけた。

同時にケネディは政権内に箝口令《かんこうれい》を敷いた。じつは自分は侵攻に反対だったのだと述べたチェスター・ボウルズ国務次官に、司法長官ロバートは脅しめいた言葉さえ吐いた。ケネディはこれ以上の議論は国益に沿わないとして、記者会見での追及も封じ込めた。

大穴を見過ごす

およそ戦闘に誤算や齟齬《そご》はつきものだろう。それにしても手違いだらけの作戦だった。直前に空爆のためニカラグアを飛び立った爆撃機の一機は、故障でフロリダに不時着した。敵地上空に到達した機の多くはたちまち撃墜された。厚い霧もあって、この空爆はキューバ空軍に十分な打撃を与えられず、上陸地点の制空権を確保できなかった。

にもかかわらず、空爆が大きな成果を上げたと聞かされたケネディは、当初予定されていた二度目の空爆を中止させた。だがそれは侵攻軍をより大きな危険にさらす結果となった。その後、上陸軍の危地を救うべく出撃した飛行機も、パイロットが時差を頭に入れずに飛んでしまい、空振りとなった。

地上では、訓練が不十分で戦闘にも不慣れな侵攻軍はばらばらに行動し、無駄射ちを続け、上陸直後に弾薬を使い果たした。輸送船も撃沈され、弾薬も通信機器も届かなかった。

上陸地点の海面下は珊瑚礁《さんごしょう》で、船の航行は困難だった。だがCIAはそれを海藻と誤認していた。キューバ軍の飛行機の性能も過小評価されていた。

万一の場合、侵攻軍は山中に逃げ込み、ゲリラ戦争を展開するはずだった。だがその場所は上陸地点から百三十キロも内陸で、とても歩いて通れないような沼沢《しょうたく》地の向こうだった。CIAは十九世紀末の地図に頼っており、部隊を訓練したアメリカ人も現地の地勢には暗かった。

一九六〇年のある調査では、キューバ国民の八五パーセントはカストロ政権を支持し、フルヘンシオ・バティスタ独裁時代への逆戻りを恐れていた。反カストロ勢力は大部分が獄中か国外。しかも侵攻作戦が始まると、二十万人を超える反乱容疑者が逮捕された。

表面だけは反省

ケネディは過ちを一身に引き受ける姿勢を保った。一九六二年末になっても、記者会見で「成功には百人の父親がいるが、敗北は孤児」だと述べている。

だがそれは表向きのこと。実際には、作戦を練り上げ、実行し、その過程で彼を欺こうとしたCIAに怒りの矛先を向けた。連中を粉微塵《こなみじん》にしてやりたいとさえ漏らした。自分を十分補佐しなかった統合参謀本部も、作戦内容を一部とはいえ報じたメディアも敵視した。杜撰《ずさん》な作戦と、それを支持する連中を残してホワイトハウスを去ったアイゼンハワーにも不満たらたらだった。

事件後ほどなく、CIAのダレス長官とビッセル副長官、チャールズ・キャベル作戦担当副長官の首が切られた。それがCIAの恨みを買い、のちケネディ暗殺の遠因となったともいう。ジョン・マッコーンを新長官に迎えたCIAを、ロバートが事実上の大統領代理として監視した。

ケネディは側近に語っている。自分はこれまで専門家に頼ることなどなかった。今回も、侵攻作戦を推す者たちの言葉を、もっと慎重に検討すべきだった。何とばかなことをしてしまったのだ。専門家への依存を反省するのは構わない。いや、必要なことだったろう。だがそれは別の形を取った彼自身の傲慢の表れだった。時間と労力を必要なだけ費やせば、自分たちは専門家の真意を見抜き、最善の道を見出せるという、根拠のない独善である。

マクジョージ・バンディ国家安全保障担当大統領補佐官によれば、ピッグズ湾事件など「小石で窓ガラスが割れたようなもの」だった。ケネディも、侵攻作戦を「キューバの愛国者」が「キューバの独裁者」打倒のために敢行した戦いだと描き続けた。「われわれの自制には限りがある」とも強がった。

一九六一年末、アメリカの圧力でコロンビアやパナマがキューバと断交した。翌年早々、アメリカは対キューバ全面禁輸に踏み切った。ほぼ時を同じくして米州機構（OAS）はキューバを除名し、武器輸出を禁止した。とてもではないが、真摯《しんし》な反省の姿勢は見受けられない。

カストロ抹殺指令

カストロ打倒、とりもなおさず西半球から脅威を完全に除去することが、いよいよケネディ政権にとって最優先課題の一つとなった。カストロとの和解も、彼がソ連の走狗《そうく》として中南米に脅威を与えない限りでの話だった。

一九六一年秋、カストロをコブラに見立て、その天敵の名を冠した「マングース作戦」が始まった。鉄道や精油所、製糖工場などへの破壊工作や宣伝活動などである。

奇妙奇天烈《きてれつ》な手もあった。薬を使ってカストロご自慢の髭《ひげ》を落とさせるか、葉巻に仕掛けた火薬で髭を燃やしてイメージダウンを図る（つけ髭は思いつかなかったらしい）。葉巻に薬を混入して酩酊状態にさせ、醜態を演じさせる。潜水艦が照明弾を打ち上げてイエス・キリストの再臨を演出し、国民みずからの手でこの反キリストの共産主義者を追放させる。

カストロ暗殺計画さえ存在した。毒入り万年筆を使わせる。彼のスキューバダイビング趣味に目をつけて、ウェットスーツに細菌を、貝に爆弾を仕込む。葉巻に毒薬という手もある。

バティスタ政権時代の大儲けを忘れられないマフィアが、一枚も二枚もそこに噛んでいた。司法長官ロバートは組織犯罪との全面戦争を展開しつつ、彼らの協力を得ながらカストロ排除に血道を上げていたのである。

CIAはケネディに暗殺計画を報告せず、少なくとも遠回しな言及に終始した。マッコーン長官にさえ、詳細は伏せられていた。そうケネディを弁護する者もいる。

だがケネディは『ニューヨーク・タイムズ』紙のタッド・シュルツ記者に「私がカストロ暗殺を命じたとしたらどう思う？」と聞いたことがある。反対されると、自分も同意見だとごまかした。

だが、安上がりにカストロという邪悪な存在を抹殺する手をケネディがまったく想起しなかったとは思えない。彼は暗殺計画を少なくとも知っていたし、むしろ黙認していたと見るべきだろう。

この悪魔が消えてくれるのなら、行先が国外でも地獄でもいっこうに構わなかったはずである。

マングース作戦は一九六二年秋のキューバ危機まで続けられたが、結局失敗した。しかも危機後、アメリカが表立ってキューバに手を出せなくなると、ほどなく怪しげな活動が復活した。

ドミニカでは一九六一年五月、おそらくCIA関与のもとにラファエル・トルヒーヨ大統領が暗殺された。中南米ではブラジル、ボリビア、コロンビアなど。東南アジアではベトナム、ラオス、タイなど。中東ではイラン、パキスタンなど。秘密工作の対象は山ほどあった。

アイゼンハワー政権が八年間で試みた隠密作戦は百七十件。ケネディ政権の二年十か月でそれは百六十三件を数えた。それはイアン・フレミングの有名なスパイ小説『007』シリーズの愛読者、ケネディが愛用した手法だった。道義も国際法も彼の頭にはなかった。

米軍投入は断固拒否

ピッグズ湾事件ではよいところまったくなしのケネディだったが、評価できる点もあった。第一に、CIAや軍首脳などにいくらせっつかれても、当初の方針どおりアメリカの本格的軍事介入を認めなかったことである。「私は他人にいくら強制されても、この国のためにならないと思うことはぜったいにやらない」。ケネディはポール・フェイ海軍次官にそう語った。

ただし不介入は金科玉条ではなかった。同じ時、ケネディは「行動を起こす決定的なときが来れば、行動を起こす」とも言っている。たまたま、アメリカ軍がみずから乗り出すほどの状況ではないと判断されたにすぎない。

実際に侵攻作戦途中でケネディが軍事行動を認めたこともあった。援護のため、アメリカ軍の標識をつけない米軍ジェット機を空母から飛ばしたのである。ただし、彼はそこで踏みとどまった。

もともと侵攻計画では、上陸軍が危機に陥ればアメリカは介入する手はずだった。それなしには成功などありえなかった。CIAは亡命キューバ人に必ず助けに赴くと胸を叩いていた。

だがケネディはそれを知らされていなかった。彼が苦々しく語ったところによれば、CIAは大統領がいずれ「降参」してくるものと高をくくっていた。軍事行動の否定は表向きのポーズにすぎない。彼ら反共の最前線に立つ兵士を見捨てることなどありえない。CIAの致命的な誤算だった。

第二に、ケネディがCIAや軍部の言うことは信用できないと学んだことである。セオドア・ソレンセン大統領特別顧問によれば、今回の侵攻計画なるものは、フットボールで相手側の守備など考えず攻撃法を練るような代物《しろもの》だった。

これ以降ケネディは、手っ取り早い軍事的解決策にほとんど信を置かなくなった。フェイも、彼が「幅の広い判断力に欠けている」軍の主張をときに「ほら話」扱いしたという。

ケネディによれば、さっそくピッグズ湾事件が「天恵」となったのがラオス内戦である。「あれがなければいまごろはラオスに派兵していただろう。そうなれば百倍も事態は悪化していたにちがいない」。他にも不介入の要因はいくつもあったが、とりわけピッグズ湾事件は、国際政治学者で、当時国務省情報調査局長だったロジャー・ヒルズマンのいう「失敗の代償の忘れられない象徴」となった。

ケネディの脳裏にあったのはキューバだけではない。カストロ政権を誕生させ、この国をアメリカと西半球にとっての脅威に仕立て上げたもの——発展途上世界いたるところで頻発する革命——にいかに対処するかという、グローバルな課題こそが重要だった。

6 革命の嵐に苦慮

民族解放戦争の脅威

ケネディ政権に参画した経済学者ウォルト・ロストウによれば、当時は発展途上世界全体が「発酵」状態にあった。ケネディはこの地域を「自由の防衛と拡大のための偉大な戦場」と呼んだ。

上院議員時代、彼は民族主義が世界の地図をいかに描《か》き変えているか理解していないとドワイト・アイゼンハワー政権を批判していた。共産主義よりも優れた、魅力的な、穏健かつ平和的な革命を提供すること。それがケネディの処方箋だった。

一九五四年のインドシナ危機ではアメリカの軍事介入に反対し、独立付与と強力な現地軍の育成を唱えた。ベトナム南北分割後は、反共南ベトナム（のちベトナム共和国）の建設を支援した。

一九五七年のアルジェリアについては、独立を支持し、アメリカが交渉解決を仲介すべきだと論じた。アイゼンハワー政権は彼を批判し、フランスの政府や国民も怒った。

この頃現地を取材したアメリカ人記者は、薄汚い兵隊から「ケネディが大統領になる可能性があるか」と尋ねられた。アメリカにはアルジェリア人の票などないのにと、彼はいぶかしむこととしきりだった。だが広く発展途上世界で、ケネディは植民地独立に味方する若き政治家として知られるようになった。それはのち彼が大統領となった時、大きな財産となる。

アルジェリア、コンゴ、ラオス、ベトナム、キューバなどが米ソ冷戦の主たる舞台であることはソ連の指導者ニキタ・フルシチョフも認識していた。彼は一九六一年一月六日、民族解放戦争、つまり植民地の独立や小国の自立を求める戦いへの支援を高らかに声明した。

のち緊張緩和《デタント》を実現させた主役の一人、国際政治学者ヘンリー・キッシンジャーによれば、それは対米宣戦布告も同然だった。ケネディもこれをアメリカとみずからへの挑戦状と受け止めた。米ソ軍事対決を回避しつつ、発展途上世界へのソ連の進出を阻止しなければならない。

だが一九六一年六月、ウィーン会談でフルシチョフは、米ソ間における力の均衡、世界の現状維持に固執するケネディを鼻であしらった。革命とは人々の心の中に根を張るものだ。共産主義の拡大は止められず、いずれ全地球を席巻する。歴史の潮流はわれわれの側に向かっているのだ。ケネディは、言葉ではなく行動で彼の誤りを正す以外になかった。

三つの闘鶏場

セオドア・ソレンセン大統領特別顧問はのちにベトナムを「闘鶏場《コクピット》」と呼んだ。米ソ代理戦争の重要な舞台という意味である。だがそれは発展途上世界いたるところに存在していた。とくに重要だったのがコンゴ内戦、ラオス内戦、のちベトナム戦争に成長する内戦である。

コンゴは一九六〇年の独立後、三つ巴の混沌《こんとん》状態にあった。アメリカが支えるジョゼフ・カサブブ大統領と、その下で実権を握るジョゼフ・モブツ将軍らの勢力。ソ連が後押しするパトリス・ルムンバ首相指揮下の勢力。モワズ・チョンベら、旧宗主国ベルギー軍を後ろ盾に、鉱物資源の宝庫カタンガ州の分離独立を画策する勢力。

一九六一年早々、ルムンバが暗殺された。ソ連はアメリカを、そしてその走狗《そうく》だとして国連を糾弾した。各派の仲介に尽力するダグ・ハマーショルド国連事務総長は飛行機事故で命を落とし、事態は混迷の度を深めた。

植民地主義国であるイギリスやフランスなどはベルギーに同調した。アジア・アフリカ諸国の多くはルムンバやその後継者アントワーヌ・ギゼンガに共感した。アメリカはソ連だけでなく、西欧とも発展途上諸国とも深刻な軋轢《あつれき》を抱えた。

ラオスは、ソ連が支援するラオス愛国戦線《パテト・ラオ》、アメリカが支える反共主義勢力、中立派が展開する内戦のさなかにあった。フルシチョフはこの国を「熟したリンゴ」と呼び、アイゼンハワーはケネディに軍事介入が必要となる可能性を示唆してホワイトハウスを去った。一九六一年初め、ラオス愛国戦線は国土のほぼ半分を制圧し、反共主義勢力は崩壊の縁にあった。

ベトナムは、選挙による平和的な南北統一が不可能となり、北ベトナム（ベトナム民主共和国）が一九五九年、武力統一に乗り出した。一九六〇年、南ベトナム国内に民族解放戦線（NLF、いわゆるベトコン）が設立された。

ソレンセンによれば、反政府ゲリラ戦争のためにこの国は「出血多量死」寸前だった。ケネディも事態を「最悪」の部類に属すると見なし、介入拡大政策を始動させた。

シャルル・ドゴール仏大統領や、朝鮮戦争で国連軍を率いたダグラス・マッカーサー元帥などはケネディに派兵の愚を戒めた。だが戦闘部隊派遣を求める声も根強かった。

反乱鎮圧戦略

ベトナムが典型だったが、ゲリラ戦争はケネディの重大な関心事の一つだった。大統領就任後すぐに彼は「ゲリラ戦はどうなっているのだ?」との問いを発している。

ワシントンにはゲリラ熱が蔓延《まんえん》した。中国革命やキューバ革命の立役者、毛沢東《マオ・ツオートン》やエルネスト「チェ」ゲバラの著作がベストセラーとなった。いわゆる孫子《そんし》の兵法さえ研究対象となった。

ゲリラ戦争は「地下戦争」「見えない戦争」「消音《ミュート》の戦争」などとも呼ばれる。上院議員時代のケネディがいったように、相手は「どこにでもいると同時にどこにもいない敵」だった。しかも一人のゲリラは、十人ないし二十人の正規軍兵士に匹敵すると見られた。

ケネディ政権は反乱鎮圧《カウンターインサージエンシー》戦略のもと、ゲリラ戦争への対処（特殊戦争）に期待をかけた。その先兵が陸軍特殊部隊《グリーン・ベレー》である。部隊は一九五〇年代からあったが、ケネディはそれを拡充強化し、彼らに緑のベレー帽をかぶせ、いわば時代の寵児《ちょうじ》とした。ベトナム戦争の象徴的存在でもある。

この部隊を彼が創設したとしばしば誤解されるほど、グリーン・ベレーはケネディ時代と一体不可分だった。ケネディ暗殺後、ノースカロライナ州フォートブラッグにある彼らの基地は「フォートケネディ」に改名した。永遠にケネディを偲《しの》ぶべく、ベレー帽には黒い帯がつけられた。

ケネディは三つの闘鶏場を守るため奮闘した。コンゴでは国連を活用した。一九六三年一月、コンゴ国連軍（ONUC）がカタンガ州の分離独立派を屈服させ、国家統一は保たれた。「ケネディ・プラン」と呼ばれたものである。

ラオスでは中立・独立の国家維持を求めて交渉を選んだ。必ずしも望ましい解決ではなかったが、ラオス全土の喪失やアメリカの軍事介入、そして泥沼化よりましだった。一九六二年七月、ジュネーブ協定がラオスの中立化と、左派・右派・中立派の連合政権形成を実現した。

ベトナムでは南ベトナム死守の道をとった。この紛争は北ベトナムの侵略と見なされた。放置すれば次々と東南アジア諸国が失われるという「ドミノ理論」も、ケネディには大学の卒論以来おなじみの「ミュンヘンの教訓」も健在だった。この戦場は反乱鎮圧戦略のショウケースでもあった。もちろん成功は疑いなし。

グリーン・ベレーを含む、アメリカ人軍事顧問は六八五人から一万六千人に増えた。ヘリコプターもヘリ空母も投入され。枯葉剤もナパーム弾も投入された。北ベトナムへの隠密作戦も行われた。農村には人工的な集落（戦略村）が多数建設され、農民とゲリラの遮断を図った。コンゴ内戦でもラオス内戦でも、すでに実質的に始まっていたベトナム戦争でも、ケネディはフルシチョフの挑戦を食い止めたかに見えた。

ライフルよりシャベル

ゲリラ戦争では武器を用いるばかりが能ではない。ゲリラとは貧困・飢餓《きが》・疾病《しっぺい》・無知などを栄養に育つ細菌のようなもの。だから先手を打って国家建設を進めればよい。中国内戦で勝利をおさめた毛沢東は、「人民は水、ゲリラは魚」だという。それなら、水質を変えるか、さもなくば水を干上がらせる一手だ。

　道路や橋の建設、井戸や水道の整備、学校教育の充実、農業生産の拡大、医療や保健衛生面のサービス提供など、多岐にわたる非軍事的な努力が求められた。「剣」ではなく「鋤《すき》」。「ライフル」ではなく「シャベル」。「小型機関銃《トミーガン》」ではなく「DDT殺虫剤の噴霧器」。地道な、非軍事的な努力こそが肝要だった。反乱鎮圧とは「圧迫下での社会改革」なのだと、司法長官というより大統領の弟、政権ナンバー2として反乱鎮圧戦略を熱心に推進したロバートは述べた。

コロンビア発行の切手。進歩のための同盟を示す松明とケネディ。

経済発展と社会の近代化を促すべく、援助が大幅に増額された。「平和のための食糧《フード・フォア・ピース》」計画は八十か国以上の飢える人々に救いの手を差し伸べた。人道的貢献であり、余剰農産物の活用という国内政治的な政策であり、農業不振に苦しむソ連と対照的なアメリカの力を示す手でもあった。

　国際開発庁（AID）が新設され、より長期・低利の援助が重視されるようになった。先進諸国が手を携えての協力も求められた。一九六一年、途上国支援などを目的に、欧州経済協力機構（OEEC）とアメリカ・カナダが経済協力開発機構（OECD）を設立した。同じ年、ケネディの呼びかけで国連は一九六〇年代を「国連開発の十年」とした。

　援助政策のいわば目玉が、一九六一年八月十七日発足の「進歩のための同盟《アリアンサ・パラ・エル・プログレッソ》」である。中南米諸国に十年で二百億ドル以上の援助を与え、地域全体をケネディのいう「革命の理想と努力のるつぼ」に変える。これも通称「ケネディ・プラン」である。

経済発展は広範な社会変革と二人三脚だった。土地や改革の改革、教育や医療・保健分野の努力、政府の民主化などである。「進歩はイエス《シ》、独裁はノー《ノ》」が合言葉となった。

内戦はおさまらず

鳴り物入りの反乱鎮圧戦略は大きな壁に直面した。軍の面従腹背である。それはホワイトハウスや、ロバート・マクナマラ国防長官のもとに「王朝」を形成した国防総省《ペンタゴン》の文官、一群の「神童《ウイズ・キッズ》」に対する反感に由来していた。ややのちのことだが、トマス・パワー戦略空軍（SAC）司令官は「自分の尻の穴と地面の穴との区別さえつかない」まま国防政策を立案する「コンピュータみたいな連中」を厳しく批判している。

グリーン・ベレーは「ケネディ夫人の小銃隊」と揶揄《やゆ》された。農民の「ハーツ・アンド・マインズ」つまり民心掌握の重視も掛け声倒れだった。ある海兵隊員は「急所《ボールズ》」を握ってしまえばそれで済むと片づけている。圧倒的な火力や機動力、空軍力、科学技術などが幅を利かせていた。

軍事情勢の悪化という眼前の現実もあった。ケネディも信頼したマックスウェル・テイラー統合参謀本部議長はのちにこう説明している。畑のすぐそばを「インディアン」つまりアメリカ先住民《ネイティブ・アメリカン》がうろついているというのに、のんきにトウモロコシを植えている場合ではないだろう。

ゲリラ戦争の帰趨《きすう》もケネディの思うようにはならなかった。コンゴ内戦はいったん終息したが、新政府と反政府勢力の抗争はおさまらなかった。一九六五年、この地に身を投じたのがゲバラである。次なる革命の温床として、じつに有望な地に思えたからである。

ラオス内戦は、せっかく成立した呉越同舟《ごえつどうしゅう》の連合政権がほどなく分裂、戦いが再発した。一九六三年秋までに国土の三分の二はラオス愛国戦線の勢力下に陥った。ラオス中立化はケネディ外交の失敗例と見なされ、タイや南ベトナムなど東南アジアの反共諸国は対米不信感を強めた。

南ベトナムでは一九六三年に入って軍事的破綻が突如表面化した。首都サイゴン（現ホーチミン）近くの村落アプバックで、政府軍がゲリラに惨敗を喫したのである。

政治的破綻も顕在化した。少数派のカトリックによる宗教差別に端を発する「仏教徒危機」の果てに、軍のクーデターで独裁者ゴ・ディン・ジエムは殺された。ピッグズ湾事件と同様、ケネディは無関係を装いつつそれを黙認した。

ケネディはキューバ侵攻を「キューバ人どうしの問題」だと強弁した。ベトナム戦争も「彼らの戦争」と呼んだ。勝とうが負けようが、これはベトナム人の仕事のはずだった。

ベトナム戦争の起点をどこに置くかは議論がある。だがアメリカはほぼ十年、実質的に「ケネディの戦争」として始められたものの後始末に苦悶させられる。しかも、「ベトナム症候群」と呼ばれるその後遺症は、今日にいたるまでアメリカを冒し続けている。

進歩目指した同盟だが

一九六三年に軌道に乗ったケネディとフルシチョフの握手には、いくつかの前提があった。ロストウのいう「冷戦の休戦ライン」で世界を事実上二分すること。ソ連が発展途上世界で現状維持を容認し、革命輸出を控えること。ラオス愛国戦線やベトナムの民族解放戦線など、各地の革命勢力がクレムリンの指揮命令に従うこと。

だがフルシチョフは現状維持を受け入れなかった。各地の勢力は唯々《いい》諾々《だくだく》とソ連の指示に従うわけでもなかった。米ソの和解は発展途上世界の安定に直結しなかったのである。

進歩のための同盟も惨めな失敗に終わった。目論見《もくろみ》どおり経済成長をとげた国は一部にとどまった。国内の貧困は手つかず、土地改革も税制改革も停滞した。援助の多くは権力者、大地主、アメリカ企業などの懐《ふところ》に流れ込んだ。

独裁政権の抑圧は止まず、あいついで軍事政権が誕生した。民主化の象徴として期待を集めたドミニカのファン・ボッシュ政権もクーデターでつぶされた。革命の温床が消えることはなかった。アメリカ人の夢と理想主義を体現するこの試みも、本質的には冷戦対策の一環だった。反米気運の抑制、共産主義の浸透阻止、第二のキューバ回避などが目的だった。

それはかつて西欧復興に貢献したマーシャル・プランの中南米版として賞賛された。同様の効果を期待されもした。だが初期のヨーロッパ冷戦で効果的だった武器を、条件の違う場所に適用し、あげく失敗したのである。

ケネディは中南米を「今日の世界における最も危機的な地域」だと見なしていた。彼は上院議員時代から、中南米に見られる動揺はすべて共産主義者の扇動がもたらしたもので、反米とは「モスクワの声」にほかならないという発想の持ち主だった。

ケネディは、中南米諸国にはそれぞれ好ましい政体を選ぶ自由があると述べている。だがあくまでもそれが「共産主義でない限り」の話だった。

不穏なドミニカ情勢について彼はこう語っている。アメリカにとって最も望ましいのは民主的政権。ついで独裁政権。最も望ましくないのは共産主義政権。アメリカは第一の道を目指すべきだが、第三の可能性が否定できない限り、第二を選ぶしかないのだ。

彼は「われわれがこの国で民主主義と考えているところのものから遠く隔たった民主主義もある」と述べたことがある。一見、多様な政治のあり方を認めるような言葉である。だがそれはしばしば、自由の名のもとに反共独裁政権を支援する言い訳となった。

問題は中南米に限られなかった。だが「困ったことに、アメリカ人というやつは革命が下手なんだ」。駐インド大使となった経済学者ジョン・ガルブレイスはそう結論づけた。

平和部隊の成功

停滞した発展途上世界対策の中で、おそらく唯一の成功例となり、いまでもケネディの人気に貢献しているものがある。一九六一年三月一日に設立された平和部隊《ピース・コー》である。

アメリカ人ボランティアが各地で教育、生活水準向上、農業、医療、公衆衛生などに貢献する。彼らの理想主義、人道主義、自己犠牲の精神を体現した、草の根援助の典型、無数の親善大使の派遣である。俗にいう「金《かね》」や「物」から「人」への転換である。

それは国のために何ができるかをみずからの心に問えという、就任演説での呼びかけの具体化だった。アメリカの理想と力を信じ、不可能などないと自信満々のケネディならではの試みでもあった。アーサー・シュレジンガー大統領特別補佐官はそれを「新しい理想主義の最も劇的な形態」と、ソレンセン大統領特別顧問は「ケネディの希望と約束の最も生き生きとしたシンボル」だと絶賛している。

この平和部隊も、反乱鎮圧戦略や進歩のための同盟と並んで、もともとは冷戦の道具として出発したものだった。従来の援助に見られた欠陥を是正し、各地の反米感情を和らげ、共産主義の浸透を阻止するためである。それは議会の支援を得るための便法でもあった。平和部隊とグリーン・ベレーは本質的に表裏一体の存在だったとも指摘されている。

だがケネディは妹（三女）ユーニスの夫サージェント・シュライバーを平和部隊長官とし、平和部隊を軌道に乗せた。その過程でＡＩＤなど官僚機構の干渉を排除し、情報収集や諜報活動などに平和部隊を利用しようとする中央情報局（ＣＩＡ）などの試みとも戦った。

一九六一年末、第一陣約千人が出発した。政権末期までにその数は五千人を超えた。ときに厳しい文化摩擦を経験し、批判を受けたことはある。だが隊員は各地で「ケネディの子供たち」と呼ばれ、歓迎された。それはアポロ計画と並ぶ、ケネディ時代の重要な遺産となった。

7　繁栄の鍵

インフレ抑制の鍵

これまでケネディの外交政策をいくつか取り上げ、その成功や失敗を振り返ってきたが、ここでアメリカ国内の動きに目を転じてみよう。

厄介なことに、ケネディはもともと内政には興味も知識も乏しかった。就任演説をほとんど外交問題に費やしたこともその表れである。

誰しも苦手分野では成果が上がらないもの。だからますます内政から身を遠ざけ、現状維持に汲々《きゅうきゅう》とする。彼にはそうした性癖があった。

その彼の前に否応《いやおう》なしに立ち塞《ふさ》がった、重大な内政の危機が二つある。第一が、「鉄鋼危機」の名で呼ばれる、予期せぬ鉄鋼価格値上げ。一九六〇年春以降、アメリカは景気後退と失業増大に苦しむ中で勃発した出来事である。

第二が一九六〇年代を、いや現代アメリカを象徴する大問題の一つに急成長した、公民権《シビル・ライツ》問題である。アフリカ系アメリカ人（黒人）への人種差別解消は待ったなしだった。

まず、鉄鋼危機である。その勃発は一九六二年四月十日。主役はアメリカ最大手かつ世界最大規模の製鉄企業USスティール社。ロジャー・ブラウ会長がホワイトハウスを訪れ、トンあたり六ドル、約三・五パーセントの値上げを通告したのである。

そもそもアメリカでは大統領選挙の帰趨《きすう》も経済、つまり景気や失業などに左右されがちである。一九六四年のケネディ再選も同じこと。最大の懸念は不況にあると、彼自身が率直に語っていた。だが一九六一年一月、初の一般教書で彼は、経済が問題に直面していることを認めざるをえなかった。二月、失業率は八パーセントに達した。

求められたのはインフレなき経済発展である。その鍵は、基幹産業である鉄鋼業界の労使問題にあった。むやみに賃金が上昇すれば鉄鋼価格に跳ね返る。ただでさえ西欧諸国よりコスト高のアメリカ製鉄鋼を用いる結果、アメリカの工業製品の値も上がる。その先に待つのはインフレ、国際競争力低下、国際収支悪化、最後は一九六四年大統領選挙でのケネディ敗北に帰着する。

一九六一年秋、ケネディの要請で、鉄鋼業界は鉄鋼価格引き上げを思いとどまった。ケネディは、鉄鋼労組にも賃上げを生産性の伸び以下に抑えるよう求めた。

労使交渉は一九六二年二月半ばに始まった。当初の賃上げ要求は一時間あたり十七セント。だが労組側は三月三十一日、約十セントで我慢した。正式合意締結は四月六日である。

鉄鋼危機

これでインフレが抑えられる。労使の努力に感謝する。ケネディは双方に電話でそう伝えた。労組側の反応は好意的だった。だが業界側は「氷のように冷ややか」だったと、電話を切った直後のケネディがセオドア・ソレンセン大統領特別顧問に語っている。不吉な前兆だった。

その直前、鉄鋼値上げの風評に接したケネディは、アーサー・ゴールドバーグ労働長官に真偽のほどを問い合わせている。だが長官は一笑に付した。大統領じきじきの仲介を、鉄鋼業界といえども踏みにじるはずはない。

ブラウの行為がまさにそれだった。既成事実の押しつけであり、インフレ抑制の努力を水泡に帰させるものであり、労使紛争を激化させるものだった。だが彼は、ホワイトハウスにわざわざ足を運んでやったのだから感謝しろとでも言わんばかりだった。丁寧な説明もなしに、ただ発表予定の覚書を手渡したのである。

ケネディは彼に「あなたはひどい間違いを犯した。私への裏切り行為だ」と面と向かって述べた。キューバ危機での、ソ連首相ニキタ・フルシチョフの行動に対する反応と同じである。

労組は怒った。ゴールドバーグも憤激した。それ以上にケネディが激高した。ブラウも、USスティール社も、鉄鋼業界も、全力をあげて叩きつぶすべき邪悪な敵となった。これは自分と大統領職への侮辱だ。いまや力と決意が試されている。これもキューバ危機と同じ反応である。

秘書のエベリン・リンカーンによれば、ブラウとの会見直後ケネディは「オフィスの端から端まで行ったり来たり」しながら、この「裏切り」への憤《いきどお》りをあらわにした。ケネディは労組指導者デービッド・マクドナルドに、「君たちも自分も「一杯喰わされたんだ」と語った。

ケネディは『ニューズウィーク』記者で隣人でもあったベンジャミン・ブラドリーに、「ボクはおとなしくしていられないよ。彼らがこっちをぶんなぐってきたのだから、こっちも彼らをなぐり返さなくちゃ」と漏らした。

総攻撃開始

翌四月十一日、USスティール社と業界二位のベツレヘム・スティール社が値上げを発表した。同じ日、テレビ記者会見でケネディは、鉄鋼値上げを「公共の利益に対する、まったく不当かつ無責任な行為」だと糾弾した。ゴールドバーグのいう「戦争」の始まりである。

アメリカはベルリンや東南アジアで重大な危機に直面している。国内では経済の回復や安定化に尽力している。軍人にはその生命をかけるよう、労組にも賃上げ要求を控えるよう求めている。であるのにこうした利己的な行為など、とうてい承服しがたい。

だがブラウは「大統領がえらく怒っているじゃないか」と歯牙にもかけなかった。十二日にはテレビで逆襲に転じた。一九五八年から鉄鋼価格は据え置かれたままだ。わが社の利益は市場最低水準にある。そもそも値上げせずとの約束などしていない。

だが、かねてインフレ阻止のため独占禁止法の適用を模索していた司法省は、鉄鋼各社の一斉値上げを追及し始めた。下院司法委員会も同調した。多くの議員も大統領の側に立った。ホワイトハウスは民主党の州知事たちに値上げ反対の声明を要請した。

国防総省《ペンタゴン》は、可能な場合は兵器に鉄鋼の代替品を使用し、鉄鋼製品の発注は値上げしていない会社のうち最低価格を提示したところに変更する方針を決めた。典型が海軍虎の子のポラリス原潜用鋼板、五百五十万ドル相当の契約である。大量の兵器納入に関わるUSスティール社の値上げを放置すれば、国防支出は十億ドルばかり増えてしまう見込みだった。

値上げ発表前の鉄鋼会社に期待がかけられた。ケネディ自身、インランド・スティール社、カイザー・スティール社、コロラド燃料製鉄社などの首脳を直接説得した。ベツレヘム・スティール社はいったん発表した値上げを撤回した。

四月十三日、USスティール社は白旗を掲げた。値上げの意向を示したのは鉄鋼市場の八五パーセントを独占する巨大企業群だったが、政府の全面攻撃の前にはひとたまりもなかった。

自分はいつも父ジョゼフから、企業の連中などみな「糞ったれ」だと聞かされていた。鉄鋼危機でようやくそれを信じるようになった。ケネディはこう冗談にまぎわらせている。いや、それは冗談の形をとった本音だったといえるだろう。

実業界は頭痛の種

インフレ抑制のため、ケネディは断固たる対応をとった。一か月後、国民の七割以上が彼を支持した。鉄鋼危機はキューバ危機と同じく、頑強な、勇気ある大統領イメージの確立に貢献した。ケネディは大きく成長し、実業界との決別の道、国民に寄り添う道を選んだと絶賛する者もいる。

ただし代償は小さくなかった。インフレ抑制の必要や国民全体の利益を勘案してもなお、一企業を相手に政府が総力を挙げて対決したことへの反発は強かった。統制経済への道すら開きかねない、危険なパンドラの箱を開ける行動と見なされたのである。

まして司法長官ロバートの命で、連邦捜査局（FBI）が鉄鋼業界の実力者たちから事情聴取を行い、捜査員が夜中に自宅まで電話したり押しかけたりするときては、実業界全体にその「ゲシュタポ的手段」つまり秘密警察もどきのやり口への反発が強まったとしても当然だろう。五月末、ニューヨーク・ウォール街が一九二九年の大恐慌以来となる大暴落に襲われたのも、それと無縁ではないと思われる。

じつは新政権発足前、経済・財政関係の人事でケネディはダグラス・ディロン財務長官やロバート・マクナマラ国防長官ら共和党員を登用するなど、共和党寄りの実業界に配慮を見せた。だが実業界の大立て者たちは、ケネディの父ジョゼフの、怪しさきわまりない蓄財や台頭を胡散臭《うさんくさ》く思っていた。その息子への不信感を、ケネディはみずからの行動で裏打ちしてしまった。

放置はできない。鉄鋼危機の半月あまり後、全米商工会議所の年次総会でケネディは、実業界が十分な利益を上げ繁栄することが国家の経済成長につながると述べた。彼はそれを「愛してるよ」という実業界へのメッセージと、アーサー・シュレジンガー大統領特別補佐官は「休戦の旗」と呼んだ。その少し後、ケネディはブラドリーに、たとえ大統領の言葉でも「連中は信じない」のだとこぼしたあげく、企業経営者たちを馬鹿野郎呼ばわりしたが。

一九六三年、鉄鋼会社があらためて製品値上げを試みたが、ケネディは価格と賃金の安定が必要だと述べただけでとくに反対しなかった。鉄鋼業界の繁栄はアメリカ経済に不可欠であり、政府と実業界はたとえ嫌々ながらではあっても「協力者」だからである。

政府が実業界にどれほど友好的か。ケネディがその証拠を並べ立てたのは、死の数日前の演説だった。今後三年で企業の利潤を四割がた以上引き上げる。公共の財産を企業に売却する。特別減税も行う。政府の経済への介入は必要最小限にとどめる。しかし、ケネディがいくら歩み寄ったところで、『タイム』誌のヒュー・サイディ記者のいう、両者の「不快なしこり」は消えなかった。

経済政策の成果

もともと経済に暗かったケネディだが、その経済政策には「ニュー・エコノミクス」の名が冠された。政府の役割増大、財政支出の拡大、金融緩和、減税などによって経済成長と雇用の確保を図る。同時にインフレを抑制し、貧困層などに社会福祉の恩恵を与えることも重要だった。

それなりに成果は上がった。たとえば最低賃金の引き上げによる購買力向上である。ニュー・ディール政策当時から変わらない一時間あたり一ドルの基準が、一九六一年六月に一ドル十五セントに、一九六三年九月には一ドル二十五セントになった。恩恵を受けた者は二千四百万人近い。

一九六一〜六三年で、当時経済力の指標だった国民総生産（GNP）は二割近く、約一千億ドルも増えた。経済成長率は年五パーセント台を確保した。一九六〇年の大統領選挙での公約が達成されたのである。失業率は五パーセント台に、インフレ率も一パーセントそこそこに抑えられた。ケネディ政権発足当初に期待された以上の成果である。

一九六二年十月、自由貿易推進の切り札として一九六二年通商拡大法が成立した。関税の五割引き下げを認めた一九三四年の互恵通商協定法の効力切れが迫っていたからである。

この通商拡大法は、大統領に関税五割引き下げの権限を今後五年間与えた。アメリカと西欧諸国が世界輸出の八割を占める品目、工業製品などについては関税撤廃さえ可能になった。それは内政面におけるケネディ最大の勝利、その歴史的な業績の一つに数えられている。

一九六三年五月には、従来の国別・品目別ではなく一括方式の関税引き下げ交渉を世界に提案した。第二次世界大戦後の世界を自由貿易によって支えてきたGATT《ガット》（関税と貿易に関する一般協定）体制をさらに一歩前進させようとするものである。この交渉（一九六四～六七年）には「ケネディ・ラウンド」の名が冠された。

8　平等社会実現のために

差別解消は急務

公民権《シビル・ライツ》問題とはアメリカの国内問題である。しかしそれは世界でアメリカの威信を傷つけかねない、重大な国際問題でもあった。発展途上世界、とくにアフリカには差別を許容するアメリカへの厳しい見方があった。それら諸国の駐米大使はしばしば不快な思いを味わっていた。

ケネディの眼前に展開された公民権問題という名の政治劇。その第一幕が切って落とされたのは一九六一年五月のこと。「自由のための乗車《フリーダム・ライダーズ》」運動の始まりである。

アメリカを縦横に走る長距離バスの網の目を用いて南部各地に赴き、バスターミナルのレストラン、洗面所、待合室などで白人と同じ扱いを要求する。肌の色を問わず一群の人々がこれに挑んだ。だが各地で白人の自警団や、白人至上主義の秘密結社クー・クラックス・クラン（KKK）が彼らを待ち受けていた。各州当局も、彼らへの暴力を積極的に妨げようとしなかった。

第二幕が開いたのは一九六二年半ば過ぎ。主役はアフリカ系（黒人）青年ジェームズ・メレディス。軍隊から復員した彼が、ミシシッピ大学への入学を申請したのは一九六一年一月のこと。ケネディの就任演説に感銘を受けたからだといわれる。

それまでアフリカ系学生を受け入れていなかったミシシッピ大学は入学を拒んだ。ロス・バーネット州知事は当初手続きを進める姿勢を見せたが、ほどなく豹変《ひょうへん》した。州内の新聞も彼を支持し、連邦地方裁判所もこれを認めた。街では白人がアフリカ系を襲った。

一九六二年六月、連邦巡回裁判所がミシシッピ大学に入学許可を命じた。九月、キャンパスに姿を現したメレディスは、知事の反対声明や白人学生の反対デモに迎えられた。ミシシッピ州議会はメレディスの入学を禁じた。ことは連邦政府と州政府の争いとなった。

その後も入学の申請と拒否、警官による阻止が繰り返された。人種差別を是とする者が学外からも州外からもキャンパスに参集、死者まで出す騒ぎとなった。

のちや公民権運動やベトナム反戦運動の象徴となるボブ・ディランの曲『風に吹かれて（*Blowin' in the Wind*）』（一九六三年）は、この出来事に触発されたのだという。『ワシントン・ポスト』紙は「南北戦争以来最大の試練」到来を報じた。

バーミングハムの悪夢

第三幕の始まりは奴隷解放宣言から百年目にあたる一九六三年の四月。舞台はアラバマ州バーミングハム。ケネディが「南部でも最悪の都市」だと描写した街である。かつて人種隔離《アパルトヘイト》で悪名を馳せた南アフリカ最大の都市、ヨハネスブルクにもたとえられた街でもある。

公民権運動の指導者マーティン・ルーサー・キング牧師は、商店やレストランなどでの雇用やサービスの差別撤廃を求めてデモをこの街で組織した。

警察は力で応じた。消防用ホースで高圧の水を浴びせかける。警察犬をけしかける。子供たちやキング自身を含む数千人を逮捕する。棍棒《こんぼう》や、家畜に用いられる電気仕掛けの鞭《むち》さえ振るう。ずぶ濡れになって地面にへばりつき、怯える男性。激しい放水でスカートがまくれ上がった女性。彼らの胸元に飛びかかり、噛みつこうとする大型犬。暴力を振るいまくる警官。報道写真やニュース画面が全米に、そして全世界に衝撃を運んだ。

根っからの差別主義者として知られるアラバマ州知事ジョージ・ウォレスは、力ずくの鎮圧を支持した。アフリカ系指導者の自宅や、差別撤廃に応じたホテルまで爆破された。

前後して、南ベトナムの首都サイゴンで、仏教徒弾圧に抗議した老僧が焼身自殺をとげた。アメリカの人種差別とその同盟国の宗教弾圧が一体視された。独裁や抑圧をあげつらわれた南ベトナムのゴ・ディン・ジエム政府は、アメリカも同じことをしているではないかと皮肉った。

差別反対のデモや暴動はバーミングハムから南部各地に、そして北部にも伝播《でんぱ》していった。人種差別主義者も反撃した。アフリカ系の人々が集う教会が爆破され、四人の少女が命を失う事件も起きた。待ったなしの現実がケネディに突きつけられた。

連邦政府乗り出す

ここで時計の針を一九六一年一月二十日に戻そう。ケネディは大統領就任式で、アフリカ系女性歌手マリアン・アンダーソンに国歌斉唱を依頼した。祝賀パレードで沿岸警備隊にアフリカ系が一人もいないと知るや、さっそく改善の手を打った。前政権とは違うのだというわけである。

新政権はアフリカ系を多く起用した。ホワイトハウスの副報道官、住宅局長官、労働次官補、広報担当国務次官補代理、コロンビア特別行政区（首都）長官、駐ノルウェー大使などである。議会でつぶされたが、新設予定だった都市問題省の長官もそうなるはずだった。

最初の閣議で、各省庁にアフリカ系の雇用や昇進を促させる措置もとられた。二年間で、アフリカ系の中級公務員は三七パーセント増、上級職では八八パーセント増である。

ケネディ政権は主たる目標を二つ掲げた。第一に、アフリカ系の雇用促進である。雇用機会均等委員会（CEEO）を設置し、南部の反対を和らげようとリンドン・ジョンソン副大統領を委員長に据えた。当初は二の足を踏んだ彼も、平等実現のため火中の栗を拾う決意を固めた。

だが成果はなかなか上がらなかった。委員会が実績強調のため数字のからくりを用いているとして、司法長官ロバートは苛立《いらだ》ちを強めた。彼が責任者ジョンソンの怠慢を糾弾したため、ただでさえ波乱含みだった二人の関係はさらに険悪になった。

第二に、投票権確保である。アメリカでは登録なしでは有権者も投票できない。だが南部ではアフリカ系の登録は妨害を受けていた。多数が住みながら誰一人投票できない地域さえあった。

彼らの投票権を守るため、司法省が一九六三年までに行った起訴は四十件を超えた。だが南部全域で事態を改善するにはまだ長い、長い時間が必要だった。

権利保護を支援

ケネディ政権は一九六一年のフリーダム・ライダース運動も支援した。司法長官ロバートはバス乗客の安全を保証するよう、アラバマ州のジョン・パターソン知事（ウォレスの前任）を説いた。その後司法省は、州境を越える際に利用される空港や駅などでの差別禁止命令を出した。

一九六二年、メレディスのミシシッピ大学入学問題について、ケネディはバーネット知事に電話で「友好的な方法」をとって欲しいと求めた。知事の面子《メンツ》に配慮しつつ、力の行使や暴力の発生を抑えようとしたのである。

だが知事は頑迷だった。これ以上事態を放置すれば、連邦政府の、そして大統領の権威が失墜したと見なされる。そこでケネディは行動に出た。

司法省は大学当局が法廷侮辱罪を犯したとした。ロバートは知事に直接電話で譲歩を働きかけた。ケネディはミシシッピ州軍を連邦軍に編入してその行動を封じ、連邦保安官と連邦軍を州外から大学に派遣した。メレディスの身を守り、入学反対を叫ぶ暴動を鎮圧するためである。

直後、ケネディはテレビ演説で全国民に遵法を呼びかけた。国民もおおむね彼を支持した。ミシシッピ州では、ケネディとロバートはフィデルとラウルの「カストロ兄弟」呼ばわりだったが。

紛争の無用な拡大は避けられ、メレディスは入学を果たし、護衛つきで授業に出席し、のち無事に卒業した。ケネディはバーネット知事との面目をかけた対決に勝利し、人種平等と法の遵守を掲げる大統領の権威を高めた。世界とくにアフリカ諸国の反応も上々だった。

それは大統領と連邦政府の決意と力を、そして社会的弱者の保護を国是とするアメリカの姿を、知事と州政府に、全国民に、世界に示した。『タイム』誌のヒュー・サイディ記者にいわせれば、ケネディに重大な「決断の瞬間」が訪れたのである。

一九六三年六月、アラバマ大学で同じことが起きた。アラバマはそれまで全米で唯一、州立大学にアフリカ系学生のいなかった州である。ウォレス知事は校舎の入口に立ち塞がり、アフリカ系の入学を阻止しようとした。ケネディはここでも州軍を連邦軍に編入し、無事学生の入学を実現した。ウォレスはケネディを「軍事独裁者」と非難した。

これは道義の問題

その少し前、バーミングハムでの事件はケネディを揺り動かし、南部白人との決別を心に決めさせたという。写真や映像に接した彼は「胸が悪くなった」と周囲に漏らした。

ケネディはバーミングハム市民に「人間としての尊厳」を保つ行動を呼びかけた。ついで六月十一日午後、突然「今晩、公民権問題について国民に説明したい」と言い出した。スタッフが準備に追われたが、テレビの放送時間が来ても演説原稿は完成しなかったという。

ケネディは構わず、人種差別撤廃に向けた決意を披瀝《ひれき》し始めた。人種差別はアメリカが直面する「道義的危機」だ。「アメリカにどれほど希望と誇るべきものがあっても、そのあらゆる市民が自由になるまでは、完全に自由とはいえない」のだ。

公民権問題解決を国家的最優先事項だと宣言した、このいわゆる公民権演説は、ケネディが行った最も重要なものだとさえいわれる。キング牧師をはじめアフリカ系はケネディの覚醒を歓迎した。直後、ミシシッピ州ジャクソンで公民権運動の指導者が殺された。だがケネディは未亡人と遺児たちをホワイトハウスに迎えて温かい言葉をかけ、彼らに寄り添う姿勢を示した。

言葉やポーズだけではない。ケネディは一九六二年十一月、連邦政府の援助を受ける住宅での人種や宗教を理由とする差別の廃止を命じている。一九六三年二月二十八日には、公民権にかんする特別教書を議会に送り、立法措置を求めていた。

六月十九日、公民権法案が議会に提出された。公共施設、たとえばホテルやレストラン、劇場やスタジアム、小売店などでの差別を禁じる。公立学校における差別を司法長官が告発できるようにする。雇用の機会均等を目指す委員会を常設とする。人種間の協力を促進する組織を新設する。職業訓練などの措置を予算化する。それは、二月の提案を拡大したもので、行政府が過去ばらばらにとってきた差別撤廃措置を法制化し、一本化した法案である。

その代償が、南部での支持率低下である。だがケネディは「そんなことはどうでもいい」と語った。これは重要な「道義の問題」なのだ。他に道はない。

キング牧師は公民権法案を後押しするため「ワシントン大行進」を組織した。公民権運動組織や宗教団体、労組などが参加した。八月二十八日、人種を問わず二十万人以上が集まり、法案に賛同する議員も百人ばかり顔を見せた。大行進のクライマックスが、「私には夢がある《アイ・ハブ・ア・ドリーム》」という名言で知られる、キングの格調高い演説である。ケネディはキングらをホワイトハウスで激励した。

緩慢な行動

ケネディはじつは、ときに手放しで賞賛されるような、徹頭徹尾《てっとうてつび》アフリカ系に味方した、勇気ある指導者ではない。むしろ問題解決に消極的で、しばしばアフリカ系指導者らを失望させた。のちには公民権問題と一体視されたロバートでさえ、当初は熱意もなく、受け身的な態度だった。手に負えない難題であることはわかっていた。だがそれゆえに、不必要に政治的リスクを負いたくない気持ちが優先された。よくいえば慎重さが、悪くいえば時間稼ぎが目立ったのである。

ケネディは一九六〇年大統領選挙で、ドワイト・アイゼンハワー政権が示す「行政府の臆病な指導力」を批判した。しかしその言葉は、そのままケネディ政権の公民権政策に当てはまった。差別撤廃への道は、事態を制御しつつ、連邦と州の争いを避け、じょじょに、段階を踏んで進みたい。しょせんできることには限りがある。

ケネディは当面、差別撤廃の立法を急がず、大統領の権限たとえば行政命令を活用する方針だった。大統領選挙でも、公共住宅での差別解消などは大統領の「ペンの一筆」でできると豪語し、共和党政権の怠慢を批判していた。

ところがいざ大統領になってみると、勇ましい言辞も行動も見受けられなかった。ホワイトハウスには皮肉を込めて、各地から何千本ものペンが送り届けられた。

ケネディはたびたび公民権運動指導者たちと会見し、差別撤廃を求めるイメージを発信した。だが同時に彼はロバートをつうじて、彼らの活動が過激化しないよう抑えてもいた。

フリーダム・ライダーズ運動相手の暴力を止めさせるのにも躊躇《ちゅうちょ》があった。むしろこの運動が暴動を誘発しないかと懸念し、バス旅行の延期あるいは中止さえ求めた。余計な行動で、ただでさえ難題山積に直面する自分の足を引っ張ってくれるなというわけである。

一九六二年、メレディスのミシシッピ大学入学問題。一九六三年、バーミングハムでの騒擾《そうじょう》。たしかにいずれの場合もケネディは行動した。だが必ずしも大統領権限を最大限に活用しなかったという批判がある。六月十一日の画期的な演説も、ロバートに強く求められて、渋々行ったにすぎないともいう。

ワシントン大行進では、公民権法案に反対の議員をむやみに刺激しないよう公民権運動家たちに求めた。デモが平穏に行われるよう、けっして議会に向かわないよう関係者を説得した。デモの中止を求めたことさえあった。法案通過を妨げるばかりか、政権じたいが大損害をこうむりかねなかったからである。

ケネディは、公民権運動家の一部に共産主義者と関わりを持つ者がいると疑っていたようである。連邦捜査局（FBI）が展開する、エドガー・フーバー長官陣頭指揮によるキングらの盗聴も、気は進まないながらも容認した。

動かぬ議会

ケネディにも同情の余地はたぶんにある。とりわけ厄介なのは議会だった。

大統領選挙と同時に行われた一九六〇年の議会選挙、大統領選挙の中間年に行われた一九六二年の議会選挙（中間選挙）の結果は次のとおりである。

	一九六〇年	一九六二年
上院	民主党　六四 — 共和党　三六	民主党　六八 — 共和党　三二
下院	民主党　二六三 — 共和党　一七四	民主党　二五九 — 共和党　一七六

＊*Congressional Quarterly's Guide to U.S. Elections* による。一九五九年にアラスカ・ハワイが州に昇格した結果、上院は百議席。下院は一九六〇年が二議席臨時増の四三七、一九六二年は四三五議席。

一見、ケネディの与党・民主党が両院で多数を維持している。ところが議院内閣制でなく、党の拘束力も弱いアメリカでは、同じ党であっても議員が大統領に同調するとは限らない。

公民権法案の命運を左右したのは、共和党と南部民主党の、いわゆる保守連合である。とくに下院の主導権は南部民主党が握っていた。合わせて百人ほどに達する彼らの多くは安定的な地盤を持ち、当選回数を重ね、しばしば各種委員会の長を務めるベテラン議員だった。

ロバートは、議員たちの「喉のなかにものを押し込むこと」は無意味だとあきらめていた。差別につながる読み書きテストの廃止など、政権が試みたいくつかの改革は下院司法委員会で否決されるか、上院で議事妨害《フィリバスター》（時間無制限の討議による伝統的な時間稼ぎ）にあった。

人種差別撤廃を求める法案では議会を通過する見込みがない。議会が是認する程度の法案では現状を変えられない。このジレンマがケネディに二年以上を空費させた。性急な行動は公民権法案だけでなく、ケネディ政権の立法計画すべてを玉砕に導きかねなかったからである。

ケネディが提出した公民権法案は画期的なものだったが、まさにそれゆえに議会を通らないか、大幅な修正を受けるのではと懸念された。ジョンソン副大統領は慎重にことを進めるよう進言した。時間をかけて少しずつ、超党派の支持を固めるしか手はなかったのである。

鍵を握る下院司法委員会を法案が通過し、次のステップである議事運営委員会に送られたのは一九六三年十一月二十日。ケネディに残された時間はほとんどなかった。

大きな勲章

こうした困難な環境からすれば、ケネディが公民権問題解決のため二年十か月の間になしとげたこと、少なくとも努力を払ったことは、むしろ特筆に値する。ジャーナリストのセオドア・ホワイトは、ケネディが「大統領の役割を完璧に演じた」例に、キューバ危機と公民権問題を挙げている。公民権法の成立は一九六四年七月。それが可能になったのは、議会を熟知するジョンソン大統領の政治的手腕に負うところが大きい。だがその内容はまさに「ケネディ法」と呼ぶにふさわしいとさえいわれる。

議会がケネディ暗殺で衝撃を受け、それまでの頑迷ぶりを忘れたかのように動き始めたことも大きい。じつに皮肉なことだが、ケネディはその死によって公民権法という業績をあがない、アメリカの未来に貢献したことになる。初のアフリカ系大統領バラク・オバマの誕生もその延長上にある。

ケネディ暗殺直後、アフリカ系の中には彼を第二のエイブラハム・リンカーンと呼び、涙にくれ

イエメン発行の切手。自由の女神とキング牧師（上）、リンカーン大統領（左）、ケネディの3人。

る者がいた。リンカーン、キング、ケネディを並べて称える歌もつくられた。彼の公民権運動への貢献は高く評価されている。

太平洋をはるか越えた日本でも事情はあまり変わらないようである。一九六〇年代の音楽をめぐる和久井《わくい》光司《こうじ》の分析は、当時の日本人が彼を「正義の味方」と見なす風潮さえあったのではないかと指摘する。それはまさに彼が「公民権運動の時代」にふさわしい大統領だったからである。一九六〇年大統領選挙でキングに救いの手を差し伸べたこととしかり。連邦政府で働くアフリカ系の人材を増やしたこととしかり。メレディスのミシシッピ大学入学を支援したこともしかり。

ケネディ以上に評価されるのがロバートである。司法長官として、暴力をともなわずに事態を解決しようと尽力した。弟として、アフリカ系の権利保護のため当初は消極的だった兄を動かした。公民権法案の成功も彼に負うところが大きい。

南部での演奏旅行に出たアフリカ系の音楽家とイタリア系の運転手が、各地でさんざんな目に遭いながら相互理解を深めていく、実話にもとづいた映画が『グリーンブック（*Green Book*）』（二〇一八年）。この中に、白人警官の手で収監された音楽家がロバートの助けで釈放される場面がある。彼は「この国を変える」重要な責務を担う司法長官の手を私事で煩《わずら》わせたことを恥じるのだが。

人種平等を求めるロバートの闘いは一九六八年六月、大統領選挙中の不慮の死まで続く。とくにこの年四月のキング牧師暗殺後のわずかな期間、差別撤廃の希望はもっぱらロバートに向けられたのである。二人のケネディ兄弟と公民権運動の前進は切っても切り離せない関係にある。

大統領時代をつうじて、ケネディは内外にあいつぐ難題や危機に直面し続けた。一〇三七日目にあたる一九六三年秋のある日、それが突然断ち切られるまでは。

第三章　甘い追憶の日々

1　ダラスの悲劇

危険と隣り合わせ

ジーン・ディクソンは、ケネディ暗殺を的中させたことで知られる予言者。だが荒唐無稽《こうとうむけい》な、いわゆるトンデモ本などを考究する「と学会」によると、それは、一九六〇年大統領選挙の勝者は暗殺されるか、あるいは（一期目とは限らないが）任期中に死亡するだろうというもので、病死や事故死の可能性も排除されていない。そもそも彼女はリチャード・ニクソンの勝利さえ予言していたのだという。

さらにいえば、信じるかどうかは別として、それはアメリカ政治にかつて存在した不吉なジンクスを知っていさえすれば誰でも可能な予言だったはずである――二十年ごとに選ばれた大統領は任期をまっとうできない。

一八四〇年　第九代　ウィリアム・ハリソン　一八四一年に病死
一八六〇年　第十六代　エイブラハム・リンカーン　一八六五年に暗殺
一八八〇年　第二十代　ジェームズ・ガーフィールド　一八八一年に暗殺
一九〇〇年　第二十五代　ウィリアム・マッキンリー　一九〇一年に暗殺

一九二〇年　第二十九代　ウォレン・ハーディング　一九二三年に病死
一九四〇年　第三十二代　フランクリン・ローズベルト　一九四五年に病死

一九六〇年当選のジョン・F・ケネディ（第三十五代）もこの不吉な伝統は知っていた。これを打ち破りたいと語ってもいた。だが銃弾による暗殺、四人目の犠牲者となってしまう。

大統領暗殺未遂事件もしばしばである。ケネディの弟（三男）ロバートのように、大統領となる前に受難した者もいる。ケネディも大統領選挙中、乗った車が武装した男に突進を受ける寸前だった。当選後には、ダイナマイトによる爆殺の試みも発覚した。

ホワイトハウスに脅迫状が舞い込むことなど日常茶飯事。ジャクリーン夫人は、自分たち一家が「射撃場に並べられたアヒル」であるかのように感じていた。

ケネディは「もし私を殺そうと思えば、礼拝中だって殺せるよ」とも、「狙おうと思えば、照準つきライフルを持って高いビルにのぼればいい」とも語っていた。ただしその時は「まず銃弾に当たるのは君たちのうちの一人」だと、周囲の記者をからかっていたが。

どうせ命を奪われるのなら銃がよいとも語っていた。何度も死の淵から生還した経験が、大統領に危険はつきものだという達観、何とかなるだろうという楽観につながった。

大統領が車でパレードする際は、車にカバーをかけることが警備上望ましい。だが彼は雨天でない限り認めなかった。まるで缶詰の中に閉じ込められているような気がするからだった。

車に取りつけたステップに警護のシークレット・サービスが乗ることにも、オートバイの護衛が車に近づくことにも、よい顔をしなかった。パレードの道筋も秘密にしなかった。何かを恐れているると侮られたくはなかったし、少しでも多くの群衆に自分やジャクリーンの姿を見せることが最優先だった。とくに一九六三年十一月、テキサス州への旅はそうだった。

気乗りのしない旅

旅の直前、ケネディはピエール・サリンジャー大統領報道官に「私はテキサスには行きたくないのだ」と漏らした。同じ頃日本に向かう予定のダグラス・ディロン財務長官にも「君たちと入れかわることができたら、どんなにいいだろうねえ」と、しかめ面をして見せた。

彼の第六感が不安をもたらしていたのか。いや、サリンジャーはそれまで続けざまの旅行で彼が疲れ切っていたからだと解釈している。翌年の再選を確実にするためだった。

とすればたとえ気が進まなくても、行く必要があった。国勢調査にもとづく人口比例配分の結果、一九六四年大統領選挙では、テキサス州の選挙人は前回から一人増える予定だった。全五三八票のうち二十五票、四・六パーセントを占める大票田である。地元の大立て者リンドン・ジョンソン副大統領も一緒の旅だった。

ところがテキサスの民主党は分裂し、ケネディ再選に協力するどころではなかった。選挙運動を担当するジェリー・ブルーノが「不治の病」と表現するほどの派閥抗争が展開されていた。

ギャラップ世論調査によれば、一九六三年一月に七六パーセントを誇った全国での大統領支持率は、十一月には五九パーセントに落ち込んだ。だが南部はもっと悲惨だった。七月の支持率は三三パーセント。若干持ち直した十一月でも五一パーセント。

かつて民主党の牙城だったはずの南部は、反ケネディ色を強めるばかりだった。ミシシッピ州では「ケネディを倒せ」のスローガンが掲げられた。アラバマ州バーミングハムでは、三年前にケネディに投票したことを後悔していない白人は四人に一人だけ。

ジョージア州のある映画館は、若きケネディ中尉が大活躍の『魚雷艇109』(一九六三年)上映にあたり、「ジャップがどうやってケネディをやっつけそうになったか」という看板を添えた。辛辣《しんらつ》なジョークも登場した。問い——大統領、司法長官ロバート、上院議員エドワードのケネディ三兄弟が、沈みかけた船に乗っている。助かるのはいったい誰か? 答え——アメリカ国民。

ケネディが不人気だった最大の理由は、公民権法案《シビル・ライツ》の提出にある。民主党内にも、これで再選に黄信号がともった、いや望みは断たれたも同然だとの声があった。

ケネディ自身は必ずしも前途に不安を抱いていなかったようである。共和党がタカ派のバリー・ゴールドウォーター上院議員を立てるのなら楽勝だとも考えていた。南部も何とか手に入れられよう。かりにいくつかの州を失っても他の地域で穴埋めできるのではないか。

だがたとえ再選されても、僅差なら今後も議会対策などに難渋を強いられ続けると思われた。しかも南部にいたっては、ゴールドウォーター総取りの可能性さえ取り沙汰されていた。

蜂の巣に突っ込む

サンアントニオ、ヒューストン、フォートワースをへて、ダラスにケネディが降り立った。十一月二十二日の昼少し前である。そこは物騒な、憎悪と殺人の街だったという。

政治的には反リベラル・反共産主義・反民主党・反ケネディの街だった。一九六〇年大統領選挙でも、テキサス州では例外的にケネディ惨敗の地となった。

一九六一年秋、保守的な『ダラス・モーニング・ニューズ』紙社長E・M・ディーリーがホワイトハウスを訪れ、ケネディを激怒させたことがある。その面前で、アメリカには馬上の勇者が必要なのに大統領は「キャロラインの三輪車」に乗っていると述べたからである。

リベラル派で、ソ連（ソビエト社会主義共和国連邦）との和解推進の代表格でもあるアドレイ・スティブンソン国連大使がこの街を訪れたのは、ケネディ来訪の一か月ばかり前。彼はデモ隊に取り囲まれ、罵詈雑言《ばりぞうごん》を浴びせられ、唾を吐きかけられ、殴られた。

ダラス行きの中止を勧める者もいた。ジョン・コナリー州知事は、パレードをせず空港から直接演説会場に向かってはどうかと提言した。「蜂の巣の中に入っていくようなもの」だと聞かされたケネディは「そうか。じゃ、少なくとも人出は多くなるね」と冗談で応じた。

十一月二十二日朝、『ダラス・モーニング・ニューズ』は黒枠の全面広告で、ケネディを国家の反逆者呼ばわりした。罪状は対ソ協力、ベルリンの壁の放置、共産主義キューバの容認、部分的核実験禁止条約（PTBT）の締結、公民権問題をめぐる連邦軍投入つまり州法侵害などである。

ホテルの外いたるところに同じ図柄のポスターが、そして「ケネディ、ワシントンに帰れ」「裏切り者、ご用」といった標語が貼られていた。とんでもない所に来たようだと、ケネディは頭を振りながらジャクリーンにつぶやいたといわれる。

広場に響く銃声

幸い、テキサス州各地はケネディを大歓迎した。州民の十人に一人がケネディ夫妻を見ようと足を運んだという。ジャクリーンはときにスペイン語のスピーチで聴衆を魅了した。テキサスにはヒスパニックの人々が数多く住んでいたからである。

案に相違して、ダラスもケネディを温かく迎え入れた。車道にも人があふれ、ラジオは「まさに歓迎一色」だと報じた。パレードの車列はダラスの中心街に達した。メーン通りを西進し、右折してヒューストン通りを北へ。ほどなく鋭角に左折し、エルム通りへ。

車中、コナリー知事の夫人ネリーが後部座席のケネディを振り返った。「ダラスがあなたを愛していないなどとはいえませんね。大統領閣下」。ケネディは笑顔で応じた。「そうですとも」。

群衆でにぎわうディリー広場の脇で車は速度を落とし、テキサス教科書倉庫ビルの前を通り過ぎた。時刻は十二時三十分。

そこに銃声が鳴り響いた。喉のあたりをおさえたケネディの身体が左に傾く。「オー・ノー!」とジャクリーンが叫ぶ。コナリーも撃たれる。ケネディの頭部に致命的な一弾が命中する。ジャクリーンは車中から身を乗り出す。シークレット・サービスの一人が後方から駆けつけ、彼女を押しとどめる。車は急加速し、パークランド病院に向かう。

十二時三十六分、ケネディ一行は病院に着いた。だが命を救える見込みはなかった。ジャクリーンは血に染まったピンクのスーツのまま最後まで夫につき添った。このスーツはのち国家的財産として国立公文書館に保管された。午後一時、大統領の死が確認された。

ケネディは、その時自分がどこにいたかを誰もが覚えている日として、真珠湾攻撃とフランクリン・ローズベルトの死去を挙げたことがある。彼自身の死もまた、全国民が真珠湾攻撃と同じく衝撃を、ローズベルトの葬儀と同じく悲嘆を共有する機会となった。当時五歳以上だった者は大部分が、ケネディ暗殺の報に接した時のことをはっきりと記憶しているという。

一九八七年、『インターナショナル・ヘラルド・トリビューン』紙は、二十世紀十大事件を発表した。ケネディ暗殺はその第一位。ロシア革命、アポロ11号の月面到達、広島への原爆投下、第二次世界大戦、大恐慌、経口避妊薬《ピル》の登場、真珠湾攻撃、インド独立、チャールズ・リンドバーグの大西洋横断飛行が続く。

一九九九年のギャラップ世論調査では第八位。第二次世界大戦、婦人参政権の実現、広島への原爆投下、ナチスのユダヤ人大量虐殺、公民権法の成立、第一次世界大戦、アポロ11号の月面到達、そしてケネディ暗殺の順である。ベルリンの壁崩壊、大恐慌までがベスト10。

衝撃と悲嘆

リンカーン暗殺の報がアメリカ全土に達するには二か月ほどを要した。だが今回は十五分で国民の半数が、三十分で七割が、二時間で九割が、夕刻までにはほぼすべてがケネディ暗殺を知った。情報発信を続けるテレビの前に人々は釘づけとなった。衝撃伝播《でんぱ》の異常な速さが、人々の不安や混乱、無気力感、停滞感、喪失感などを急激に拡大させた。

ところがダラスの小学校では、生徒たちが拍手と歓声でこの報せを迎えた。テキサスの別の街には、「いいぞ、JFKが殺《や》られたぜ!」と喜色満面の高校生。南部以外では、「アメリカはこれでできっとよくなります」と生徒に語り、免職を食らった教師。ワシントンには「神がJFKに制裁を加え給うた」とのプラカードを掲げた者。

海外では、中国共産党の機関紙『人民日報』が「倒れ死ぬケネディ」と題する政治漫画を載せた。うつ伏せになったケネディのネクタイには、ドルのマークがついていた。

だがそれらは例外だった。各地で半旗が掲げられ、議会も裁判所も学校も美術館も博物館も休んだ。演劇も音楽会もフットボール試合も軒並み中止された。

株価は暴落し、ニューヨーク証券取引所は一九三三年のガス漏れ事故以来初めて業務を停止した。アメリカの麻痺《まひ》状態は、四日間で十億ドル以上の損失を生んだという。

世界もケネディの死を悼んだ。西ベルリンでは人々が蠟燭《ろうそく》をともして彼を偲《しの》んだ。国連は討議を中止した。親米とはお世辞にもいえないカンボジアの指導者ノロドム・シアヌーク(シハヌーク)でさえアメリカ非難を止め、街中の反米ポスターをはがさせた。

日本時間十一月二十三日朝、史上初の日米衛星中継に接した日本人も同じである。彼らはケネディがまるで「日本の大統領であったかのような衝撃」を受けているようだと、ジョン・エマーソン公使は感じた。

日本では生前すでに、ケネディの姿がジオラマ仕立てのプラモデルとなっていた。暗殺後は、彼の横顔を描いた新登場の五十セント硬貨、いわゆるケネディ・コインをモチーフとしたネクタイピンが売り出された。「ケネディ・カット」なる髪型も登場した。

アメリカ史研究の重鎮・中屋健一は、伝記のサブタイトルで彼に「英知と勇気の大統領」の名を冠した（『ケネディ』旺文社文庫、一九六六年）。日本におけるケネディへの「尊敬と敬愛」に「神話」じみたものさえ感じたのは、暗殺後ほどなく朝日新聞アメリカ総局長となった河村欣二《きんじ》である。望月三起也《みきや》の漫画『ケネディ騎士《ナイツ》団』（一九六六〜六九年）は、ケネディの遺志を継ぎ、世界平和のため巨悪と戦う少年たちの大活躍を描いたものである。

死せる王の帰還

ケネディ暗殺で大統領に昇格することになったジョンソン副大統領は、ダラスを発《た》つ前に就任宣誓を済ませようとした。権力の空白を避けるためには急ぐ必要があったからである。彼は、大統領の弟、司法長官ロバートの要請を受けたと言い訳したが、ロバートはこの説明を一貫して否定した。

ジョンソンは宣誓にジャクリーンの立ち会いも強く求めた。心理的にも政治的にも、大統領承継の正当性や政権の継続性を示すには、このいわば前王妃による隣席、できれば祝意が必要だった。その瞬間を写真におさめておくことも負けず劣らず大事だった。

午後二時三十八分、大統領専用機内《エアフォース・ワン》の大統領専用室で、ジョンソンが聖書に手を置いて宣誓した。その横に、亡夫の血に染まったスーツのまま、未亡人が無言で立っていた。

午後二時四十七分、ケネディの遺体を乗せたエアフォース・ワンがワシントンに向け、ダラス・ラブフィールド空港を離陸した。約五時間、ケネディ最後の空の旅である。

飛行中、一人になろうとジャクリーンが機内後部の寝室に向かった。ドアを開けると、ジョンソンがベッドに寝そべり、口述筆記中だった。ジョンソンは慌てて出て行ったが、気まずい思いが残った。大統領の仕事があったとはいえ、ジョンソンは無神経にすぎた。

エアフォース・ワンはアンドリュース空軍基地に到着した。柩《ひつぎ》と一緒に降りようとしたジョンソンを、ケネディの側近が阻んだ。兄の遺体を出迎えたロバートは「ジャッキーはどこだ?」とジョンソンの存在など無視したあげく、側近たちとともに専用機から柩を運び出してしまう。

二十三日午前四時、物言わぬケネディはホワイトハウスに帰還した。ジャクリーンは柩のそばにつき添い続けた。

さっそく大統領執務室を使おうとし、国民向けの演説を急ぐジョンソンに、ロバートは怒り心頭だった。彼をなだめるべく、新大統領の伝言役となった義兄(三女ユーニスの夫)サージェント・シュライバーが、その八つ当たりの避雷針となった。

亀裂の中で終幕

この日まで、ジョンソンはワシントンで暇を持て余していた。ケネディの元戦友ポール・フェイ海軍次官に「私が顔を出そうが出すまいが、だれも気にしやしない」とぼやいたほどである。

ケネディはジョンソンに同情し、気を使った。だが二人の肌合いはまったく合わず、ケネディがジョンソンの姿を目にして腹立ちを覚えることさえあった。側近は容赦なく副大統領を見下した。

ジョンソンは「毎日が拷問」だった、「一分一秒が嫌な時間」だったと振り返っている。

大統領にとって副大統領とは、自分の死から利益を得る潜在的かつ不愉快な脅威である。しかも出自や政治信条が水と油であればあるほど、理想的な正副大統領候補となりうる。

しかもこの頃、側近が関わる汚職事件が問題化したジョンソンは、ケネディにとって政治的負債になろうとしていた（上院の調査は新大統領昇格直後に止まった）。副大統領を馘首《くび》になるという噂もあった。ケネディは否定し、ときに怒ったが、秘書のエベリン・リンカーンはケネディの口から具体的な候補者の名さえ聞いたという。

その男が運命のいたずらで大統領の座につき、早くも権力の味をその舌で堪能している。愛する大統領の死を受け入れられない者の目にはそう映った。

空軍の立場から大統領を補佐したゴッドフリー・マクヒュー将軍は、エアフォース・ワン機中で「私には大統領は一人しかいない。大統領は後ろで柩の中に横たわっている」と断言した。そもそもエアフォース・ワンは「ケネディの飛行機」だと考える側近たちは、ジョンソンが乗り込んできたことに感情を害していた。

サリンジャー大統領報道官は翌朝、夢うつつの中で大統領から電話だと起こされた。やはり、すべては悪夢にすぎなかったのだ――そう思った瞬間、電話口からジョンソンの声が聴こえ、現実に引き戻された。ケネディの周囲は多かれ少なかれ理性と感情の葛藤《かっとう》に苦しんだ。

思い出と感傷に身を任せる人々と、内外の現実に直面する人々の溝が、さまざまな噂や悪意を生み出した。もともと険悪だったロバートとジョンソンの、ロバート派とジョンソン派の軋轢《あつれき》が激化した。大統領を守るシークレット・サービスさえ、誰の指示を仰ぐかをめぐって分裂した。

亀裂と混乱の中で、ワシントンはケネディ政権の終幕とジョンソン政権の船出を迎えた。だがそれ以上の悲しみが首都に、アメリカに、そして世界に拡がった。一九六三年秋、ダラスの銃声がアメリカと世界にもたらしたのは、多くの人々が故大統領を見送る、つらく悲しい四日間だった。

2　服喪の四日間

世界が追悼

十一月二十四日、ケネディはホワイトハウスに別れを告げた。未亡人となったジャクリーンは柩《ひつぎ》の中に結婚指輪と手紙を、兄を失った三男ロバートはＰＴ１０９のネクタイピンと銀のロザリオを入れた。

悲しみの太鼓が鳴り響く中、ケネディは星条旗に包まれた柩に身を横たえ、白馬に引かれた馬車に載せられて連邦議会議事堂に向かった。エイブラハム・リンカーンの葬儀と同じやり方である。柩は議事堂の円形大広間に安置された。従う儀仗兵は、陸・海・空軍と海兵隊の兵士。ケネディお気に入りだったグリーン・ベレー隊員も加わり、埋葬まで故大統領の供《とも》をした。

議員や閣僚、最高裁判所判事、外国の大使・公使、政府高官なども多数参列した。弔問のため議事堂に足を運んだ市民は二十五万人を超える。各州の首都でも、ロンドンやパリなどでも、追悼行事が催された。バティカンでは法王パウロ六世が鎮魂のミサを行った。

アラブ首長国連邦（UAE）の1つ、ウンム・アルカイワイン発行の切手。星条旗に覆われた柩、ジャクリーンや子供たち、葬列、埋葬、参列した内外の要人、ケネディの肖像など。

世界各地から哀悼の意を表する電報や手紙がホワイトハウスに舞い込んだ。東京のアメリカ大使館にも、冥福を祈る手紙や千羽鶴などが殺到した。

葬儀は二十五日。ジャクリーンは暗殺後初めて姿を現した。反対の声を押し切り、セント・マシューズ教会まで歩いたのである。黒いベールと喪服に包まれ、遺児キャロラインとジョン二世を連れ、義弟のロバートやエドワード（四男）に介添えされ、新大統領リンドン・ジョンソンらを従えて。

教会では、十年前にボストン大司教としてケネディの結婚式を司ったリチャード・カッシング枢機卿《すうきけい》がミサを執《と》り行った。ジャクリーンはキャロラインとともに柩の前にひざまずき、最後の祈りを捧げ、柩に口づけした。キャロラインは柩を覆《おお》う星条旗のすそをまさぐった。

ケネディの柩は馬車でアーリントン国立墓地に向かった。後にはジャクリーンやロバートらが乗る車列が続いた。上空を大統領専用機《エアフォース・ワン》と、全米を代表する五十機のジェット機が飛んだ。

百か国ほどの要人が葬儀に参列した。イギリスからはエリザベス女王の夫君フィリップ殿下、エチオピアからはハイレ・セラシエ皇帝、カンボジアからはノロドム・シアヌーク（シハヌーク）殿下、フランスからはシャルル・ドゴール大統領、西ドイツ（ドイツ連邦共和国）からはルートヴィヒ・エアハルト首相。

ドゴールは当初渡米の予定ではなかったが、国民の声に押され、「軍人のように戦場で銃弾にたおれた」ケネディに哀悼の意を表すべく大西洋を渡った。ソ連のニキタ・フルシチョフ首相も葬儀への参列を望んだが、不慮の事態を恐れたアメリカ側が必死に思いとどまらせた。

第二のリンカーン

この壮大な国葬劇で、脚本家・監督・演出家・主演女優を務めた人物がいる。傷心いまだ癒《い》えない未亡人ジャクリーンである。

葬儀では、儀仗兵は柩に目を向けないのが長年のしきたりである。だがジャクリーンは故大統領に背を向けるなどとんでもないと不満だった。そこで今回は例外として、柩に向かって立つよう命令が下った。

ジャクリーンは亡夫を、過去の偉大な大統領に比すべき存在として人々に印象づけようと懸命だった。柩を運んだのはフランクリン・ローズベルトの時と同じ馬車である。

リンカーンの葬儀と同じやり方も要求した。ホワイトハウスや議事堂での柩の安置方法や、シャンデリアや窓枠に掛けられた黒い布がそうだった。時間の切迫や周囲の多忙などにはいっさいお構いなしに。

柩を載せた台も、柩を運ぶ砲車も、リンカーンの時に用いられたものが引っ張り出された。柩の後を、鞍に乗り手のないまま、乗馬靴を逆さに吊した馬が続いた。これも戦場で倒れた勇士を弔う、リンカーンの葬儀以来のやり方である。

ややのちのことになるが、リンカーンとケネディの因縁話も人々の記憶の中で二人を結びつけた。大統領選出は一八六〇年と一九六〇年。ともに連邦下院議員に選ばれてから十四年後である。二人とも夫人の眼前で銃撃された。副大統領はいずれも南部人のアンドルー・ジョンソンとリンドン・ジョンソン。一方は一八〇八年、他方は一九〇八年の生まれである。それ以外にも、二人の謎めいた一致点が数多く指摘されてきた。二人をあえて同一視したい願望の反映にほかならない。

ワシントンに到着した柩を運ぶ救急車。運転手も看護師も、リンカーンはともかく、やはり暗殺されたジェームズ・ガーフィールドやウィリアム・マッキンリーが何者か見当もつかない。これを知ったジャクリーンは同乗するロバートに、すぐさまリンカーンの葬儀にかんする本を手配するよう頼む。映画『ジャッキー／ファーストレディ　最後の使命』（二〇一六年）の一場面である。

家族ぐるみで象徴に

ミサはケネディを伝説と神話の中に位置づけるべく荘厳《そうごん》に営まれた。傷ついた姿をさらけ出してイメージを傷つけまいと、柩の蓋《ふた》は開けられなかった。葬列ではジョンソンも各国の元首たちも柩――アメリカの英雄、世界の指導者――の後を歩いた。

ケネディ家内部からも、少しやり過ぎではないかとの声が出たようである。だが亡夫の美化は、ジャクリーンが精神的な苦痛からみずからを救う道だった。二人の遺児のためだったし、ロバートやエドワードなどケネディ家のためでもあった。

伝説と化したのはケネディだけではない。勇気や気品、尊厳や高貴さに満ちた前ファーストレディという、新たな偶像が突如誕生した。ドゴール仏大統領によれば、彼女は悲劇に直面していかに振る舞うべきかの「模範を全世界に示して」くれた、偉大な女性だった。

たまたま三歳の誕生日当日（十一月二十五日）、教わったばかりの敬礼を葬られる父に向かって披露し、涙を拭《ぬぐ》ったジョン二世も同じである。そのいたいけな姿が多くの脳裏に刻み込まれた。だがそれは母に言われたからで、無理もないが本人はよく覚えていなかった。

ジャクリーンは息子についての心配で頭が一杯だったという。騒がずにおれるだろうか。手袋はちゃんとはめられるだろうか（じつは女々《めめ》しく見えてはいけないとロバートが取り上げていた）。長時間の儀式に耐えられまいと見て、彼女は議事堂に息子を連れていかなかった。

葬儀の翌々日（二十七日）が六歳の誕生日だった姉のキャロラインもしっかりと脇役を務めた。悲しみにくれる母を「だいじょうぶよ、マミー。泣かないで。私がついているわ」と励ましたのである。

一九六一年末に病で倒れ、ろくに口もきけない父ジョゼフにも助演役が振られた。息子の運命を冷静に受け止め、悲嘆にくれる周囲をむしろ慰めたい様子だったというわけである。

アーリントンの眠り

総仕上げが、ワシントンをはるかに望むアーリントン国立墓地への埋葬である。生前ケネディはその一隅を訪れ、美しい景色を前に「ここにいつまでもいられたらなあ」と漏らしたことがあった。だがケネディ家や一部の側近、メディアなどは、彼の行先は故郷マサチューセッツ州だと思っていた。生家のあるボストン郊外、ブルックラインか。別荘のある南東部、ケープコッドのハイアニスポートか。国務省は早々とパリ駐在のチャールズ・ボーレン大使に、埋葬場所はブルックラインだと連絡した。

ジャクリーンの考えだけは違った。生前ケネディが、自分の墓はハイアニスだろうと語った時、彼女は夫を説き伏せにかかった。「あなたはハイアニスではいけないと思うわ。やっぱりアーリントンですよ。あなたはアメリカという国全体のものですもの」。

彼女の意志がすべてを決めた。信頼する義弟ロバートやロバート・マクナマラ国防長官、彼女自身が実際に見たうえで、埋葬場所が決まった。

墓の脇にはジャクリーンの発案で、ケネディの生と死を象徴する「永遠の炎《エターナル・フレイム》」が設けられた。シュライバーが急ぎ調べたところ、永遠の炎なるものは世界に二つしかなかった。フランスの無名戦士の墓に一つ。リンカーンがアメリカの理想を「国民の、国民による、国民のための政府」と描いたことで知られる演説をした、南北戦争の激戦地ゲティスバーグに一つ。

ケネディを第二のリンカーンに仕立て上げようとするジャクリーンには渡りに船だった。リンカーンにそれがあるのなら、ケネディにあってもよい。いや、なくてはならない。

抵抗もあった。炎を燃やし続けるのは技術的にむずかしい。点火そのものが危険だ。万一消えてしまえば、式典そのものが台なしになってしまう。

だが、芸術分野での大統領顧問となる予定だったリチャード・グッドウィン国務次官補代理は、ジャクリーンの意を受けて軍の担当者に言い放った。「いいかね、君。原爆が設計できるのなら、墓地のそばに小さな燈《ともしび》ができないはずはないんだ。彼女が間違いなくできるのを作りたまえ」。

アーリントン国立墓地の永遠の炎（1985年、筆者撮影）。

ジャクリーンは柩を覆った後にたたまれた星条旗を左手に、松明《たいまつ》を右手に持って点火した。ついでロバート、エドワードの順。新たな聖壇の誕生である。

ケネディ崇拝者にとっての聖地は彼が安らかに眠るアーリントンだけではない。出身地ボストン。終焉の地ダラス。議員として、大統領として足跡をしるした首都ワシントン。

アメリカ内外に、ケネディの名を冠した地が雨後の筍《たけのこ》のように生まれた。ケネディ通り、ケネディ空港、ケネディ校……。改名式出席で、遺《のこ》されたケネディ家の面々は大忙しだった。暗殺直後に改名されたフロリダ州ケープケネディは、一九七三年に元の名ケープカナベラルに戻ったが、「ジョン・F・ケネディ宇宙センター」はいまもある。ポトマック河畔に建設中だった国立文化センターも「ジョン・F・ケネディ舞台芸術センター」となった。いずれも亡夫の名を不朽たらしめたいジャクリーンがジョンソンに懇願した結果だという。

映像の力

一九六三年十一月二十二日の金曜日から二十五日の月曜日まで。狙撃から埋葬にいたるこの四日間で、生前の第一幕に続く、ケネディ神話創成劇の第二幕が華々しく開いた。

放送局は通常の娯楽番組やCMをほぼ止めた。画面は葬儀から埋葬にいたる様子、生前のケネディの姿、政治家たちや人々の賞賛や悲嘆の声などを流し続けた。

全米で九割以上の家庭がテレビをつうじて葬儀を目撃した。いやそれに参加した。ケネディの生だけでなくその死も、テレビと手を携えてのいわば一大イベントとなったのである。

テレビは大統領暗殺のもたらす衝撃と悲嘆を増幅し、英雄ケネディ像を確立する触媒となった。彼の政治家としての成長を支えてきた存在による、いわば最後のご奉公である。

新たなご奉公も始まった。テレビはその後も彼の映像を流すことで、はるかのちの世代の脳裏にもケネディの記憶を刻み込んだ。約百年前のリンカーンには望むべくもなかった幸運である。

いわゆるザプルーダー・フィルムのその後が典型である。たまたま見物人がパレードを撮影し、ケネディ被弾の衝撃的瞬間を捉えた三十秒たらずの映像である。これを目にするたびに人々はあの日の衝撃と悲嘆を新たにする。

一九九七年、議会はこのフィルムを政府の歴史的遺産だとした。それは一六〇〇万ドル（約十八億四千万円）で買い取られ、国立公文書館に保管された。ケネディ暗殺がどれほどの意味を持つかを示す一つの証拠である。

ケネディの側近セオドア・ソレンセンは、ともに兇弾《きょうだん》に倒れたケネディとロバート、二人の兄弟の「遺産と伝説の間のギャップ」が、リンカーン以来のいかなる公人よりも大きくなったという。人々はとりわけ大統領ケネディの中に、みずからが理想とする政治家、夫、父親、息子、兄といったイメージを投影した。心地よい偶像崇拝が彼らの目を曇らせ、歴史家の批判など忘れさせた。

有名デュオ、サイモン＆ガーファンクルの『サウンド・オブ・サイレンス（*Sounds of Silence*）』（一九六四年）。ポール・サイモンがケネディを悼んだという曲は、なじみの暗闇再登場に始まる。

フォークロック、カントリーロックで知られるバーズの『友だちだった彼（*He Was a Friend of Mine*）』は一九六五年の曲である。ダラスの街で理由もなく殺された彼。会ったこともなく、ぼくの名も知らない彼。だが彼はぼくにとってまぎれもない友だったのだ……。

記憶の一端さえ書き換えられた。暗殺直後、自分は一九六〇年大統領選挙でケネディに投票したとする者は六五パーセントにのぼった。実際には、彼の得票率は四九・七パーセント。ほぼ一五パーセント分がどこからか湧いて出たわけである。

さらに注目すべきことがある。すでに一九六三年九月の調査で、じつに五九パーセントが、自分はケネディに入れたと答えていたのである。

ケネディ神話は、けっして暗殺の衝撃で突然生まれたのではない。それは、ケネディが大統領になるはるか以前から、ホワイトハウスの二年十か月が終わりを告げる日まで、じつに円滑かつ確実に引き継がれたものだった。しかも今後はそれが、彼の生前から死後へと、さらに輝きを増しながら、巨大な、そして厄介な遺産として相続されていくことになる。

3 キャメロット誕生

甘き追憶

テキサス州ダラス訪問はケネディの生涯に終止符を打った。だがこの予期せぬ暗殺劇は、彼のイメージ操作に歯止めをかけはしなかった。むしろそれにいっそう拍車をかけたのである。

典型が、暗殺から一週間後、ピュリツァー賞を受けた有名な記者セオドア・ホワイトが行ったジャクリーンへのインタビューである。この記事が、彼女が自分好みのケネディ像を世界に押しつける道具となった。伝説的なアーサー王の宮廷「キャメロット」の主としてである。

キャメロットとは、二度と地上に訪れない、そしてけっして忘れてはならない、光り輝く理想郷である。『キャメロット（*Camelot*）』は当時ブロードウェイで大ヒット中だった豪華ミュージカルで、ケネディ自身もお気に入りだった。

ジャクリーンはのちに「いま彼は伝説になりました。本当はただ一人の男でありたかったのだろうと思いますけれど」と振り返った。だがそう仕向けたのはほかならぬ彼女である。

アメリカ内外でケネディ展が頻繁《ひんぱん》に開催された。並べられた遺品は、愛用の揺り椅子《ロッキングチェア》、ゴルフカート、自筆の手紙、魚雷艇PT109の沈没後に救出を求めたココナツの実などである。人々が神の偶像、預言者や使徒の聖遺物に群れるようなものである。

入場料収入の一部は、ケネディ大統領図書館・博物館の建設資金調達に充てられた。ボストン湾を望む海岸に一九七九年に開館したこの建物も、ケネディ信奉者にとっての聖地である。開館式典に臨んだ末弟（四男）エドワードはこう語った。あの一千日の輝きはいまだ失われていない。忘れられることもない。「夢は死んではいない」のだ。

秘書のエベリン・リンカーンは、ケネディやジャクリーンの遺品を山ほど所蔵していた。彼女の死後、それが夫からコレクターの手をへてオークションに出品された。図書館や博物館におさまってしかるべき品々を、秘書が私物化のあげく金《かね》に換えたと、遺児キャロラインやジョン二世が糾弾し、騒ぎになった。それもこれもケネディの名を冠する品の価値ゆえである。

黄金期が突如中断

一九六五年、セオドア・ソレンセンが『ケネディ（*Kennedy*）』（大前正臣《おおまえまさおみ》訳『ケネディの道』弘文堂、一九六六年、のち『ケネディの道――未来を拓いた大統領』サイマル出版会、一九八七年）を刊行した。ケネディが書いたはずの回顧録を、ソレンセンがいわば代筆したものである。

ソレンセンは、ケネディが自分の「知的血液銀行」と、秘書のリンカーンがケネディの「影」と呼んだ人物。また、上院議員時代のケネディの著書『勇気ある人々』をめぐる代作疑惑の当事者の一人でもある。少なくとも、自分以外に誰がこれを書けようかと考えていただろう。

パークランド病院の医師は「はじめてじかに大統領を見るが、大きな人だね。意外に大きな人だね」と漏らした。たしかに「彼は伝説より偉大であった。死でなくて生がその偉大さをつくった。……彼は大きな人間だった。だれが想像するよりも、もっと大きな人間であった。そして、ケネディ時代に生きたことは私たちにとって幸せであった」。ソレンセンはこう述べて筆を擱《お》いた。

秘書リンカーンの『ケネディとともに12年（*My Twelve Years with John F. Kennedy*）』（宮川毅《みやかわつよし》・倉田保雄訳、恒文社、一九六六年）も、「エレガントで、知性を備え、ハンサムで、若くて、エネルギーにあふれていた大統領。自分の国のすべて、とくにその国民を愛していた大統領」の姿を描いた。

元戦友・海軍次官として『彼との交遊の楽しみ（*The Pleasure of His Company*）』（大原寿人《じゅじん》訳『ケネディ』角川文庫、一九六七年）を残したポール・フェイも、「たぐいまれな人間が……青春の燃えあがる夏に死」んだことを悼み、「彼の生涯の輝かしい勝利」を曇らせてはならないと結んだ。

英知の光を見せ、崇高な理想を抱き、新たな挑戦を果敢に開始し、夢の実現に尽力し、現実政治も熟知する指導者。彼らが一様に示す姿は、まさに「スーパー・ケネディ」である。ホワイトハウス入りしてから一〇三七日目、一九六三年十一月二十二日にそれが突然消失してしまった——。

ケネディは兄（長男）ジョゼフ二世や妹（次女）キャスリーンの死について「なにもかも二人にとって順調に進んでいた」時に、「生命のピークにきて、持ってゆかれた」ことが大きな衝撃だったのだと語った。死後のケネディもまったく同じイメージを身にまとうことになった。ベンジャミン・ブラドリーは『ワシントン・ポスト』紙によるウォーターゲート事件報道で知られる人物である。ケネディ政権当時は『ニューズウィーク』誌ワシントン支局の記者で、ケネディとは家族ぐるみのつき合いがあった。『ケネディとの対話――その信念と栄光の軌跡（*Conversations with Kennedy*）』（大前正臣訳、徳間書店、一九七五年）を刊行した彼は、邦訳者にフランツ・シューベルトの『未完成交響曲』を例に引いてこう語った。「終楽章がポツンと切れて、なくなった。それだけに美しく、愛着もひとしおだね」。

過剰な情報管理

ケネディのイメージを生前以上に輝かせることが遺《のこ》された者の責務だった。その典型が、さまざまな関係者の著作への、未亡人ジャクリーンや次弟ロバートの干渉である。

ケネディ家の使用人は、ホワイトハウスでの私的生活について本を書かないという誓約書を出させられていた。ジャクリーンは、イギリス人の乳母《うば》モード・ショウの回想録刊行を止めさせようと、出版社を訴えるとまで息巻いた。ことに、娘キャロラインに最初に父の死を知らせたのが母ではなく乳母だったという記述に接し、彼女は激怒したという。

フェイはジャクリーンやロバートから多くの変更や削除を求められた。ケネディのあまりに飾らない、ときには野卑《やひ》な言葉使いや、女好きな面、絶え間ない背中の痛み、夫婦間のいさかいなどが彼らの逆鱗《げきりん》に触れたからである。この本は印税からケネディ大統領図書館への寄付をジャクリーンに断られ、フェイとロバートは事実上交わりを断った。

ブラドリーの本も問題視された。ケネディは彼に、大統領を辞めた後五年経《た》てば私的な会話を公表してよいと認めていた。彼は政権が二期八年続いたものとして、刊行を遅らせた。

だが一九七五年の出版は、ケネディ家にとってはなお早すぎた。兄に続く暗殺でロバートも失われたとはいえ、エドワードに次の大統領の目がまだ残されていたからである。

すでに一九六三年秋、ケネディの生だけでなく、その死のイメージもまた管理する必要が痛感されていた。ジャクリーンもロバートも、暗殺をめぐる風説や、有象無象《うぞうむぞう》のいわゆる暗殺本に嫌気がさしていた。二人は、自分たちのお眼鏡にかなう、いわば暗殺の正史を残そうと決めた。

キャメロットのイメージ流布《るふ》に貢献したホワイトに白羽の矢が立った。だが彼は、原稿内容の事前チェックという条件を受け入れなかった。

そこで大統領報道官だったピエール・サリンジャーの推薦でウィリアム・マンチェスターにお鉢が回ってきた。在任中にケネディの大統領時代を描いた『ある大統領の肖像（*Portrait of a President*）』（一九六二年）の著者である。今度は、ジャクリーンとロバートが最終原稿の編集権を握った。

だがその内容がまずかった。彼女が夫とかわした、とげとげしい会話。周囲の政治家への彼女の辛辣《しんらつ》な言葉。永遠の炎を求める強引さ。ロバートとリンドン・ジョンソン新大統領との軋轢《あつれき》などである。勇敢に悲劇に立ち向かう美しい未亡人、兄の夢を引き継いだ政治家のイメージが損なわれる恐れがあった。

時間の経過とともに、ジャクリーンはマンチェスターに余計なことをしゃべりすぎたと後悔し始めた。しかも刊行前に、内容の一部が『ライフ』誌に掲載された。ジャクリーンは掲載差し止めを求める訴訟を起こした。ロバートは渋々だったようだが、彼女を支援した。

ジャクリーンはマンチェスターも出版社も非難するようになった。最終的には原稿の一部削除で和解が成立し、一九六七年に『ある大統領の死（*The Death of a President*）』が出版された（宮川毅訳、恒文社、原著と同年）。

守らせるべきルールは明らかだった。ケネディ家が望む形で本を出すか。しからずんば無か。だがその代償がジャクリーンやロバートのイメージ低下である。ジョンソンは喜んだようだが。

逆風から順風へ

一九七〇年代。一度は偶像化されたケネディに、さまざまなスキャンダルの嵐が襲いかかった。漁色《ぎょしょく》ぶりも病歴もあらわになり、投薬の副作用を含む大統領としての職務への悪影響も取り沙汰された。内外の治績を厳しく批判する研究者の著作も続々刊行された。

じつはケネディ暗殺の翌年、彼の横顔を描いた五十セント硬貨が発行されている。だがこの「ケネディ・コイン」はなかなか流通しなかった。記念品としてしまい込む者が多かったためである。

ところがこのコインすら敬遠され始めた。彼の評価低落に加

ケネディの横顔を刻んだ50セント硬貨（筆者蔵）。

えて、通常の五十セント硬貨よりやや大きく自動販売機で使えないこと、銀貨ではなく銀メッキであることなどが理由だった。

当時、朝日新聞アメリカ特派員だった松山幸雄《ゆきお》は、ケネディが偉大な大統領ともてはやされている間はそれに異を唱えるなど、天邪鬼《あまのじゃく》ぶりを発揮していた。だがその彼がこの頃には「ケネディというとみんなが肩をすぼめるような風潮」を嘆き、「意気けんこうたる姿勢」「若々しい前向きの姿勢」まで忘れてしまうのはどうかと注文をつけるまでになった。

だがそれは時代の反映だった。政府も政治家もまったく信用できない。とすればケネディもその例外ではありえない。彼が崇敬の対象からはずされたとしてもやむをえなかった。

アメリカはベトナム戦争に敗れ、国防総省《ペンタゴン》の秘密報告書、いわゆる『ペンタゴン・ペーパーズ』も暴露された。政府——ケネディ政権を含む——が国民を欺いていたことが明るみに出たのである。ウォーターゲート事件ではリチャード・ニクソンが弾劾《だんがい》騒ぎの果てに、史上初めて大統領を辞任した。スキャンダルまみれの政治家があいついでメディアの餌食《えじき》になった。

ところがじつに皮肉なことが起きた。ケネディ人気の復活である、もがき苦しむアメリカ国民が再びケネディに依存し始めたからである。

ケネディは、国民に率直に語りかけ、その心を揺り動かし、その期待を一身に集め、未来に希望を抱かせた最後の大統領として雄々しく復活した。彼のスキャンダルなど、眼前で政治家どもが展開しているものからすればむしろ可愛いものに思えた。彼の時代はアメリカ史上でもまれに見る「輝ける一瞬《ワン・ブリーフ・シャイニング・モーメント》」、まさにこの国の絶頂期だったとでもいわんばかり。

超大国の暗転

一九六三年十一月二十二日、アメリカは多くのものを突然失ったように思われた。平和、繁栄、理想、希望、自信、楽観、純粋さ、自己犠牲の精神、政治への信頼、社会への関心などである。イエス・キリストの生誕が紀元前と紀元後を分かつように（実際には多少ずれているらしいが）、二十世紀のアメリカと世界は、この日を境に別物となったというわけである。

外にはベトナム戦争の泥沼、アメリカの国際的地位低下。内には暗殺、ウォーターゲート事件、石油ショック、経済悪化、人種暴動、犯罪増加、家庭崩壊、世代対立、精神の停滞。この、いわばアメリカ発病時代に大統領となったジミー・カーターも、ケネディ暗殺で「われわれの悪夢」が始まったと述べている。その彼も国民の嘆きを構成する一部となったが。

暗殺でケネディはいわば免責処分を受けた。貧乏くじを引いたのが、後を継いだジョンソンである。しばしば、悪いことはすべて彼に責任があるとされた。何をしても、しなくても、黄金時代もどきに燦然《さんぜん》と輝くケネディ政権期と対比された。逆に、冷戦の緩和、宇宙開発の進展、人種差別撤廃に向けた前進などの始まりは、すべてケネディに求められた。

マーク・ジョーゼフの小説『原潜ポチョムキン撃沈』に登場する、原潜バラクーダの古参ソナーマンの言葉に再び耳を傾けてみよう。彼が一九六三年三月に再入隊した時、

ホワイトハウスにゃケネディがいて、アメリカはナンバー・ワン、『バラクーダ』もナンバー・

ワンだった。おれたちは無敵だった……ところがそれから世界が狂って、メチャメチャになり出した。……それからケネディが暗殺されて、世の中が逆さにひっくり返ってしまった。あの日におれは、世の中に完全なものはないということを悟ったよ。ダラスのあの事件から今までの五年間、現におれたちの目の前でとてつもないことばかり起こってるじゃないか。人種暴動、ベトナム戦争、大量殺人、数えあげたら限りがない。

わが国の、ある子供向けの学習漫画も、当時をこう描いている。「ケネディの死後、アメリカはかわっていきます。……犯罪——殺人——麻薬——ホームレス——差別——貧困——いつ終わるかわからない戦争……」（井上篤夫《あつお》監修『学習漫画　世界の伝記　ケネディ——理想を追求したアメリカの大統領』集英社、一九九六年）。

虚しさを埋めた四人

ケネディ人気復活の原動力は強烈なノスタルジーである。その根底には巨大な喪失感があった。とりわけケネディ登場に歓呼し、彼を自分たちの世代を代表する指導者と見なした若者たちは、胸中の巨大な空洞に苦しんだ。一九六三年にアメリカに留学した平野次郎（のちNHKキャスター）も、自分が学生や知識人などに拡がる「ケネディ病」に感染した一人だったと認めている。

だが一九六四年二月七日。ケネディが兇弾に倒れてから十一週目にあたる、同じ金曜日。救いの手が大西洋を越えてもたらされた。ビートルズである。

彼らをニューヨーク・ケネディ空港で迎えたのは約三千人の若者、とくに少女の嬌声《きょうせい》だった。

有名な娯楽番組『エド・サリバン・ショウ』で彼らは、視聴率七二パーセントを稼ぎ出した。放送時間中は青少年の犯罪が激減した（まったく発生しなかったとさえいう）との逸話も生まれた。

ケネディ暗殺の衝撃から抜け出せずにいたアメリカの若者は、彼に代わりうる何者かの出現を心待ちにしていた。「ほら、彼らは暗殺事件のすぐあとにやって来ただろう。ぼくはビートルズがケネディのあとを受けて若者たちの英雄になっていたんだと思うよ」。ある青年の言葉である。

彼らのシングルレコード『抱きしめたい（*I Want To Hold Your Hand*）』は、一九六三年末に発売されたとたん、アメリカで五百万枚を売る、いわば超ミリオンセラーとなっていた。一月には全米チャート第一位。ビートルズの専門家である遠山修司は、これ以降の音楽や若者に与えた衝撃の大きさから、わずか二分二十四秒の歌が惹起したアメリカ版「文化大革命」に瞠目《どうもく》しきりである。

ビートルズ売り出しにも一役買った地元リバプールの音楽関係者ビル・ハリーは、『ビートルズ赤盤ドキュメンタリー（*Rock Milestones: The Red Album 1962-1966*）』（年不詳）の中で、この曲に接した「アメリカ中が四人に熱狂」したと振り返っている。ケネディ暗殺からわずか数か月後、「暗い雰囲気だったアメリカにビートルズが明るい光を灯したんだ。あの曲はアメリカ人の心の中で永遠に生き続けるだろう」。

ビートルズの登場は、ケネディ暗殺で「沈み込んでいたアメリカに生気を与える契機」となったと、米英の音楽史に詳しい里中哲彦も述べている。四人を迎えるニューヨークで、何としても四人を一目見たいとあの手この手の少女たちが演じるてんやわんやの物語が、一九七八年の映画『抱きしめたい（*I Wanna Hold Your Hand*）』である。

そもそものきっかけは、アメリカ全体が暗かった前年十一月、メリーランド州で十四歳の少女が地元ラジオ局に「いまアメリカに必要なのはビートルズじゃないの？」と書き送った手紙だったという。その後局にはリクエストが殺到、それが全米を席巻したというわけである（映画『ミスタームーンライト　1966――ザ・ビートルズ武道館公演　みんなで見た夢』二〇二三年）。

ロックの元祖だったはずのアメリカでは、この頃ロックは勢いを失い、陳腐なポップス音楽が流れていた。そこにビートルズが、エネルギッシュなアメリカ産の音楽を武器に海を渡ったのである。イギリスの歌手やグループが何度も失敗してきたアメリカ進出に、彼らだけが成功できた理由の一端はこの訪米のタイミングにある。もちろん、音楽を含む彼ら自身の魅力あっての話。その結果、解散から半世紀以上の時をへてもなお、彼らの音楽が世界で愛されているのである。

理想郷が消えた

ケネディ暗殺は、歴史を変えた重大事件の一つだといわれることが多い。その裏返しが、ケネディが殺されなかったら――という「ＩＦ」をめぐる夢想である。

米ソ協力はいっそう進んだはずだ。アメリカと中国やキューバとの関係も改善されたことだろう。一九八九年のはるか以前に冷戦が終結していたかもしれない。

泥沼のベトナム戦争も起きなかったはずだ。兄をこの戦争で失った人物が、タイムマシーンの力を借りてケネディ暗殺を食い止めようとする物語が、一九九〇年の映画『バック・トゥ・ザ・ＪＦ

K（*Running Against Time*）』である（原作スタンリー・シャピロ著、汀一弘《みぎわいっこう》訳『J・F・ケネディを救え』ハヤカワ文庫、一九八八年。原題は*A Time to Remember*）。

国内も同じこと。一九六四年に地滑り《ランドスライド》的な圧勝で再選され、威信や議会操縦の力を増したケネディなら、公民権《シビル・ライツ》問題の解決や高齢者などの医療保険《メディケア》の成立なども難なく実現させただろう。神があと五年あまりの時間を彼に許してくれたならば、ケネディはアメリカと世界が描く夢をすべて実現する力を備えていた。まさにケネディ＝アメリカ大統領＝超大国アメリカ万能論である。

ジョージ・ベアナウの小説『ダラス暗殺未遂』（二巻、斎藤伯好《はくこう》訳、新潮文庫、一九九〇年）に登場するのはジョン・ケネディならぬキャシディ大統領。狙撃から命を取り留め、その後上院議員として復活。後継者のベトナム介入拡大を阻止すべく立ち上がるのだが……。原題（*Promises to Keep*）が示すように、ケネディがついに果たせなかった、アメリカと世界の人々に対する約束の実現を、すべての問題を解決する万能薬として求める心理がその根底にある。

ケネディが生きていてくれたらという願いは、奇想天外な説さえ生み出した。アーリントン国立墓地のケネディの墓には何も入っていない。じつはケネディは生きていたからだ。その後もひそかにホワイトハウスを訪れ、歴代大統領に助言を与えていたのだ。

命長らえたが、いわば植物人間となってしまったとの説もある。ケネディはパークランド病院の一角に隔離されていた。テキサス州の高齢者施設で暮らしていた。人目をはばかってギリシャに移された。彼の面倒を見るため、ジャクリーンは海を越えて嫁《とつ》がなければならなかったのだ。

アーリントンで永遠の炎とともに眠る人物には、何人もの分身がいたのかもしれない。しかも、彼の死そのものが、じつに不可解な謎に満ちた出来事だったのである。

4 謎また謎

臭い物には蓋

ケネディの死から一週間後、アール・ウォレン最高裁長官のもとに暗殺事件の調査委員会、いわゆるウォレン委員会が召集された。一九六四年九月二十八日、通称『ウォレン報告』が発表された。リー・ハーベイ・オズワルド（二十四歳）の単独犯行。大統領の後ろ右上方、テキサス教科書倉庫ビル六階の窓から三発を発射。二発目がケネディの喉を貫いてジョン・コナリー州知事に、三発目がケネディの頭に命中した。陰謀などいっさい存在しない。これが政府公式見解だった。

だがそれは真相解明にはほど遠く、むしろ辻褄《つじつま》合わせに終始したと批判された。まさに委員会の目的は、陰謀をめぐる無責任な噂を消し去り、アメリカ人の心理と生活を元に戻し、正義と民主主義と自由の国アメリカのイメージを回復することにあった。

もしソ連やキューバの陰謀を信じる者が増えれば、対ソ攻撃論やキューバ侵攻論が強まる恐れがあった。早くこの件を片づけ、すんなり再選されたいリンドン・ジョンソン大統領の思惑《おもわく》もあった。

早くも暗殺直後に登場した陰謀説は、『ウォレン報告』の出現でいったん下火になった。だが一九六四年の段階ですら国民の三人に一人が、一九六七年になると三人に二人が、陰謀説を信じてい

ダラスの暗殺現場（絵葉書）。ウォレン報告の結論にもとづき、テキサス教科書倉庫ビル6階からの3発の射撃や、オズワルドが護送予定だった郡拘置所が示される。

た。『ウォレン報告』に真っ向から挑戦する著作もあいついで刊行された。

一九六七年にはルイジアナ州ニューオリンズの地方検事ジム・ギャリソンが、中央情報局（CIA）、連邦捜査局（FBI）、マフィアなどによる陰謀を告発、真犯人を名指しした。被告は無罪となったが、この顚末《てんまつ》を描いた映画が『JFK（*JFK*）』（一九九一年）である。

ウォレン自身、暗殺の真相は「われわれの生きている間には」明るみに出ないだろうと語っていた。実際に半世紀このかた、複数犯行説つまり陰謀説と、単独犯行説が角《つの》を突き合わせてきた。

いったい何が問題なのか。ここで、十に及ぶ争点を取り上げてみたい。

魔法の後始末

〔1　銃と狙撃〕

▼陰謀説……狙撃に使われたのはイタリア製のカ

筆者が1984年、初めてダラスの暗殺現場を訪れた際に撮影したもの。写真左の背景はいわゆるグラシー・ノール、写真右の背景はテキサス教科書倉庫ビル。

ルカーノ銃。FBIの専門家によれば「安物の旧式武器」である。連射に向かず、めったに当たらないことから「人道的なライフル」の異名をとった銃でもある。しかも発見された銃はスコープと銃身の中心線がずれており、専門家が試しても目標に命中しなかった。実際に使われたのは別の、たとえばドイツ製のモーゼル銃ではないか。

三発の銃弾が放たれた時間は最大で六・八秒。だがスコープで視野は限られ、低速とはいえ目標は移動中。しかも一発目は枝や葉の間を縫って飛ぶ。射撃の名手でもけっして容易な話ではない。ところがオズワルドの腕はせいぜい中程度、いや劣悪の部類に属していた。

銃からも彼の指紋や硝煙反応は十分確認されなかった。通信販売で偽名を用いて購入したカルカーノ銃を手にしたオズワルドの写真が公開されたが、これは偽造である。

▽単独説……最新技術を駆使した音響分析では、三発の銃撃には八秒ないし八・五秒を要している。カルカーノ銃でも、単独でも、狙撃は十分可能である。銃には指紋も

掌紋も硝煙反応もあった。オズワルドの写真も、デジタル解析によれば合成ではない。

〔2　魔法の銃弾〕

▼陰謀説……実際には複数の位置から、四発以上が発射された形跡や目撃証言がある。護衛のシークレット・サービスや警官（オズワルドの銃撃に動揺して大統領を誤射したという説すらある）、リムジンの運転手も怪しい（振り向いて撃ったというがよく事故を起こさなかったものだ）。

オズワルドが一人で三発、という公式見解を受け入れるには「魔法の銃弾《マジック・ブレット》」が必要となる。二発目が、体内や空中での急ターンやいったん停止などをへて、ケネディとコナリーに七か所もの傷をつけ、しかもほぼ完璧な形状と重量を保ったまま見つかるという摩訶《まか》不思議である。

▽単独説……ケネディとコナリーの座席の高さや二人の姿勢、ケネディが身につけたコルセットなどを勘案すると、弾丸の軌跡はほぼ直線になる。体内組織の抵抗で銃弾が曲がり、回転することもありうる。銃弾の現物も扁平《へんぺい》状に変形している。一発で二人を撃つのに魔法など必要ない。

〔3　前からの銃撃〕

▼陰謀説……狙撃手は車列の前方、「芝生の丘《グラシー・ノール》」と呼ばれる場所で大統領を待ち構えていた。閃光《せんこう》や煙を目撃し、銃声を聴いた者は多い。ケネディの後方にいたオートバイ警官は、脳や血液などの飛沫を浴びた。ザプルーダー・フィルムでもケネディは左後方にのけぞっている。手当や検死にあたった医師たちも、大統領の傷から見て被弾は前からだと考えていた。

▽単独説……前から撃たれたという証言は、情報が錯綜する中で誤った記憶が刷り込まれたか、陰謀説に接して記憶が改変された結果ではないか。煙は、車の排気ガスや水蒸気。閃光は、太陽光

の反射。前からの銃声は、広場を囲む建物による反響。こう考えられる。

ケネディがのけぞったのは脳組織が前に噴出した反動か、被弾による脊髄《せきずい》反応ないし神経性痙《けい》攣《れん》である。その一瞬前には彼の身体は前に傾き、脳組織や血液などを空中に撒《ま》き散らしている。頭蓋骨の割れ方から見ても狙撃は後方からである。喉の傷も、銃弾の入口ではなく気管切開の跡である。

封じられた口

〔4　オズワルド射殺〕

▼陰謀説……ダラス警察は大統領狙撃から一時間半もたたないうちに暗殺犯逮捕を発表した。とたんに捜査は打ち切られ、容疑者の経歴が手回しよくメディアに流れた。オズワルドは弁護士もつけられないまま、ろくに尋問も受けず、その記録も残されなかった。
二日後、オズワルドはダラスのナイトクラブ経営者ジャック・ルビーに射殺された。護送の予定は事前に発表されており、記者などでごった返す警察署地下に、両脇を固められたオズワルドが登場し、テレビでの殺人生中継を現実のものにした。

犯人のルビーはプロの殺し屋で、マフィアともCIAとも関係があった。ダラス警察内部の仲間が手引きしたともいわれた。この殺人は口封じ以外の何物でもない。

真実をすべて話したい。身柄をワシントンに移して欲しい。死刑判決を受けたルビーは獄中から訴え続けたが、無視されたあげく病死した。二重の口封じ成功である。

▽単独説……警察が早くから容疑者を特定したのは、多くの証拠がその方向を指し示していたからである。オズワルドの死は偶然と、警備態勢における手落ちの産物でしかない。

当然すぐに逮捕される警察署内部で、頭でも心臓でもなく腹に数発。およそプロの手口ではない。オズワルドの護送は当初の予定から一時間ばかり遅れたが、本来の時刻にはルビーは自宅で寝ていた。これほど行き当たりばったりの殺し屋も珍しい。

ルビーはケネディの崇拝者で、未亡人ジャクリーンにかわって復讐《ふくしゅう》を果たしたつもりの男である。マフィアの一員を気取り、しかも感情の起伏が激しい彼が、英雄扱いされたい一心から突飛な行動に出たにすぎない。獄中で病死という結末も、口封じとしては少々中途半端ではないか。

〔5　証人のあいつぐ死〕

▼陰謀説……暗殺から三年で、重要な証人となるべき者が少なくとも十八人、命を失っている。自然死もあるが、射殺、自動車事故、自殺、心臓発作、喉を切られた者、首を殴打された者と、じつに豊富なバリエーションである。その確率は十の十七乗分の一、ほとんどゼロである。

▽単独説……膨大な数の証人のうち十人や二十人が数年以内に死去しても、平均余命や彼らの年齢、病歴などを考えれば不思議ではない。大多数は天寿をまっとうしている。陰謀論者の確率計算は、自殺願望者の自殺や高齢者の心臓発作までも不審死扱いしたものである。

〔6　遺体搬送〕

遺体への工作

▼陰謀説……テキサス州法では、殺人事件の遺体は検死・解剖が済むまで動かせない。だがケネディの遺体はワシントンに急送された。何かを隠そうとしたからにちがいない。

搬送途中でも複数の救急車、異なる柩《ひつぎ》や遺体袋が目撃されている。遺体の頭部には、ダラスではなかった包帯がワシントンでは巻かれていた。遺体すり替えの形跡さえある。

▽単独説……側近たちは、大統領の命を奪ったような場所にとどまりたくなかった。地元の連中の手から遺体を守り、一刻も早くワシントンに帰ろうとしたにすぎない。

複数の救急車は記者などをまく囮《おとり》である。複数の柩があったのは、側近が安っぽすぎるもの、もしくは壊れたものを交換させたからである。遺体に手が加わったという主張は治療跡と解剖跡を混同している。予想だにしない事態に叩き込まれた人々が、遺体を見失う時間帯があっても不思議ではない。

〔7 検死と遺体変造〕

▼陰謀説……検死は見落としが多く、手抜きだらけの、お粗末な素人仕事だった。それは居合わせた軍人が詳細な検死を阻止し、解釈をめぐる議論さえ禁じたからである。

弾丸の経路確定も不十分なまま、傷口が弾丸の入口か出口かさえ曖昧《あいまい》だった。頭部の傷の形状についても、大統領がどの方向から撃たれたかについても、ダラスのパークランド病院とワシントンのベセスダ海軍病院ではまるで正反対の解釈だったが、無視された。

記録もいい加減だった。医師は遺体もX線写真も見ずに、簡単なスケッチだけで報告書を作成した。その草稿もX線写真も、ホルマリン漬けにされたケネディの脳さえも失われた。

▽単独説……ベセスダ海軍病院が選ばれたのは、大統領が海軍出身だったからである。だがウォルター・リード陸軍病院と違い、そこには銃創の専門家がいなかった。混雑と混乱、さまざまな指示に翻弄《ほんろう》され、急《せ》かされた医師団が手違いを犯したのも無理はない。

脳やX線写真などの消失には、故大統領の病歴などを人目に触れさせたくないケネディ家の意向が働いていた。司法長官ロバートは事件の捜査などいっさい望まないと語った。暗殺など早く忘れ、美しい記憶だけを保つことが、兄の名誉、自分や末弟エドワードの政治的将来、ケネディ家のイメージを守るには大事だったからである。したがって、暗殺集団による事後の揉み消しにはあたらない。

組織が動いた理由

〔8　極秘の工作〕

▼陰謀説……FBIは、オズワルドに偽物が存在したとの報告も、彼とFBIやCIA、マフィアとのつながりも握りつぶした。地元警察の捜査に強引に割り込み、オズワルド単独犯説に固執した。ザプルーダー・フィルムさえ証拠の価値なしと断定する始末だった。

CIAがオズワルドを手先として利用していたことも、暗殺の背景となりえた。彼らは、アメリカによるフィデル・カストロ暗殺の陰謀もウォレン委員会に伏せていた。

▽単独説……証拠の隠滅《いんめつ》や改竄《かいざん》、情報の隠蔽《いんぺい》などは、FBIやCIAだけでなくシークレット・サービスや警察が、手抜きや失態の糊塗《こと》に走ったためである。しかもCIAやFBIは、非合法な

活動や犯罪組織との関わりなどを知られたくなかった。
ケネディ家もケネディの側近たちも、ケネディ政権のカストロ暗殺計画やケネディ家とマフィアとのつながりなどが白日のもとにさらされるのを嫌った。隠蔽すなわち陰謀の後始末ではない。

〔9 パレードルートの変更〕

▼陰謀説……狙撃が成功したのは車列が大幅に減速したからである。大通りを直進すれば何の問題もなかったはずが、ダラス市長の鶴の一声で、教科書倉庫会社ビル前での鋭角ターンを含む複雑なルートに変えられた。市長アール・キャベルと、ピッグズ湾事件で馘首《くび》となりケネディを恨むCIAの作戦担当副長官チャールズ・キャベルは兄弟である。

▽単独説……直進を予定していたルートの変更には理由がある。コナリー州知事の要請で昼食会を開く目的地が変更されたからである。大統領夫妻が多くの人々に接するには、高速で大きな道を突っ走るより群衆の前を低速で行くほうが望ましかったからでもある。

怪しさ満載の男

〔10 容疑者の経歴〕

▼陰謀説……オズワルドは十七歳で海兵隊に入った。日本の厚木基地で偵察機U2のレーダー係を務めた時、日本を舞台とする米ソのスパイ活動に関与した気配もある。共産主義に傾斜する彼は海兵隊の同僚を「同志」と呼び、ロシア語を用い、キューバに行きたいと語った。あだ名はロシア人もどきの「オズワルドビッチ」だった。じつに異様な経歴である。

一九五九年、彼は海兵隊を除隊後、ソ連に亡命した。海兵隊は彼を不名誉除隊処分とした。オズワルドはソ連のミンスク市のレーダー工場で勤務した。その後マリーナという女性と結婚したが、彼女はソ連内務省の中佐の姪《めい》である。これも怪しい話にちがいない。

オズワルドの帰国に際して、モスクワのアメリカ大使館は即座に旅券を出し、四百ドル以上を貸した。ソ連もすんなり出国を認めた。彼はソ連もしくはアメリカの、あるいは二股をかけたスパイではなかったか。

妻子とともに故郷ニューオリンズに落ち着いたオズワルドは、ついでキューバに渡ろうとメキシコシティに赴き、キューバとソ連の大使館を何度か訪れた。だがこれは真《ま》っ赤《か》な偽者。それ以外にも複数のオズワルドが各地で派手に行動していた。偽者を仕立てた何者かがいたはずだ。

オズワルドは、カストロ擁護派のキューバ公正委員会とも、反カストロのキューバ革命評議会とも接触していた。このような人物が陰謀とまったく無縁とは信じられない。

▽単独説……ケネディ暗殺は、恵まれない生い立ちなどから社会に疎外感や憎悪を抱き、精神も不安定な男が、歴史に名を残したい一心で企てたものである。経歴に多少不確かな点はあるが、彼は地元の保守派エドウィン・ウォーカー元将軍の暗殺未遂事件も起こしている。

別の動機もあったかもしれない。オズワルドは、自分を海兵隊から不名誉除隊としたコナリー（当時海軍長官）を恨んでいた。だから本当の狙いは知事のほうであり、ケネディは側杖《そばづえ》を食ったにすぎないとの説さえある。

ケネディ暗殺は多くの謎に満ちていた。その解明を目指す者と、疑惑を否定する者との激しい論争が、この事件を人々の記憶に刻み込む力となった。さらに、いったい何者がこうした不可思議な悲劇を演出したのか。そこに人々の目が向けられていった。

5　巨悪VS.善神

それでも陰謀は存在する

ケネディ暗殺にはさまざまな疑惑がつきまとっている。といって陰謀の存在がはっきり証明されたわけでもない。それでも、どうやら近年では、歴史家の多くがリー・ハーベイ・オズワルド単独犯行説を支持しているようである。

陰謀集団が暗殺つまり非常手段に踏み切るのなら、それ以外にケネディ除去の手段が皆無だったからだろう。だが女性スキャンダル暴露などの一撃で、彼は政治的致命傷を負った可能性がある。一九六四年大統領選挙での再選にも必ずしも太鼓判が押されていたわけではない。

だがそれでも地球は回っている――かつてガリレオ・ガリレイは地動説を否定された裁判でそう言ったと伝えられる。陰謀論者も同じこと。半世紀このかた、「私がやった」「真犯人を知っている」「証拠があったが当局に奪われた」といった話は後を絶たない。

すでに一九七六年、陰謀説を信じる者は八割に達していた。その後も、ほぼ六～八割を行き来している。陰謀論は剝《む》いても剝いても切りのないタマネギにもたとえられる。

ケネディ暗殺研究者の一人である奥菜秀次《おきなひでじ》は、アメリカのパロディ新聞『オニオン』が掲載した記事を紹介している。陰謀論を鵜呑《うの》みにする限り、ケネディは四十三の異なる方向から、のべ一二九回も撃たれたことになる。アメリカのある特番によれば、暗殺から半世紀ほどの間に四十二もの黒幕組織、八十二人もの実行犯が名指しされてきた。

ときにハリウッドが暗殺陰謀映画を世に問うのも、確実に話題となり、観客動員が見込めるからである。映画や出版などはひっくるめて「暗殺産業」「陰謀産業」とも呼ばれることがある。ケネディは触れたものをすべて黄金に変える、ギリシャ神話のミダス王も同然なのである。

一九七三年には陰謀説にもとづく映画『ダラスの熱い日（*Executive Action*）』が公開された。高額でフィルムを入手した『ライフ』社の手をへて、一九七五年にはザプルーダー・フィルムがテレビで初めて放映され、大きな話題を呼んだ。一九七九年、下院暗殺調査特別委員会は複数犯による狙撃の事実を、つまり陰謀が存在する可能性を認めた。

一九九一年、映画『ＪＦＫ』が謎解き熱を高めた。その荒唐無稽《こうとうむけい》ぶりに対する批判も含めて、ケネディと、彼の抹殺を決意した人物や集団への興味を刺激した。

一九九二年には、政府に情報公開を義務づけるケネディ暗殺記録法が成立した。二〇一七年にも情報公開がなされた。だが、暗殺と陰謀をめぐる謎解きにまだ終わりは見えない。

にぎやかな神殿

じつは陰謀を信じる者でさえケネディ暗殺の真相究明など期待していないのだという。いまさら謎が解明されるとは思えないからである。もし本当に陰謀の姿があらわになれば、ケネディの、そして自由と民主主義を標榜する国アメリカのイメージを台無しにしかねないからでもある。

正答がないと知りつつ方程式に挑み、あるいはピースの欠けたジグソーパズルに興じるようなものか。迷宮入りした事件は、何やら怪しげなことが起きたにちがいないという猜疑《さいぎ》の念と、ケネディへの関心や憧憬《しょうけい》を刺激する効果だけを残すことになった。

陰謀の存在はもはや信仰の域に達している。種々雑多の説を展開する者はその神官。それを信じる者は教義に身も心も捧げた信徒。新証言による陰謀説の蒸し返しは年中行事。疑惑の種は神への供物《くもつ》。陰謀論者が対立し合い、あしざまにののしり合うさまは、宗教内の宗派争いを思わせる。

一九六三年から数えて五年、十年といった節目の年になると、陰謀説の狼煙《のろし》が上がる。ケネディやオズワルド、さらに真犯人とおぼしき存在がそのたびに地上あるいは黄泉《よみ》から呼び出される。神殿に燃える炎の材料が、政府や政治家への強烈な不信である。ケネディ暗殺を境に、政府の手で真実とされたものはまず疑ってかかる風潮が一般的になった。『ウォレン報告』が典型である。逆に、政府への不信がケネディ暗殺陰謀論をどこまでも続けさせる。

人々が陰謀論に惹かれるのは、単純に面白いからでもある。いわばゲーム感覚で歴史をあれこれ楽しめる。自分が壮大なケネディ神話の一部になることもできる。

免責の材料にもなる。大統領が犯した過ちの責めは、少なくとも部分的には彼に票を投じた有権者にあろう。だが陰謀を信じさえすれば、何が起ころうと邪悪な何者かのせいにできる。

そうした個人や集団を真っ向から断罪することは快感をともなう。他人が知らない特別な情報や知識を自分は持っているのだという優越感さえ味わえる。

アメリカを善から悪へ、光から闇へ、偉大から凡庸《ぼんよう》へと舵を切らせた出来事。それが偶然の産物のはずはない。一人の愚か者、社会の負け犬的な人物の行動であってはならない。

そこで善神JFKに対峙する巨悪、つまり陰謀をめぐらす権力者や集団の出番である。時代ごとに忌み嫌われる存在が次々と槍玉に上がってきた。心理学のロールシャッハテストも同然だといわれるゆえんである。以下、十大黒幕、プラスアルファとでも呼ぶべきものを列挙してみよう。

JFKの死を念じた者たち

〔1　カストロ〕

最右翼の一人が、キューバの指導者フィデル・カストロだった。動機は、ケネディ政権によるマングース作戦、とりわけカストロ暗殺計画への報復。ケネディがカストロを殺《や》る前に、先手を打たれたのだと。リンドン・ジョンソン大統領はひそかに漏らしていた。マングース作戦に熱心だった司法長官ロバートもそれを疑っていた。

〔2　ソ連・KGB〕

ソ連も名が挙がった。具体的には諜報組織である国家保安委員会（KGB）か政府内のタカ派である。動機はキューバ危機（ミサイル危機）での屈辱を晴らし、冷戦を勝利に導くことなど。同じく冷戦の敵だった中国も黒幕視されることがあるが、こちらはかなりマイナーな説である。

〔3　マフィア〕

ニューオリンズやダラスを支配するマフィアのボス、カルロス・マルチェロは一九七七年、下院暗殺調査特別委員会に有力容疑者として名指しされた。他にもシカゴに君臨するサム・ジアンカーナ。フロリダ州で力を振るうサントス・トラフィカンテ。労組を握り一九五〇年代からケネディやロバートに敵対してきたジミー・ホッファなど。

ケネディの裏切りを憎むマフィアのボスは多かった。一九六〇年大統領選挙でも支援し、女遊びを取り持ち、その揉み消しも手伝い、カストロ暗殺にも手を貸したのに。

〔4　石油資本〕

ケネディの課税政策などに反対する石油資本も一方の主役である。劇画界でも、陰謀の「計画実行機関」の一員がこう語っている。「あのケネディが醸成した東西緊張の緩和ムードと、軍縮構想だが、あの考えはまったくまずかったぜ！　軍縮後に予想されるテキサス石油資本の損害を考慮に入れるのを怠った……いや、無視したと、言うべきだろうぜ。そして、ケネディはわれわれにあんな結果を答えさせる破目になった……」。

名狙撃手として知られるゴルゴ13はこの時、オズワルド犯人説に納得しないある刑事に、狙撃の実行犯ではないかと疑われた。別の機会にも彼は、暗殺関係者の抹殺にあたってきた者たちの始末を依頼されている。陰謀の痕跡をいっさい消すためである（「統計《スタティスティカル》解析射撃《アナライジングショット》　ダラスの疑惑」および「ノー・リレーション」さいとう・たかを『ゴルゴ13』第21・96巻、リイド社、一九八八・一九九五年）。

それ以外にも、対ソ和解に反対するタカ派や人種差別主義者などが真犯人として挙げられている。どうやらアメリカとは黒幕集団花盛りの国のようである。

政権の内にも外にも敵

〔5　ジョンソン〕

犯罪捜査ではそこから利益を得た者を疑うのが常道。そこで副大統領だったジョンソンが浮上した。現場は地元。闇の人脈も豊富。ジョンソン待望論も強い。ウォレン委員会を無理やり単独犯行説に導いたのも、彼が痛くもない――いやじつは痛い――腹を探られまいとしたからである。

〔6　ニクソン〕

ジョンソンの後を継いだリチャード・ニクソンも疑われた。一九六〇年大統領選挙では、怪しげな開票操作のせいで――と彼は信じているはずである――勝利をふいにされ、ケネディの軍門に降った恨みはまさに骨髄。ウォーターゲート事件で脚光を浴びる怪しげな連中とも関わりがあった。

〔7　FBI〕

連邦捜査局（FBI）のエドガー・フーバー長官は、ケネディやロバートを心底嫌い、憎んでいた。制度上は上司にあたるはずの司法長官とは口もきかない関係で、大統領の死に際して悔やみの言葉も発しなかった。

彼はケネディの女性関係など弱みを握っていたが、解任の噂もちらほら出ていた。地位を守る最も確実な手段は、大統領にこの世から退場願うこと。FBIはその手先だった。

〔8　CIA〕

中央情報局（CIA）も動機はやはり十分だった。ピッグズ湾事件の責めを負わされ、アレン・ダレス長官やリチャード・ビッセル副長官らが飛ばされた恨み。その後ケネディの手で権限縮小の憂き目にあった憤《いきどお》り。ロバートはジョン・マッコーン長官に「君たちが兄を殺したのか？」と聞いている。

〔9　亡命キューバ人〕

亡命キューバ人も登場した。キューバ侵攻、カストロ打倒のためである。ピッグズ湾事件でケネディに見殺しにされたという怒りもある。ロバートものちに「君のところの誰かがやったんだろう」と、ある亡命キューバ人指導者に言った。

CIA、FBI、マフィア、亡命キューバ人らはかねて協力関係にあった。ケネディは知らぬ間に「ケネディ暗殺複合体」とでも呼ぶべき集団の陰謀に、がんじがらめとなっていたのである。

真打ち登場

〔10　軍産複合体〕

数ある陰謀集団のいわば真打ちが「軍産複合体《ミリタリー・インダストリアル・コンプレックス》」である。軍事予算や多くの、できれば最新の兵器を得たい軍。その受注で潤う軍需産業。地元に産業振興や基地誘致などを求める政治家。国防総省《ペンタゴン》をはじめとする官僚機構。兵器開発に携わる研究機関など。

彼らを行動に駆り立てたものは二つある。第一に、ケネディの冷戦緩和策。このままでは軍事費は削減されてしまう。冷戦否定、共産主義容認の姿勢はとうてい許しがたい。第二に、ベトナム撤退策。ケネディは軍事顧問一千人の引き揚げを決めた。再選後には完全撤退の気配が濃厚であり、この愚挙を阻止しなければならない。

アメリカの国益を損なう、愚かで危険な大統領を葬り去ることは正義そのものだったし、これ以上は待てなかった。ケネディ非業《ひごう》の死を目《ま》の当たりにし、軍産複合体に逆らえばどうなるかを思い知らされたジョンソンは、ベトナム撤退を帳消しにし、一九六四年八月のトンキン湾事件をきっかけにベトナム戦争を一気に拡大した。彼らはまったく笑いが止まらなかったろう。

〔11　番外編〕

アメリカ政府の一部は、最新の科学技術と引き換えに、宇宙人による地球人の誘拐や人体実験を容認していた。ネバダ州の秘密基地エリア51では、未確認飛行物体（UFO）や異星人の死体を研究中。月には宇宙人の前哨基地があり、その偵察こそアポロ計画の目的だった。

ケネディはこうした重大機密を公表しようとした。そうなる前に大統領の口を封じる必要に迫られた勢力が存在したのだという。

他にもある。ケネディの新通貨政策に慌てた連邦準備制度理事会（FRB）。イスラエルの諜報機関モサド。MI6（イギリス情報局秘密情報部）。影の世界政府とさえいわれるフリーメーソン。イエズス会。日本の謀略機関……。

ケネディ暗殺の黒幕として名が挙がれば、組織としておよそ一人前といえようか。

6　松明は再び落ちた

次は一九六四年

ケネディの死で次弟ロバートは呆然自失、浮き草も同然となった。兄と揃いのセーターを目にしては嘆息を繰り返すばかりだったという。

のちその後を継いで司法長官となるニコラス・カッツェンバック司法次官の目には、ロバートは「ただただ虚脱した感じ」に映った。何をしたらよいかもわからない様子だった。

ロバートは真っ先にマフィアを疑った。ただし連中が狙うのは司法長官としてその撲滅を目指す自分だと思っていた。だから兄の死の責任は自分にあると自責の念を抱いた。

それでも彼はほどなく立ち直った。司法長官として、兄が提出した公民権法案《シビル・ライツ》を石にかじりついてでも議会で通過させることが、何よりのはなむけだと考えたのである。

公民権法の成立後、目標を失ったロバートは政界を離れたい様子だった。だがジャクリーンが止めた。ケネディ家の次の長子が目指すべきは当然、大統領の椅子だったからである。

民主党内でも、国民の間でも、ロバート待望論が強まった。故大統領とともに失われた見果てぬ夢を、人々は生身のロバートに投影した。兄が一九六一年の大統領就任で掲げた松明《たいまつ》を、弟がいまこそ正当な継承者として拾い上げ、一九六四年の大統領選挙に突き進むべきだ。

投票日でも三十八歳、まだ早い。そう感じる者は、リンドン・ジョンソンの副大統領でどうかと言い出した。一九六〇年大統領選挙を勝ち取ったチケット、つまり「ケネディ＝ジョンソン」の組み合わせが正副順序を入れ替える。そして一九六八年か一九七二年を待つ（大統領の任期は二期八年が限度だが、ケネディの残任期間が二年に満たず、ジョンソンはあと二回立候補できた）。

ジョンソンはまっぴら御免《ごめん》だった。ロバートとの関係はもともと水と油だったし、彼を副大統領にすれば誰が政権の主役かわからなくなってしまうからだった。彼は、現職閣僚を副大統領にしないという建前を唱え、ロバート指名の芽を摘《つ》んだ。

ロバートも自分がジョンソンにとって「最も望ましくない男」であることは重々承知していた。だがジョンソンから決定を聞かされ、落胆した彼が涙をこらえる様子がほどなく周囲に伝わった。ロバートはジョンソンが漏らしたにちがいないと恨んだ。ジョンソンは否定したが。

つのる確執

ロバートが閣議に遅刻し、大統領の発言中に姿を見せた時、ジョンソンは彼が自分に恥をかかせようとしたのだと周囲にぼやいた。運転手やシークレット・サービスがＰＴ１０９のネクタイピンをつけているると、もう政権は替わったのにと苛立ちをあらわにした。

一九六四年の民主党大会。演壇を飾るのは現大統領ジョンソンに加えて、いずれも民主党の大統領フランクリン・ローズベルト、ハリー・トルーマン、そしてケネディの巨大な写真。ミュージカル『キャメロット』の音楽をバックに、上映されるのはケネディの生涯と業績を称える映画。

そこに「ケネディ大統領を誰よりも近くで支え続けた弟」が紹介され、登壇する。会場の拍手は鳴りやまない。ケネディ追悼とロバート賛美の二重奏、まるでロバートの戴冠式である。事実上脇役と化したジョンソンはさぞ苦々しげに見守ったことだろう。

一九六四年大統領選挙でジョンソンはヒューバート・ハンフリーと組んで再選を果たした。いわゆる自前の、つまり選挙の洗礼をへた大統領となったのである。

だが彼の眼前には、美化され、偶像化された故大統領の思い出と、それを体現する弟が存在していた。政治的にそれらは、彼をけっして本物の大統領にしなかった。

ジョンソンにしてみれば、前国王の遺児が玉座を物欲しげに眺めているようなものである。しかも前国王の死が生じさせた、まばゆいばかりの光に照らされて。自分を不当な王位簒奪《さんだつ》者扱いにして。祖国を追われ、虎視眈々《こしたんたん》と復帰を狙う亡命政権の主も同然の姿で。

三人目の上院議員

ロバートは一九六四年、ニューヨーク州から上院議員選挙に立候補した。だがこの州に住居も政治的基盤もない彼は、渡り政治屋《カーペット・バッガー》と批判された。南北戦争後、一発当てようと北部からやって来た、いわば流れ者の白人を南部白人が蔑《さげす》んだ言葉である。

上院議員は各州二人ずつのはず。だがもしロバートが当選すれば、マサチューセッツ州の議席は三つ、ニューヨーク州は一つになってしまう。しかも、うち二つをケネディ家が占めるのはいかがなものか。『ニューヨーク・タイムズ』紙はそう批判した。

厳しい選挙戦の末に、ロバートは共和党の現職ケネス・キーティングを打ち破った。だがじつのところ当選したのは兄の亡霊だった。有権者はロバートの背中越しに兄の姿を見ていたのである。一つの家族から三人の上院議員を輩出するのはアメリカ史上初めてのこと。一九六五年一月、末弟ながら先輩議員にあたるエドワードと、ロバートがともに上院に登院した。上院議員兄弟の登場もおよそ百五十年ぶりである。それは神話継承を人々に示す荘厳《そうごん》な儀式だった。

ロバートは、通常ではありえない厚遇を受けた。初登院からわずか三週間後に演壇に登ったのである。ちなみに兄のケネディは半年、弟のエドワードは一年四か月待たされている。

ただし仕事ぶりはいただけなかった。上院議員は大統領への踏み台でしかなかったからである。これも兄と同じだが、ニューヨーク州の有権者も多くはそれを百も承知だった。

アメリカでも国外でも、ロバートが兄に触れ、その言葉を引用すれば聴衆は熱狂した。ケネディの演説起草者だったセオドア・ソレンセンは講演会などで各地を訪れたが、《ケネディ》は「いつホワイトハウスへ戻るのか」としばしば聞かれた。

ロバートは一九六五年三月、カナダ政府が発見した「ケネディ山」に向かった。アラスカとの国境近く、当時未踏峰の山としては北米大陸最高峰。彼は、約四千三百メートルの山頂にアメリカ・カナダの国旗とケネディ家の旗を立て、その下にＰＴ１０９のネクタイピンを埋めた。登山隊にはカメラマンが同行し、上空からは旋回する飛行機が彼の冬山初挑戦を撮影した。

ケネディの遺産継承者であることは苦行《くぎょう》でもあった。容姿も演説も政策もつねに兄と比較された。ところが天上高く舞い上がった兄のイメージに追いつくことなど無理だった。名声、いや虚名が上がれば上がるほど、自分自身がなくなった。だが兄と同じく、本来の自分でない何者かを演じるしかなかった。

人々は自分を見て「兄を思い出している」だけだ。「私が当選しさえすれば、何でもまた前のようになる」と思っているのだ。ロバートはときにそう漏らした。反ロバート派の車にはステッカーが貼られた。ボブはジャックにあらず――ロバート自身もそう思ったことだろう。

逡巡に終止符

一九六〇年の大統領選挙で、全財産を注ぎ込んでもよいと父ジョゼフが言うと、ロバートが混ぜっ返した。「全部はだめだよ、お父さん。テディとぼくを忘れては困るよ」。

大統領当選直後、ケネディはロバートに「ぼくが終わったら君の番だ」と刻んだ煙草ケースを贈った。つねづね「明日にでもぼくに万一のことがあれば、弟のボビーがぼくのかわりに出馬してくれるよ」とも語っていた。

映画『ダラスの熱い日』(一九七三年)では、ケネディ三兄弟が二十四年間ホワイトハウスを独占することへの嫌悪が暗殺の引き金の一つだった。それはマサチューセッツ州でささやかれていた噂、いや願望だった。

一九六八年大統領選挙がホワイトハウスを目指すべき時となった。ジョンソンは、自分がそうしたようにこの「こしゃくな若僧」も「自分の順番を待つべき」だと苦虫を嚙み潰していたが。

ロバート自身は慎重だった。現職大統領に挑んで党内を二つに割れば責めを負わされる。投票日でも四十二歳。さらに四年後を待つほうがよい。そう助言する者もいた。
兄と同じ運命に見舞われる危険もあった。万一に備え、テレビカメラを彼に張りつける悪趣味な放送局さえあった。エセル夫人や子供たち、眼前で夫を失った義姉ジャクリーン、ほとんど口のきけない父、みな反対だった。だがロバートは兄と同じく、「連中が私を本気で殺す気ならどんな防御も意味はない」と達観していたようである。

三月十二日、ニューハンプシャー州予備選挙が決断の時をもたらした。ジョンソンは、ベトナム反戦を掲げるユージン・マッカーシー上院議員の挑戦を退《しりぞ》けたものの、現職大統領としては物足りない勝利に終わった。党内にジョンソン離れが急速に加速した。ジョンソン再選なら四年待てば済

アラブ首長国連邦（UAE）の1つ、アジュマーン発行の切手。上からケネディ、ロバート、エドワードの3兄弟。

むが、新大統領が生まれれば八年先になるかもしれない。逡巡《しゅんじゅん》の日々は終わった。

ロバートは三月十六日、「平和と進歩」をスローガンに掲げて立候補の意志を表明した。上院で八年前に兄が姿を現したのと同じ場所に立ち、ほとんど同じ言葉を用いることで、人々に兄を想起させながらである。

凶行は繰り返される

家族も一丸となってロバートを支えた。だが、ジャクリーンが「私たち」がホワイトハウスに戻れるのは素敵なことだとつぶやいた時、ロバートの妻エセルはどういう意味かと彼女に食ってかかった。前ファーストレディと、次期ファーストレディ候補の鞘《さや》当てである。

知名度はもちろん抜群、ロバートの立候補は歓声で迎えられた。だがそれ以上に、マッカーシー支持者を中心に、日和見《ひよりみ》批判を刺激してしまった。

しかも、兄の選挙運動を取り仕切った男の、みずからの運動を彩ったのは出遅れと大混乱だった。本家の一大事、いまこそ王政復古をとばかり、かつてケネディ政権を支えた面々が再び結集したことが災いした。陣営がお偉いさんであふれ、若い支持者との間に世代ギャップが生じたからである。

三月三十一日、ロバートは愕然《がくぜん》としたにちがいない。ジョンソンが突然、ベトナム政策の転換と大統領選挙への不出馬を表明したのである。ベトナム戦争批判、反ジョンソンという大義名分が失われた。

ロバートはウィスコンシン・マサチューセッツ・ペンシルバニア各州の予備選挙でマッカーシー

の後塵《こうじん》を拝した。五月に入って首都ワシントン、インディアナ州、ネブラスカ州を得たものの、オレゴン州を失うという痛手を喫した。

六月五日、代議員総数二六二二人のうち一七四人（六・六パーセント）を占める大票田カリフォルニア州予備選挙では勝った。大統領候補指名獲得の可能性が大幅に増しただけでなく、これで「やっと兄の影から抜け出せた」とロバートは喜色満面だった。兄ケネディと同様、巨大な試練を乗り越え、成長をとげたのである。

ロサンゼルス・アンバサダーホテル。八年前にリチャード・ニクソンが兄への敗北宣言を行った場所である。約二千人のロバート支持者が、彼の登場をいまや遅しと待っていた。

だがその喜びは長く続かなかった。ホテルの厨房《ちゅうぼう》を通り抜けようとしたロバートに数発の銃弾が撃ち込まれた。二十五時間あまりの後、その命は失われてしまう。兄に続いてロバートも、予期せぬ死によって松明を取り落としてしまった。

またもや偶像化

ロサンゼルスから空路ワシントンに運ばれ、鉄道でニューヨークに向かう遺体。無数の人々が彼に最後の別れを告げようと沿線に集まった。

ニューヨークのセント・パトリック教会での厳粛な葬儀。気丈に振る舞う身重の未亡人。母に寄り添う子供たち。見守るエドワードやジャクリーンなどケネディ家の面々。アーリントン国立墓地、亡兄の横で眠りについた弟。あたかもデジャブのような、一つ一つの映像をつうじて人々は、ロバートの生涯、ケネディ家の栄光と悲劇、実現しなかったロバートの大統領時代に思いをはせた。

末弟エドワードの弔辞はロバートの理想化を戒めた。しかし兄ケネディの場合と同じく、エドワードを含む残されたケネディ家が、そしてアメリカ全体が新たな偶像を欲した。

エセルも亡夫の葬儀を自分の望むように、ロバートの思い出をけっして色褪《あ》せさせないように演出しようとした。この道の先輩格であるジャクリーンが彼女に助言した。

兄嫁と同じく、夫の死を正面から受け止めたエセルが今度は象徴となった。彼女の気品や勇気がいたるところで称えられた。ギャラップ世論調査によれば、彼女はアメリカで最も敬愛される女性となり、その評価はジャクリーンすらしのぐ勢いだった。

四年前の民主党大会はケネディ大統領追悼一色となり、ロバートに跳躍台を用意した。今度は一九六八年の民主党大会が、ロバート礼賛《らいさん》によってエドワードに政治的機会を提供した。

暗殺犯はパレスティナ出身、二十四歳のサーハン・サーハン。彼はかねてイスラエル寄りのロバートを憎んでいた。犯行はアラブ側が惨敗した第三次中東戦争（六日間戦争）開戦の一年後。

だが彼は撃った記憶がないと主張し続けた。犯罪者によくあることだが、それを中央情報局（CIA）お得意の洗脳技術の結果だとし、警察による証拠の隠滅《いんめつ》や捏造《ねつぞう》を批判する主張もある。

複数犯行説つまり陰謀も登場した。黒幕はおなじみのCIA、連邦捜査局（FBI）、キューバのフィデル・カストロ、マフィア、右翼、軍産複合体《ミリタリー・インダストリアル・コンプレックス》など。

そこに今回は新顔、エジプトのガマル・アブドゥル・ナセル大統領が加わった。動機はロバートの親イスラエル政策への反感である。

陰謀論はロバートの死を謎めいたものにし、彼を興味の対象に祭り上げ、そのイメージ向上に貢献した。不幸な死によって、大統領として現実の試練を前に馬脚を現す暇《いとま》すらなかったことが、第二の「ＩＦ」に命を与えた。暗殺がなければ、民主党候補としてニクソンの前に立ちはだかったのは彼だったろう。兄の遺志を継いで、理想のアメリカと世界を建設できたはずだ……。

兄ケネディにつきまとい続ける夢想と同じものである。そして、ロバートの義姉ジャクリーンも、自身の思いとは関わりなく人々が抱く、異様なまでの期待を重圧としてひしひしと感じていた。

7 王妃出国

美しき虜囚

夫に続いて、信頼する義弟までも心ない銃弾に奪われる。ジャクリーンにとって一九六三年秋とは、涙の乾く暇《いとま》もないほどの悲劇の始まりを意味していた。

ケネディ暗殺についてケネディ家のいわば公式本『ある大統領の死』を著したウィリアム・マンチェスターは、彼女の姿に「偉大な悲劇女優」の誕生を感じ取った。映画俳優は銀幕上にその雄姿や美貌を残す。ジャクリーンは人々の記憶という舞台で同じことをしたのである。

一九九七年、予期せぬ事故死を境に、人々はそれまでイギリスのダイアナ妃に浴びせていた批判をいっさい封印し、彼女を仰ぎ見るようになった。その三十四年前の秋の日も同じである。ジャクリーンの贅沢《ぜいたく》な生活やフランス好みなどへの厳しい視線は消え去ってしまった。

前ファーストレディとなったとたん、彼女はアメリカの国家的財産、世界の偶像となった。ケネディの、ではなくアメリカの未亡人である。彼女の写真を表紙に載せれば雑誌は売れた。

彼女はシークレット・サービスの警護を公式に提供された、初の大統領未亡人である。彼女がイギリスを訪れると「アメリカ王族」扱いされた。駐仏大使候補の呼び声もあった。

ジャクリーンは「哀れな未亡人として引きずり出される」のも、それを誰かに利用されるのも御免だと語った。だが彼女の存在は日ごとに重みを増していった。

彼女自身は周囲に群がってくる人々を「イナゴのよう」に感じていた。観光バスは彼女の家の外に停止し、タクシー運転手は彼女を見つけるとクラクションを鳴らした。

ケネディ暗殺後ほどなく彼女は「私の人生は終わりました」と語った。「残りの人生は本当に一生が終わるのを待つだけ」だとも漏らした。

だが、たとえ彼女がそうしたいと願ったとしても、ケネディやその時代のイメージ、暗殺事件の記憶と無縁に、一人の女性として生きることなど無理だった。二人の子供も身の安全確保が精一杯という、虜囚も同然の生活を余儀なくされた。

新大統領リンドン・ジョンソンは彼女にしばしば電話や手紙で慰めや賞賛の気持ちを伝え、ホワイトハウスを訪ねてくれと頼んだ。彼女と一緒に写真におさまることが大事だった。ジョンソンはケネディの遺児であるキャロラインやジョン二世にも、やさしい慰めの手紙を送るなど気を遣った。

それは政治的にも必要な行動だった。国民やケネディの元部下たちが抱く追悼の気持ちを、新大統領支持に転じさせるため。ホワイトハウスを狙う気配濃厚のロバートを牽制するため。ジョンソンは、自分の大統領候補指名が済むまで、彼女が一九六四年の民主党大会に姿を現さないよう求めた。万一、壇上に登った彼女がロバート支持の空気に点火しようものなら大変なことになる。彼女は重要な政治的資産であり、同時に危険な政治的ダイナマイトだった。

脱出の非常手段

一九六四年夏、ジャクリーンはワシントンからニューヨークに移った。少しは衆人環視《しゅうじんかんし》の緊張から解き放たれ、子供たちの安全も、一家のプライバシーも守られるはずだった。ジョンソン大統領も、人々の彼女に対する常軌を逸するばかりの崇拝が多少はおさまるだろうと期待した。

だが皮算用ははずれた。ジャクリーンや二人の遺児に対する世間の興味には衰える気配がなかった。たとえば彼女が帽子をかぶらないことに、婦人帽子産業は気が気ではなかった。ちなみにケネディも「テントをかぶっているような気がする」帽子を嫌った。大統領就任式のシルクハットなどは例外である。帽子産業の必死の訴えで、手に持って歩くところまでは譲歩した。

ジャクリーンには、窮屈な環境を根こそぎ変える手段があった。再婚である。相手は巨万の富を持つプレイボーイ。ギリシャの海運王アリストテレス・オナシスである。

一九六三年夏、生後間もない次男パトリックを失ったジャクリーンは、悲しみを癒《い》やそうとエーゲ海に赴いた。この時、妹リー・ラジヴィルとともにオナシスの世話になったことが、豪華なヨット遊びなどの贅沢三昧《ざんまい》や水着姿の写真を含めてアメリカで物議を醸《かも》した。たいていはケネディに甘い記者たちも、さすがにこれには批判的だった。

ケネディもロバートも、彼女とオナシスとのつき合いを歓迎していたわけではない。だが傷心の彼女を慰めるにはやむをえなかった。

一九六三年秋、彼女が珍しく選挙目的のテキサス旅行に同行することを承知したのは、ギリシャ行きを認めてくれた夫へのお礼ないし罪滅ぼしだったともいう。ケネディはこれを聞いて大喜びだった。結果的に死出の旅となってしまったが。

半年だけ待って

ケネディ暗殺直後、オナシスはホワイトハウスに数日間滞在してジャクリーンを慰めた。二人はその後急接近していく。

彼女にとってオナシスは、ケネディ家で一番の仲良しだった義父ジョゼフを彷彿《ほうふつ》とさせる存在でもあった。世間から見れば悪党かもしれないが、理解力や包容力のある人物だ。彼女はそう感じていたようである。

一九六八年五月、オナシスはジャクリーンに結婚を申し込んだ。年も離れ（二十三歳違い）、離婚歴があり（カトリックは離婚を認めない）、宗教も違い（ギリシャ正教徒）、二人の遺児を本当に大事に育ててくれるのかわからず（成長した息子や娘がいる）、アメリカ人に好かれていない（脱税で逮捕歴がある）相手だった。

大統領選挙出馬中のロバートは動転し、待って欲しいと懇願した。「こんなことをされちゃ、五つの州で票を失うことになる」からである。いや、影響が五州にとどまるのなら、まさに御《おん》の字だったろう。

ジャクリーンご贔屓《ひいき》のデザイナー、オレグ・カッシーニによれば「今のところケネディ家の有名人は彼女だけ」だった。彼らはロバートの「政治的大望のために、何かにつけて彼女を使おうとして」いた。

ちなみにロバートの姉（四女）パトリシアと俳優ピーター・ローフォードの離婚は一九六六年のこと。不仲の二人は、一九六四年の上院議員選挙が済むまで待たされたのである。ジャクリーンも、結婚を一九六八年十一月の投票日以降に延ばすことに同意した。

だがジャクリーンの忍耐も一九六八年六月、ロバートの暗殺までだった。次の標的は自分か子供たちだ。彼女は叫んだ。「こんな国、大嫌いよ」「もうここで子どもたちを育てたくない」。

非難囂々

オナシスとの結婚を知らされた義母ローズは「あいた口がふさがらなかった。本当のところ呆然とした。続いて、これは困ったなと思った」と述懐している。未来の大統領としてエドワードが控えるケネディ家も政治的打撃を受けかねない、厄介な結婚だった。だがジャクリーンのほうも構ってなどいられなかった。式は十月二十日、オナシスが所有するギリシャの島で行われた。

それは名と金《かね》、いわば美しいトロフィーと白紙小切手の結婚だとさえいわれた。オナシスは金の亡者というイメージからの回復を求めたとも、かつて自分を逮捕したアメリカへの復讐《ふくしゅう》を試みたのだともいわれる。

自分や子供たちを保護できる、いわばシェルターがジャクリーンには必要だった。一説には、ロバートの選挙戦に財産の大半を注ぎ込んだケネディ家には、彼女たちを守るだけの余裕がなくっていた。

ジャクリーンの再婚後、ロバートの未亡人エセルは「気の毒なジャック。いまごろはきっと、お墓のなかで寝返りをうっているでしょうね」と漏らした。彼女にとってこの結婚は亡夫つまり義兄だけでなく、ロバートの立像をもペンキで汚《けが》すような行為だった。

外国人と再婚した初めてのファーストレディ。アメリカ人の多くにとってジャクリーンの行動は信じられない、忌むべき出来事だった。

ジャクリーンは非難囂々《ごうごう》の目に遭った。「最もスキャンダラスな女性」「罪人《つみびと》」「裏切り者」「史上最悪の女」に転落したのである。

故大統領が可哀想だ。ケネディは二度死んだようなものだ。アメリカは「聖女」を失ったのだ。ローマ法王庁の機関紙が彼女を「社会の罪人」と決めつけた時は、さすがにケネディ家と親交の深いリチャード・カッシング枢機卿《すうききけい》が抗議した。

だが失望も嘲笑も、ジャクリーンにとってはアメリカでの牢獄から抜け出す、納得ずくの代償だった。ケネディ家やアメリカ国民のためでなく、自分たちのために生きるのだ。彼女はみずからの意志で、みずからのために、無理やり押しつけられた松明《たいまつ》を捨てたのである。

永遠のファーストレディ

ジャクリーンはしかし、彼女自身が築き上げた名声と賞賛の檻《おり》が、その想像以上に強固だと思い知らされることになる。再婚後の彼女はときに「ジャクリーン・オナシス」ではなく、「ジャッキー・O《オー》」と呼ばれた。多くの人々はオナシスの名を口にしたくなかったのである。

彼女の行動への賛否いずれかを問わず、アメリカ人にとってジャクリーンはどこまで行ってもジャクリーンだった。《ケネディ》の名は、誰と再婚しようがつきまとった。

それはオナシスにとっても心地よいことではなかったろう。加えて、さすがの彼もジャクリーンの浪費癖は――彼の浮気に対抗したものであっても――持て余したようである。ファッションショウのコレクションを丸ごと買い占めたことさえあったという。ほどなく二人の仲は冷え切った。

一九七五年、オナシスが死去した。ジャクリーンはニューヨークから葬儀に駆けつけたが、涙を流すこともなかったという。オナシスは遺産のごく一部しか彼女に残さず、彼女は訴訟を起こして約七十九億円相当を手に入れた。

ジャクリーンは帰国し、出版社に勤めた。最初、同僚たちは「雑誌の表紙が廊下を歩いている」という事実にびっくりしたといわれる。ちなみにこの頃、表紙に彼女の顔を出しさえすれば雑誌は十万部多く売れるとの話もあったようである。

その後彼女には、結婚にはいたらなかったが恋人もできた。成長した子供や孫とともに、ようやく安らかな日々を迎えられたのかもしれない。

一九九四年五月十九日、ジャクリーンは六十四歳の生涯を終えた。住まいから教会までの道は彼女を悼む人々で埋め尽くされた。ビル・クリントン大統領も賞賛の言葉を寄せた。

遺体はアーリントン国立墓地、亡夫ケネディの隣に埋葬された。流産で失った女の子と生後すぐに亡くなった次男パトリックもすぐそばに眠っている。ケネディ生前に彼女を悩ませた女性関係のスキャンダルや夫婦関係のきしみなど、まるで存在しなかったかのようだった。

ジャクリーンのカリスマ性や強い生き方などへの評価は、死後さらに高まった。一時彼女に痛罵を浴びせた人々でさえ、ジャクリーンを神秘のベールをまとった聖女扱いである。

歴史家による評価でも、彼女は四十人あまりの歴代ファーストレディのうち第五〜八位あたり。大統領としての夫の評価より上に位置している。彼女が占める座は夫の死で天空に舞い上がり、再婚で地の底に沈み、そしてみずからの死で再び高みに上ったわけである。

ロバートやジャクリーンだけではない。偶像化した大統領の弟つまり遺産継承者として、そしてケネディ家の野望を引き継ぐ一員として、優雅さに満ちた、しかし同時に苛酷きわまりない人生を送らなければならなかった者がもう一人いた。

8　王朝の黄昏

ケネディ家万歳

一九五七年、『サタデー・イブニング・ポスト』誌は、ケネディと次弟ロバート、末弟エドワードの三人をそれぞれ大統領、司法長官、上院議員にしたいものだという父ジョゼフの言葉を報じた。一九六三年一月、それが現実となった。前年の上院議員選挙に勝利したエドワードの初登院である。

ケネディもロバートも、末弟の選挙出馬には反対だったという。ワシントンに三人の《ケネディ》は目立ちすぎだったからである。ケネディは一九六三年、父祖の地アイルランド訪問で、アイルランドにはもう《ケネディ》は残っていないとワシントンでは思われていると述べ、聴衆を笑わせた。

だが次男や三男の反対も、いやエドワード本人の気持ちすら問題ではなかった。あの議席は「ケネディ家のもの」だ、「こんどはテディの番」だと、父は譲らなかった。大統領となってもケネディはしばしば父の助言を仰いでおり、その影響力は生半可《なまはんか》ではなかった。

一九六一年末、その父が病に倒れ、動きも言葉も不自由となった。それでもエドワード出馬の方針はまったく揺るがなかった。ほとんど口をきけなくなったにもかかわらず、あるいはむしろそれゆえに、ケネディが父の意志を尊重したのかもしれない。

だがじつは、ケネディ自身もそれを望んでいた。「ケネディ王朝」の隆盛は、けっして父一人だけの夢ではなかった。それを共有するケネディ家の、事実上の家長となったからこそ、ケネディは一九六二年の上院議員選挙で何としてもエドワードを勝たせなくてはならなかった。

実際に、自身の大統領当選で空いた議席を埋める際に、彼は大学時代の友人、つまり再選を求めない無害な人物を選んでいる。民主党内の予備選挙の対立候補、マサチューセッツ州司法部長エドワード・マコーマック（ジョン・マコーマック下院議長の甥《おい》）に出馬を思いとどまらせようと、借金の肩代わりや大使の地位提供などを画策したこともあった。

エドワードの政治的才能は、兄二人よりよほど上だと喧伝《けんでん》された。知的な印象を与えようと、読書リストなるものも流出した。外交通の評価を確立すべく、出馬宣言前に急ぎ足のヨーロッパ・中東旅行が企画された。議員時代のケネディが醸《かも》し出したイメージを彷彿《ほうふつ》とさせる。

まずいことは極力隠された。典型がカンニングによるハーバード大学退学である。だが大学を休学して陸軍に入ったという「お話」が流布《るふ》された。これもかつてと同じ方式である。

兄の七光り

選挙に敗れ、政権に打撃を生じる可能性を懸念して、ケネディは表向き弟の出馬に関わらなかった。だがベトナム介入になぞらえて、「軍事顧問を何人か」派遣してエドワードの「肩を持つ」のだと漏らしていた。実質的にはホワイトハウスこそが選挙本部だった。

エドワードはマコーマックを降し、共和党との本選挙にも勝った。相手はジョージ・ロッジ。一九五二年上院議員選挙、一九六〇年大統領選挙でいずれもケネディを前に苦杯をなめたヘンリー・キャボット・ロッジの息子である。親ならぬ兄の七光りが、三十歳の新上院議員を誕生させた。

その兄も去った。一九六四年五月、上院議員エドワードはフランスやイタリアなど七か国を訪問し、各地で大歓迎を受けた。目を閉じて彼の演説に聴き入った一人は「まるでJFKが生きているみたい」だと感涙にくれた。彼もロバートも、ケネディ神話の継承者となるしかなかった。

一九六四年上院議員選挙がその重要な舞台となった。ロバートはニューヨーク州から初当選を果たした。エドワードはマサチューセッツ州で、七四・三パーセントという得票率で再選された。一九五八年に兄ケネディが残した記録七三・二パーセントを塗り替えたのである。

この年六月、エドワードは飛行機事故に遭い、入院している。かわって選挙運動の矢面《やおもて》に立ったのは妻ジョーン。動けぬ夫のため、不慣れな演説や有権者との握手に挑む若き夫人という、ケネディ家お得意のイメージが前面に押し出された。おそらく、ケネディ暗殺の衝撃も冷めやらぬ中、故大統領と同じ名を持つ現職議員に選挙運動など不要だったろうが。

遺産の継承者

それから四年。今度はロバート暗殺によって、エドワードにケネディ家最後の希望という強烈な光が当たり始めた。兄たちの生き方をそっくり再現する。彼らの影、伝説と夢を具現化する人形として生きる。つねに二人の兄と比較され、あら探しをされることに耐える。エドワードに求められたのはそれだった。

たかだか三十六歳。議員経験もわずか六年ばかり。だが、未熟な政治家に取り憑《つ》いた二人の兄の亡霊は日増しに巨大化していった。

逆にエドワード個人は疲れ切っていく。兄の名を耳にし、キャメロットの話を振られると、黙り込んでしまうこともあった。引退を勧める者もいたが、エドワードは「倒れた旗を拾い上げ」る道を選んだ。そうせざるをえなかったのである。

一九六八年夏、シカゴの民主党大会。エドワードが姿を見せさえすれば、指名は確実だといわれた。リンドン・ジョンソン大統領に事実上引導を渡したユージン・マッカーシー上院議員は、立候補を辞退し自分の支持票をエドワードに回してもよいと語った。エドワードに副大統領候補として自分と組むことを打診して断られた現副大統領ヒューバート・ハンフリーも、いざとなれば身を引くとの観測さえあった。《ケネディ》の——エドワードではない——名は強力無比の武器だった。

エドワード自身はむしろ冷静だった。たとえ党大会で指名を受けても、共和党との本選挙に勝つのはむずかしい。政治家としても、ケネディ家の事実上の長としても、いま少し時間が必要だ。暗殺の恐怖が消え去ったわけでもない。だが彼には自分を取り戻す暇さえ十分与えられなかった。

それでもエドワードはじょじょに上院で重きをなす存在となった。一九六九年には南部の古参議員ラッセル・ロングを破り、院内幹事となった。上院での民主党ナンバー2、実質的には党内の取りまとめ役である。三十七歳と史上最年少だが、有力者の説得や党内の根回しなど、侮れない政治力の持ち主であることがこれで示されたのだという。

いずれ遠くない将来、マイク・マンスフィールドの後を継いで上院院内総務になるだろう。いやもう一つ、もっと有望な座がいまや遅しと彼を待っているではないか。

次の大統領選挙は一九七二年。エドワード支持のうねりは急速に高まり、本人もやる気になった。ケネディ家が十二年の時を超えて、いまや現職大統領となったリチャード・ニクソンを再び打ち破り、ホワイトハウスを奪還する運命は定まったも同然に見えた——一九六九年七月十八日までは。

マサチューセッツ州から大西洋に突き出たケープコッド。その中ほどに位置するハイアニスポートは港町であり、多くの観光客が押し寄せる。その沖合に浮かぶのがチャパキディク島である。その別荘でエドワードがパーティを開いた。前年、ロバートの選挙運動で働いた女性たちの慰労が目的である。深夜、エドワードはその中の一人メアリー・コペクニとドライブに出た。車は脇道にそれ、橋から海に転落した。エドワードは脱出後、別荘からこっそりと仲間を呼び出し、現場に戻って彼女の救出を試みた。再び別荘に戻り、着替え、電話をかけた。だが警察への通報は翌朝。半日近くが経過し、彼女はすでに溺死していた。チャパキディク事件である。

エドワードは一週間後、テレビでみずからの行動を弁明した。彼女を救おうと懸命になり、友人の助けも借りたが駄目だった。頭を打ち、精神的衝撃も受けて、警察への届けが遅れた。事故の責任はとる。今後議員を続けるかどうかは有権者の判断を待つ。

マサチューセッツ州民の圧倒的支持を受けて、彼は議員の職にとどまった。コペクニ家とも示談が成立した。エドワードは二か月の禁固刑を宣告されたが、執行猶予《ゆうよ》がついた。

だが世間の口を封じることはできなかった。妻帯者なのになぜ深夜、独身女性とドライブに出たのか。慣れた道でなぜ迷ったのか。海中の脱出劇で疲れていたのに、なぜ現場と別荘との間を二キロも歩き、誰にも助けを求めなかったのか。警察への通報の遅れは、飲酒運転を隠し、揉み消し工作を行い、身代わりを探すためではないか。その後もテレビでの弁明まで何をしていたのか。

百歩譲って彼の言葉を信じるとしても、これほど簡単にパニックに陥り、判断を誤るような人間にアメリカの、そして世界の指導者たる役目が務まるのか。彼に核のボタンを委ねて大丈夫か。

高まるは虚名のみ

兄嫁ジャクリーンは、エドワードはもはや「絶対に」大統領になれないとあきらめ顔だった。もう一人の兄嫁エセルは、二人の兄が「お墓のなかで身もだえ」していると語った。

ケネディが華々しく打ち上げた夢、アポロ計画実現の瞬間、アポロ11号の月面着陸が七月二十日夜遅く。その二日前、このチャパキディク事件がケネディ家の栄光を海に沈めてしまった。事態を知らされた父ジョゼフもすっかり落胆した。その彼も十一月十八日、八十一歳でこの世を去る。

エドワードは一九七〇年の上院議員選挙で再選を求めないと言い出した。だが母ローズが首を縦に振らなかった。彼女は「事件当時も、事件後にも、テッドとこの問題について話し合ったことは一回もない」という。もし本当なら、ケネディ家のことしか頭になかったのだろう。

だが打撃は大きかった。事件から一年後、ハリス世論調査では、エドワードが真実を語っていないと見る者が五三パーセント。彼への敬意が削《そ》がれたとする者も四三パーセント。

一九七〇年一月には、エドワードは上院院内幹事の座を失っている。彼はもはや光り輝く《ケネディ》ではなくなった。そのかわり命の危険も減り、ストレスも少しは和らいだかもしれない。

一九七二年大統領選挙。腐っても何とやら、民主党指導者の間でなお彼の人気は高かった。候補者乱立、民主党大会が収拾不能に陥ったあげくエドワードも重い腰を上げるという噂も飛び交っていた。大統領が駄目なら副大統領をとの声もあった。

最終的にエドワードは立候補を断念した。もう四年待つほうがより得策に思えたからである。党大会はジョージ・マクガバン上院議員を大統領候補に指名した。

マクガバンはトマス・イーグルトン上院議員を副大統領候補にした。だがその後、彼の病歴から交替が必要になった。指名を受けたのがケネディ家の一員、三女ユーニスの夫サージェント・シュライバーである。

民主党から共和党に鞍替えして大統領の座に挑んだニューヨーク市長ジョン・リンゼイは、ケネディ似の雰囲気を最大限生かし、故大統領の言葉をしばしば引用した。チャパキディク事件、故大統領のスキャンダル暴露や批判にもかかわらず、《ケネディ》の名は輝きを失わなかった。

一九七六年大統領選挙。当選したジミー・カーターは、当初「ジミー・フー《ジミー・フー》って誰だ?」といわれたほど無名だった。そもそもエドワードの副大統領を目指していたのだともいう。だがエドワードは立たなかった。栄光ある遺産を引き継ぐと宣言して、義兄シュライバーが名乗りを上げたが敗れた。

ついに決断

一九八〇年大統領選挙。その前年十一月七日、エドワードはついに決断した。ボストンで独立革命発祥の地として知られるファニエル・ホールに立ち、ジャクリーンやエセルを含むケネディ家の面々を従えて、同じ民主党の現職カーターに叛旗《はんき》を翻《ひるがえ》したのである。

不評に陥ったカーターのあおりで落選しかねない民主党の候補者たちがエドワードを待ち受けていた。二か月ほど前、世論調査で彼はカーターに三対一以上の差をつけている。内外の難題になすすべがなく、策を与えたまえと神に祈るカーター。そこに神託が下った――エドワードに投票せよ。

『タイム』誌一九七九年五月十四日号を飾った政治漫画である。

出馬を表明しさえすれば勝利は思いのままだという自信があった。チャパキディック事件の忌《い》まわしい記憶も過去のものになったという楽観も。カーターが民主党伝統のリベラル路線を裏切ったという憤激も。いまこそ男らしく立つべきだという義務感も。これが最後の機会だという切迫感も。

カーターは当初「ローズガーデン戦略」で応じた。ホワイトハウスで多忙、外で選挙運動にかまける余裕はないというポーズで、相手の自滅を待つ手法である。その狙いは見事的中した。

エドワード躓《つまず》きの石の第一が、イラン革命とテヘランのアメリカ大使館人質事件である。彼はテレビでパフラヴィー前国王を非難し、病気治療のためアメリカ入国を認めたのは間違いだったと述べた。だがそれは人質事件に激怒する国民の神経を逆なでした。

第二が、チャパキディック事件の復活である。いや、もともと消えていなかった亡霊の姿を、エドワードやその周囲が見まいとしていただけだった。

第三が、テレビインタビューでしどろもどろ、事件についてろくに話もできなかったことである。それは視聴者に、大統領たる彼の資質に疑問を投げかけさせた。なぜ大統領になりたいか、どのような指導力を発揮するかという問いにも、彼はまともに答えられなかった。同僚のウォレン・ラドマン上院議員は、エドワードがまるで痺《しび》れ薬でも注射されているかのように感じたという。

第四が、夫人ジョーンの存在と夫婦仲の悪さである。二人は一九七八年に別居していた。アメリカ社会はまだよき妻、よき母であることをファーストレディに求めていた。

メディアは、アルコール依存となった彼女の資質を疑問視した。もはやケネディ家への奉仕役を務める気などなかったのである。二人は大統領選挙後、一九八一年一月に離婚した。

第四に、選挙運動組織の劣化である。一九六八年大統領選挙から数えても十二年ほど、一九六〇年大統領選挙からすれば二十年近い時間が経過していた。二人の兄の選挙運動の屋台骨となった人々は年をとりすぎ、若い世代には経験が足りなかった。両者の協調もむずかしかった。

潰えた不敗神話

乾坤一擲《けんこんいってき》の決断は凶と出た。予備選挙が行われた州では十勝二十四敗。党員集会《コーカス》では五勝二十敗。八月の民主党大会を迎えるまでに、カーターは全代議員票の過半数を確保していた。エドワードが獲得した党員票は三八パーセントにすぎず、カーターの五一パーセントに及ばなかった。

それでもエドワードはあきらめなかった。共和党に勝てそうもない現職大統領を担いでも無駄。代議員の多くがそう考えてくれさえすれば、まだ望みはあったからである。だが八月十一日、代議員の自由な投票に任せよとする提案は否決された。万事休す。

エドワードは自分がこの時、「敗北することを学んだ」と述懐している。「ケネディ家の者にとって、これは難しいことなのだ」とも。当時、朝日新聞外報部次長でニュースキャスターでもあった筑紫《ちくし》哲也は、エドワードの表情に「むしろサバサバしたといった解放感」を見て取ったという。

彼はエドワードを見て「この男、ずいぶん育ったな」と実感してもいた。もしそうなら、二人の兄と同じく、未熟な政治家が厳しい試練によって鍛えられたわけである。だがそれはケネディ王朝が急速に黄昏《たそがれ》に直面し、断末魔の叫びを上げる中での出来事だった。

一九八〇年の民主党大会はカーターを大統領候補に指名した。だがエドワードはみずから登壇して聴衆に語りかけた。自分の選挙運動はすでに終わった。だが「われわれの活動は続き、大義は廃れず、希望は存続し、夢は死なない」。

会場は興奮のるつぼに叩き込まれた。何度も演壇に呼び戻されたエドワードは、固い握りこぶしを突き上げて聴衆の大歓声に応えた。キャメロットが不死鳥のごとく姿を現したのである。だがノスタルジーの輝きは、まさに一瞬でしかなかった。後には潰《つい》えた神話の抜け殻だけが残る。

エドワードは長く上院で活動するが、アルコール依存や病気もあって、年長議員の一人にすぎなくなった。一九九四年に六十四歳のジャクリーンを、翌年一月二十二日に百四歳の母ローズを見送った彼にも、世を去る時がやってきた。二〇〇九年八月二十五日、七十七歳での他界である。

バラク・オバマ大統領は国内はむろん、海外のアメリカ大使館やアメリカ軍基地などで半旗を掲げるよう命じた。ボストンでの葬儀にも参列した。ケネディ家への敬意の表れである。

エドワードはアーリントン国立墓地で、二人の兄のそばに葬られた。だが彼はケネディ家が一丸となって生み出し、維持してきた、故大統領を中核とする《ケネディ》イメージの犠牲者だった。ケネディやロバートとは違う時代を生きる、別人格の人間なのだと認めようとしない人々が欲した人身御供《ひとみごくう》でもあった。二人の兄は彼を温かく迎え、済まなかったと詫びたかもしれない。

だが彼らが詫びなければならない相手は他にもいた。彼らの子供たちであり、彼らの生前の姿を見たこともない孫たちである。

9　亡霊に翻弄されて

血筋こそすべて

ケネディ三兄弟の子にあたる世代は何人も政治家を生んだ。ロバートの長女キャスリーン（メリーランド州副知事）、同じくロバートの長男ジョゼフ・パトリック二世（マサチューセッツ州から下院議員）、エドワードの次男パトリック（ロードアイランド州から下院議員）などである。

そろそろ孫世代に、いずれ大統領とも噂される人材が現れている。注目株はキャロラインの長男、つまりケネディの孫であるジョン・ケネディ・シュロスバーグ。ロバートの孫ジョゼフ・パトリック三世も、父ジョゼフ・パトリック二世と同じくマサチューセッツ州から下院議員となった。

血はつながらないが、映画俳優アーノルド・シュワルツェネッガーもいる。ケネディ家の三女ユーニスの娘でニュースキャスターだったマリア・シュライバーと結婚し、一族に加わった。のち、カリフォルニア州知事になっている。

ごく最近、こうした系譜の継承者が出現した。二〇二四年大統領選挙に名乗りを上げた、ロバートの次男ロバート・ケネディ二世である。

物事には光があれば影もある。内には、大統領を頂点として地位と権力を追い求め、一族の構成員どうしに切磋琢磨《せっさたくま》を要求し続ける、ケネディ家特有の伝統。外には、悲劇やスキャンダルに鵜《う》の目鷹《たか》の目のメディア、周囲の敵意・嫉妬・誘惑など、そして暗殺の恐怖。

生まれる前の、他人の夢の残滓《ざんし》を押しつけられる。個人としてでなくケネディ家の誰かの子や孫として扱われる。ケネディ王朝の遺産継承を期待され、さもなくばケネディ家の資質劣化をうんぬんされる。まさに過去に翻弄《ほんろう》される日々が待ち受けている。

若い世代の一人が言ったように、一度《ケネディ》になってしまったらずっと《ケネディ》のまとう、窮屈な人生が最初から用意されている。彼らの人生はときに、馬から降りたくとも降りられない、メリーゴーラウンドにたとえられる。これではたまったものではない。

ケネディ家の呪縛に対する反発ゆえか、ケネディ三兄弟の子や孫には問題が頻発した。麻薬所持で逮捕。麻薬の過剰摂取で死亡。婦女暴行で起訴。無謀運転で大事故。無茶なスキーで事故死など。

悲劇の環

若い世代でおそらく最大のスターだったのが、ケネディ大統領の息子ジョン二世と、娘のキャロラインだろう。ジョン二世は、一九八八年の民主党大会に登場し、叔父エドワードを会場に紹介するテレビ演説で一躍脚光を浴びた。新たな「プリンス」の誕生である。

この年『ピープル』誌は彼に「世界で最もセクシーな男性」の名を与えた。彼は政治雑誌『ジョージ（*George*）』を創刊、政界入りへの野心を燃やす青年のイメージを確立した。

だが彼の人生はケネディ家伝統の無鉄砲を地でいった。一九九九年七月十六日、骨折で松葉杖を使う身でありながら飛行機を操縦し、海に墜落する。巻き添えを食った妻キャロリンとジョン二世は理想のカップルといわれたが、結婚生活破綻の兆しもあった。ジョン二世の両親と同じである。姉のキャロラインらが彼の遺灰を海に撒《ま》いた時、空母ジョン・F・ケネディの乗組員が数百マイル南から黙禱《もくとう》を捧げた。九歳のキャロラインが進水式でシャンパンを割った艦である。ここにも神話待望とその人為的創出の空気が見て取れる。

悲劇のたびにメディアは特集記事や特集番組を提供する。ケネディ家を襲った不幸や懐かしい思い出が姿を現す。遺《のこ》された者はケネディの遺産継承の演技をさらに強いられ、それが幻想を再生産していく。悲劇やスキャンダルの衣を身にまとうからこそ《ケネディ》の価値は肥大する。

政治家たちはそれを最大限利用しようとしてきた。ケネディの異母弟と噂されるほど似た雰囲気を醸《かも》し出したのが、皮肉なことに一九八〇年大統領選挙でエドワードとケネディ家の野望に引導を渡したジミー・カーター大統領である。

やはり民主党の後輩大統領であるビル・クリントンやバラク・オバマも、ケネディを想起させるようなイメージを十二分に利用した。二〇〇〇年大統領選挙でジョージ・W・ブッシュに敗れたアル・ゴア副大統領も、その系譜の中に位置している。

これも皮肉なことだが、イメージの膨張に貢献したのが、エドワードの敗北に象徴される、ケネディ王朝の実質的崩壊である。現実に《ケネディ》が復活しない以上、脳内で我慢するしかないからである。それを身をもって経験したのが、ケネディの長女キャロラインを迎えた日本である。

セレブ大使狂騒曲

キャロラインは一九八六年にエドウィン・シュロスバーグと結婚したが、いまでも表向き旧姓を用いている。一族の重要な一員として、大統領やファーストレディだった両親の衣鉢《いはつ》を継ぐ意識の表れである。弟が亡くなった後はなおさらそうだろう。

二〇〇八年大統領選挙で、オバマとヒラリー・クリントン、両上院議員が民主党の大統領候補指名を争った時、キャロラインは叔父エドワードとともにオバマを支持した。少なくともオバマの向こうにケネディの影を見る、いや見たいと望む人々にとっては福音《ふくいん》だった。

二期目を迎えたオバマ大統領はキャロラインを駐日大使に任命した。彼女の父ケネディが上院議員時代に批判し、大統領としても避けようとしたのが、相手国について何も知らない大使を送る、論功行賞人事である。キャロラインの任命がまさにそうした批判を受けた。

だがそれは、オバマが長年のケネディ家の恩顧に報いる、比較的安価な方法だった。加えて、彼女は日本に対する、効果的な、いわゆるソフトパワーとなるはずだった。その少し前、日本の民主党政権時代に普天間《ふてんま》基地問題などをめぐって日米間に隙間風が吹いていたからである。

キャロラインの日本赴任は二〇一三年十一月十五日。日本は彼女を大歓迎した。日本の皇室並みの「名門」から「セレブ大使」がやって来る。ある著作の宣伝文句によれば、彼女はアメリカ大使ではなく、「ケネディ家からの大使」だった。彼女の深い皺《しわ》さえ女性の老い方のモデルとされ、その「イケメン御曹司《おんぞうし》」も「未来の大統領」間違いなしとさえ持ち上げられた。

一瞬のあだ花

日米関係が時を一気に遡《さかのぼ》ったかのようだった。父が大統領の頃、日米新時代を築く先兵となったのがエドウィン・ライシャワー大使である。東京で生まれ、十六歳まで日本で育ち、流暢《りゅうちょう》な日本語をしゃべる、日本研究のハーバード大学教授。ハル夫人は日本の名家出身。

キャロラインも日本国民へのリップサービスに怠りなかった。自分は日本が大好きだ。父が果たせなかった訪日の夢を、大使就任という形で実現できるのはじつに嬉しいことだ。

大使としても、日米間の架け橋たらんと彼女なりに努力した。訪日したオバマ大統領に広島訪問を強く説得した。沖縄の基地をめぐる問題では両国間の調整を図った。

二〇一五年、東京の国立公文書館は『JFK－その生涯と遺産』と題する展示を行い、「日米の架け橋としての記録」を再検証する記念講演会などを開催した。キャロラインの大使就任を契機に、ケネディ大統領図書館・博物館の協力を得て、歴史を真摯《しんし》に振り返ろうとする試みである。

だがむしろ世間で話題になるのはキャロラインのファッションや、人気グループのライブに行くなどのお気楽ぶりだった。ある週刊誌は物見遊山《ものみゆさん》気分の大使ぶりを批判した。彼女はライシャワーの再来にはなれないまま、政権交代によって帰国の途についた。

それでも彼女を相手に日本人はつかの間の夢を味わうことができた。《ケネディ》の名は、半世紀以上の時をへて、太平洋の彼方の国でも、なお大きな価値を持っていたのである。

日本に限らない。アメリカでもそれ以外でも、故大統領の面影《おもかげ》は美しく飾られ、人々の心を捉え続けてきた。その思い出は、無形の世界政治遺産とでも呼ぶべきものなのかもしれない。

おわりに――夢は果てしなく

二人のジョン

一九七〇年、ジョン・レノンは『神（*God*）』と題する曲で、自分が信じないものを並べ立てた。魔術、易経《えききょう》、タロット占い、真言《マントラ》の呪文、キリスト教の聖書、ヒンドゥー教の聖典など。

実在の人物も登場した。宗教界からはイエス・キリストや釈迦《しゃか》。音楽界からはロックンロールの王者エルビス・プレスリー、フォーク界の大立て者ボブ・ディラン、ジョン自身もメンバーだったビートルズ。政治家ではドイツのアドルフ・ヒトラー、そしてジョン・F・ケネディ。

ビートルズは世界の音楽・文化・芸術・社会などに大きな足跡を残し、一九六〇年代ばかりか二十世紀を象徴する巨大な存在となった。だがジョンは、偶像化されたグループと生身の彼とのギャップに苦しんだ。この経験が彼に、人々を魅了するいくたの幻想への不信の念を抱かせたのだろう。

そのジョンも一九八〇年十二月八日、兇弾《きょうだん》に命を奪われた。彼は、愛と平和を体現する伝説、歴史を彩る神の一人に祭り上げられた。彼の死をめぐって、陰謀説やら犯人の洗脳話やらも登場した。この道の先達《せんだつ》たるケネディは、このもう一人のジョンを苦笑で天上に迎えたのではないか。

だが、『神』に示されたジョンの叫び――「僕はケネディを信じない《アイ・ドント・ビリーブ・イン・ケネディ》」――にも一理はある。

頑健な肉体に恵まれ、スポーツをこよなく愛する、将来性豊かな若き指導者。戦場でも政治の舞台でも大活躍の勇者。『イギリスはなぜ眠ったか』やピュリツァー賞受賞作『勇気ある人々』に示される知性の人。若く美しい夫人ジャクリーンと手を携えて、「ケネディ王朝」の栄光を担ったプリンス。崇高な「ニュー・フロンティア」の理想実現を目指す、新時代の旗手。

ホワイトハウスに入るまでも、その主としても、ケネディはこうしたイメージを身にまとっていた。だがそこには長い歳月を費やし、不都合な事実を秘匿《ひとく》したうえで、入念に形成された部分が小さくなかった。

現実は違う。若さはときに未熟さと二人三脚だった。病歴はひた隠しに隠された。戦争の英雄像は脚色と宣伝のおかげに負うところ大だった。著作や受賞には父ジョゼフの画策がうかがわれ、本人がどこまで筆をとったかさえ疑問は消えなかった。夫婦仲は円満とはいえず、華麗な雰囲気も演出の賜《たまもの》だった。選挙戦の勝利には、巧妙な手練手管や不正の疑惑がつきまとっていた。

ケネディは、アメリカの宣伝を担当するアメリカの声（VOA）放送職員に訓戒を垂れたことがある。イギリスのピューリタン革命で知られるオリバー・クロムウェルが、肖像画を注文した際の言葉を引いたものである。「傷もイボもあるがままに、初めはそれほど魅力的に見えないことでも、アメリカのことはみんな報じてもらいたい」。

だが、彼自身のこととなると話はまったく別だった。

粉飾の向こう側

ケネディの生涯とは、針小棒大に膨らんだまやかし。美しいが、はかない陽炎《かげろう》。この数十年、私たちは愚かにもこの巨大な粉飾を見抜けず、彼の虚像を喜々として受け入れてきたのだ——。と、片づけられればことは簡単である。だがそうとばかりも言い切れない。ケネディがいまも魅力を発し続けている理由は、けっしてそれだけではないからである。

クリスマスツリーを思えばよい。私たちは、派手な飾りにばかり目を奪われがちなもの。だがそれを支える立派なモミの木があって初めて、華麗な姿を誇ることができる。飾りをすべて取り除いた時、モミの木は初めて真の形を現す。ケネディがまさにそうだった。

学生として、軍人として、政治家として、彼は多くの苦難に遭遇し、何度か死の危険にも直面した。彼はときにひるみ、周囲の空気に流され、自分を見失った。人間としては当然のことだろう。だが同時に彼は国際経験を積み、戦場では命がけで部下を助けた。勝利の見込みが薄い選挙にあえて挑み、宗教や経験不足などのハンディを克服し、ついに目指す地位を手に入れた。

大統領時代も同じである。政権一年目の末、業績記録発表の準備を勧められたケネディは「誰が災厄の記録など読みたがるものか」と漏らしたことがある。実際にとくに初期、ケネディの政権運営は惨めな失敗や厳しい挫折の連続だった。

難題につぐ難題、挑戦につぐ挑戦が彼を翻弄《ほんろう》し続けた。外交では冷戦、宇宙開発競争、ベルリン危機、キューバ危機（ミサイル危機）、ピッグズ湾事件、発展途上世界の革命……。内政では鉄鋼危機、公民権《シビル・ライツ》問題……。

しかし彼は大きな壁に一つ一つ正面から向き合い、平和な世界の構築、国内の課題解決への前進を試みた。自己演出は怠りなかったものの、身の丈《たけ》以上に膨らんだみずからの指導者イメージと現実のギャップを埋めるべく努力を重ねた。

その結果、冷戦は対決から和解の方向に大きく動いた。アポロ計画は人類に夢を与えた。あわや核破滅かと思われた危機にも収束がもたらされた。突然の鉄鋼値上げは食い止められた。人種差別解消を目指すうねりも生まれた。

大統領になるまでの道のりや、大統領という職務の重さが、ケネディを鍛えに鍛えた。早くも、大統領となって半年足らずの彼をパリに迎えたシャルル・ドゴール仏大統領の目には、ケネディが「山頂の呼び声にはばたく大鳥」のように空高く飛び立とうとする姿が映っていた。彼に強い影響力を持つ父ジョゼフが病に倒れたことも、ケネディの成熟には幸いした面がある。

試練にひるまず挑戦を続け、成長と覚醒を繰り返し、懸命に切り開いていった人生――これがケネディ神話の、そして彼の魅力の中核である。それこそ、私たちが人間として学ぶべきもの、指導者に求めるべきもの、そして実際に求めようとしているものではあるまいか。

失われた機会

とはいえ、安易なケネディ礼賛《らいさん》に陥る愚も慎まなければならない。彼が危機に不意を打たれ、状況認識や判断の誤りを露呈したことは一度や二度ではない。弱冠四十三歳の大統領をホワイトハウスに迎え入れたアメリカも世界も、未熟な政治家の成長につき合わされる羽目に追いやられた。

冷戦論理の克服は言うほどたやすくはなかった。宇宙開発には無理に無理を重ねた側面があった。同盟国や発展途上世界との関係にも齟齬《そご》が生じた。世界を破滅への道連れにしかねない場面も何度かあった。力ずくで革命や紛争に対応する傾向も見受けられた。実業界との関係構築も議会操縦も、上首尾とはいかなかった。公民権問題の解決は、期待した目からすれば遅々たる歩みだった。

ケネディがこうした限界を克服し、真に偉大な指導者に育つ可能性は皆無ではなかった。だがそれには、なおいっそうの時間と研鑽《けんさん》が必要だったろう。だが、テキサス州ダラスの空中をつんざいた数発の銃弾は、ケネディがいつの日かみずからの幻影に追いつく機会を永遠に奪ってしまった。

しかもそれは彼の負の部分を見えにくくさせた。謎だらけの狙撃事件、さまざまな陰謀論、黒幕捜しのあれこれなども、イメージ肥大化に貢献した。一時的な評価低落を切り抜けた亡霊は、伝説という鎧《よろい》を身にまといながらいまも世を闊歩《かっぽ》している。

遺《のこ》された者たちの悲劇と挫折の連鎖も、大統領たりえた唯一の家族ケネディの神話をより際立たせた。次弟ロバートは一九六八年大統領選挙戦中の暗殺で。未亡人ジャクリーンはその直後の再婚で。末弟エドワードは一九八〇年大統領選挙での敗北で。子や孫たちはその振る舞いや死などで。

幻影の創り手たち

ケネディ神話は、彼の生前から一貫して続けられた、巧妙かつ人為的な虚像形成の努力がもたらした果実でもあった。その担い手の第一が、ケネディの父ジョゼフである。父こそが「万事を可能にした」人物だと、ケネディ自身も率直に認めていた。

第二が、ケネディ本人である。政治家が、政界という舞台で有権者つまり観客が求めるものを演じ、彼らを動かす職業だとすれば、ケネディは最高級の名優だった。当初感じていた戸惑いをみずから封印した彼の演技力は、より高い地位を追い求めるたびに磨き上げられていった。

第三が、ケネディ家の一族郎党である。ジャクリーン夫人や二人の子供、ロバートやエドワードら兄弟姉妹、側近なども含めてである。ケネディの生前はむろん、とりわけ暗殺以降、彼らはケネディという名のまばゆいばかりの光に照らされることを必要とした。

だが第四の、神話形成に重要な役割を演じた存在を見落としてはならない。偶像を心底欲し続けた、アメリカと世界の無数の人々、つまり私たちである。

二十世紀はしばしば「アメリカの世紀」と呼ばれる。そのアメリカが第一次世界大戦に参戦し、世界の命運を事実上決する立場に身を置いたのが一九一七年四月六日。

その五十三日後、ケネディがこの世に生を享《う》けている。彼の成長と歩調を合わせるかのように、アメリカはその後、第二次世界大戦から冷戦へという苛酷な現実と向き合っていった。世界の王者として君臨し、同時にその重荷も担うにいたったのである。

そして一九五〇年代。アメリカは繁栄と平和を享受していた。だがそこには現実に対応できず、変化に乏しく、退屈さを感じさせる部分があったことも否定できない。冷戦激化の中で、国民の危機感と焦りも強まった。それがケネディをホワイトハウスに誘《いざな》ったのである。

苛酷な現実を前に

対照的に、ケネディの大統領時代は、恐怖とともに興奮に彩られた二年十か月だった。ベルリンやキューバなど国際的な危機では、米ソ核戦争さえ現実味を帯びた。だが同時に、平和部隊《ピース・コー》やアポロ計画に象徴されるような、新時代の輝きと未来への希望ももたらされた。

実業界との対立は厄介だったが、アメリカは自国の経済発展、世界の自由貿易推進に向けて歩みを進めた。人種差別をめぐるアメリカ社会の混乱は拡大したが、公民権運動の行く手には大きな希望の光がともされた。

ケネディは時代と踊り、時代は彼を愛した。彼は人々の夢を刺激し、人々は彼に夢を託した。突然絶たれてしまう、はかない夢を。アメリカ人だけでなく世界中の人々に、そして当時生まれてさえいなかった世代にまで共有される夢を。一九六〇年代の熱い空気が消え去ってからも、刺激に満ちた時代の、かぐわしい残り香を漂わせる夢を。

だがケネディは去った。緊張緩和《デタント》の到来とその瓦解をへて冷戦は終結、世界は大きな歓喜と安堵を覚えた。湾岸戦争での圧勝や「ITバブル」に象徴される繁栄は、アメリカに自信を与えた。世界も、この唯一の超大国に冷戦後世界の秩序維持を期待した。ロシアつまり旧ソ連（ソビエト社会主義共和国連邦）やヨーロッパ、日本などとの協力、国連との連携も進むはずだった。

しかしこの惑星はいまも、民族・宗教・思想などをめぐる軋轢《あつれき》に、そして憎悪・暴力・混沌《こんとん》・恐怖・貧困・飢餓・疾病《しっぺい》・抑圧などの多重奏に苦しみ続けている。超大国アメリカといえども、指導者たると国民たるを問わず無力感を禁じえないままである。

では、アメリカに代わりうる国は？　アメリカに追いつけ追い越せと懸命の中国だが、足元はおぼつかず周辺地域との緊張も絶えない。ロシア帝国、そしてソ連時代の栄光を取り戻そうと躍起に見えるロシアも、かつてアメリカと覇を争った面影はない。

統合を旗印にしてきた欧州連合（EU）は、域内の分裂に苦しんでいる。冷戦終結後に脚光を浴びた国連の無力ぶり、相も変わらぬ日本政治の体たらくなどはいうまでもない。

どこの国でもよい。誰でもよい。すばらしい指導者が颯爽《さっそう》と登場し、ありとあらゆる問題を一気に片づけてくれないか――閉塞感や不安などがそうした依存心を生んでも不思議ではない。

だが多くは空しい期待だけを残して去っていく。彼らのメッキが剥《は》げるたびに、なまじ希望を抱いた分だけ落胆や苛立《いらだ》ちが深まる。

現実の苛酷さから目を背けようと、人々は黄泉《よみ》の世界から夢想と慰めの対象を呼び出す。理想化された政治家ケネディをまぶしく仰ぎ見ながら、彼が暗殺されなかったら……と思いをめぐらす。心理的には半世紀以上、困った時のケネディ頼みが続いてきたのである。

英雄は生き続ける

ジョン・レノンによれば、神とは「ぼくたちが苦悩の度合いをはかる観念」である。とすれば、ケネディもまたその名にふさわしいといえるのかもしれない。

有名なロックグループ、ローリング・ストーンズの曲に『悪魔を憐《あわ》れむ歌（*Sympathy for the Devil*）』（一九六八年）がある。悪魔が人々に問いかける。「ケネディ兄弟を殺したのは誰なんだ？」。そして叫ぶ。「つまるところそれはお前たちや俺なんだぜ」。

六十年前、ケネディの命を奪った銃弾を放ったのは一人の男、もしくはごく少数の陰謀集団の手先だろう。だが彼の人生を彩る虚構を求め、受け入れ、彼の死後もそれを強めさせ、それに依存してきたのは、時間と空間を超えた無数の人々の欲求である。

偉大な魔術師ケネディが展開する壮大なイリュージョンは、私たちを眩惑《げんわく》してきた。だが私たちは、華麗なパフォーマンスに魅了されることを願いながら、ひたすら客席に足を運んできたのである。それが、ケネディが演ずる光り輝く舞台のロングランを可能にした。

偶像化されたケネディの姿とは、彼自身やその周囲の努力に加え、私たちがみずからの意志で創り上げ、磨き上げてきた、共同作品にほかならない。ケネディの生と死、彼が消えた後のアメリカと世界を振り返ることは、私たちがみずからの姿を映した鏡に見入るのと同じなのである。

ジョンは『神』の中で「夢は終わった」と何度も繰り返した。ビートルズは一九七〇年に解散した。再結成を求める声も強かったが、ジョンも、もう一人の元メンバー、ジョージ・ハリソンも神に召された。彼らにかわる存在も現れない。しかしビートルズはいまも世界中で愛されている。

ケネディという名の夢も終わらない。アメリカであれ世界であれ、私たちがケネディの面影《おもかげ》の中に偉大な指導者像を見出し、その神話にすがりたいと念じ続ける限り。

あとがき

　五十歳代の末近く、少し大きな病気をした。家族や友人たちの支えを受けてかなり回復したものの、発語も発声も困難になり、集中力も持続力も格段に落ちた。

　大勢を相手に話すことも、長時間机に向かうこともきつくなった。今年三月の定年まで教壇に立つことはできたが、それも同僚や学生諸君に大変な迷惑をかけながらだった。

　だが、もう一度気力を振り絞って、何かを書き残したい。できれば書き続けていきたい。

　では何を？　そこで、小学生時代以来の個人的な英雄ケネディに登場願った次第である。

　人間として、指導者として、彼に数多くの負の側面があることも知っている。実際、アメリカ外交史を学ぶ者の一人として、そのベトナム政策などを批判してきた。しかしなお彼に惹きつけられてやまない自分がいる。いったいなぜなのか？　本書の出発点は、この個人的な疑問にある。

　筆者がケネディの演説を暗誦《あんしよう》できるほどだったことを知る、中学以来の親友がいる。彼に、ケネディ伝を書くつもりだと伝えると、「君の自伝みたいなものだね」という言葉が返ってきた。

ちなみに、本書掲載のケネディ切手はみな、中学から高校時代のコレクション。絵葉書は購入したものか、筆者のケネディ好きを知る友人などが送ってくれたものである。

だが筆者に限った話ではない。強烈な光を放つ彼のイメージは、いまなお多くの人々の心を捕えているからである。暗殺から六十年、人間でいえば還暦にあたる節目は、イメージと現実の相剋、神話や伝説の吟味という観点から、一人の政治家を見つめ直す好機ではあるまいか。

読書家でもあるケネディは、伝記の持つ魅力を「『そいつは、どんな人間か』という一つの質問に答を出そうと頑張るからだな」と語ったという。ほかならぬ彼自身の生と死、その死後を追った本書が、その言葉にふさわしいものであることを心から願ってやまない。

本書執筆の過程では、本文中にも登場する里中哲彦氏から助言と激励を受けた。中央公論新社書籍編集局の郡司典夫氏からは、貴重な示唆とともに大変なご尽力をいただいた。あらためて謝意を表したい。

この三十年あまり、まして発病後の数年間は、妻・博子と娘・智子の笑顔と優しさがなければとうていやってこれなかった。心からの感謝と愛を込めて、二人に、とりわけ執筆活動でもかけがえのないパートナーだった妻に、本書を捧げたい。

二〇二三年十月

松岡　完

主要参考文献

日本語文献

1　ケネディ伝・大統領時代

①井上一馬『ケネディ――その実像を求めて』講談社現代新書、一九九四年

②ギャレス・ジェンキンズ（澤田澄江訳）『フォトバイオグラフィ　ジョン・F・ケネディ』原書房、二〇〇六年

③A・M・シュレジンガー（中屋健一訳）『ケネディ――栄光と苦悩の一千日』（二巻）河出書房新社、改訂版一九七一年〔一九六六年〕

④シオドア・C・ソレンセン（大前正臣訳）『ケネディの道――未来を拓いた大統領』サイマル出版会、一九八七年〔弘文堂、一九六六年〕

⑤ロバート・ダレク（鈴木淑美訳）『JFK　未完の人生――1917-1963』松柏社、二〇〇九年

⑥土田宏『ケネディ――「神話」と実像』中公新書、二〇〇七年

⑦中屋健一『ケネディ――英知と勇気の大統領』旺文社文庫、一九六六年

⑧藤本一美（編著）『ケネディとアメリカ政治』EXP、二〇〇〇年

⑨松尾弌之『JFK――大統領の神話と実像』ちくま新書、一九九四年

⑩フレドリック・ロゲヴァル（高月園子訳）『JFK――「アメリカの世紀」の新星　1917-1956』（二巻）白水社、二〇二三年

2　ケネディ外交

①青野利彦『「危機の年」の冷戦と同盟――ベルリン、キューバ、デタント　1961～63年』有斐閣、二〇一二年

②フレデリック・ケンプ（宮下嶺夫訳）『ベルリン危機　1961――ケネディとフルシチョフの冷戦』（二巻）白水社、

二〇一四年
③今田奈帆美『大国の不安と同盟国の影響力――ベルリン危機をめぐる米独関係』国際書院、二〇一三年
④ジェフリー・サックス（櫻井祐子訳）『世界を動かす――ケネディが求めた平和への道』早川書房、二〇一四年
⑤マーティン・J・シャーウィン（三浦元博訳）『キューバ・ミサイル危機――広島・長崎から核戦争の瀬戸際へ　1945－62』（二巻）白水社、二〇二二年
⑥マイケル・ドブズ（布施由紀子訳）『核時計　零時1分前――キューバ危機　13日間のカウントダウン』日本放送出版協会、二〇一〇年
⑦デイヴィッド・ハルバースタム（浅野輔訳）『ベスト&ブライテスト』（三巻）二玄社、二〇〇九年〔サイマル出版会、一九七六年、朝日文庫、一九九九年〕
⑧ロジャー・ヒルズマン（浅野輔訳）『ケネディ外交――ニュー・フロンティアの政治学』（二巻）サイマル出版会、一九六八年
⑨マイケル・ベシュロス（筑紫哲也訳）『危機の年　1960－1963――ケネディとフルシチョフの闘い』（二巻）飛鳥新社、一九九二年
⑩ドン・マントン&デイヴィッド・A・ウェルチ（田所昌幸・林晟一訳）『キューバ危機――ミラー・イメージングの罠』中央公論新社、二〇一五年

3　ケネディ暗殺・その後

①奥菜秀次『ケネディ暗殺――隠蔽と陰謀』鹿砦社、二〇〇〇年
②ジム・ギャリソン（岩瀬孝雄訳）『JFK――ケネディ暗殺犯を追え』ハヤカワ文庫、一九九二年
③ロジャー・ストーン（伊藤裕幸訳）『ケネディを殺した男』幻冬舎メディアコンサルティング、二〇二〇年
④ジェイムズ・W・ダグラス（寺地五一・寺地正子訳）『ジョン・F・ケネディはなぜ死んだのか――語り得ないものとの闘い』同時代社、二〇一四年
⑤土田宏『アメリカ50年　ケネディの夢は消えた？』彩流社、二〇一五年
⑥仲晃『ケネディはなぜ暗殺されたか』NHKブックス、一九九五年
⑦檜山良昭『ケネディを撃った男たち――現代史の謎』東京書籍、一九九三年
⑧レロイ・フレッチャー・プラウティ（和田一郎訳）『JFK――CIAとベトナム戦争、そしてケネディ暗殺』文芸社、二〇一三年
⑨堀田宗路『ジョン・F・ケネディの謎――権力の陰謀とアメリカの悪夢』日本文芸社、一九九二年

⑩ウィリアム・マンチェスター（宮川毅訳）『ある大統領の死——1963年11月』（二巻）恒文社、一九六七年

4　ケネディ家

①ギャリー・ウィルズ（高橋正訳）『ケネディ王国——権力に憑かれた男たち』TBSブリタニカ、一九八三年
②AP通信社（編、朝日新聞社訳）『ケネディ家の栄光と悲劇』朝日新聞社、一九六八年
③越智道雄『ケネディ家の呪い』イースト新書、二〇一三年
④ロナルド・ケスラー（山崎淳訳）『汝の父の罪——呪われたケネディ王朝』文藝春秋、一九九六年
⑤ピーター・コリヤー&デヴィッド・ホロウィッツ（鈴木主税訳）『ケネディ家の人びと』（二巻）草思社、一九九〇年
⑥J・ランディ・タラボレッリ（鈴木主税訳）『ジャッキー、エセル、ジョーン——ケネディ家に嫁いだ女たち』集英社、二〇〇二年
⑦土田宏『ケネディ兄弟の光と影』彩流社、一九九二年
⑧クレメンス・デビッド・ハイマン（広瀬順弘訳）『ジャッキーという名の女』（二巻）読売新聞社、一九九〇年
⑨ジョー・マクギニス（土田宏訳）『最後のケネディ——テディの栄光と挫折』彩流社、一九九六年
⑩ローレンス・リーマー（延原泰子訳）『ケネディ家の女たち』（二巻）早川書房、一九九六年

英語文献

1　ケネディ伝・大統領時代

①James N. Giglio & Stephen G. Rabe, *Debating the Kennedy Presidency*, Lanham, Md.: Rowman & Littlefield, 2003.
②Paul Harper & Joann P. Krieg, eds., *John F. Kennedy: The Promise Revisited*, Westport, Conn.: Greenwood Press, 1988.
③Michael O'Brien, *John F. Kennedy: A Biography*, New York: St. Martin's Press, 2005.
④Herbert S. Parmet, *JFK: The Presidency of John F. Kennedy*, New York: Dial Press, 1983.
⑤Richard Reeves, *President Kennedy: Profile of Power*, New York: Simon & Schuster, 1993.
⑥Thomas C. Reeves, *A Question of Character: A Life of John F. Kennedy*, New York: Free Press, 1991.
⑦W. J. Rorabaugh, *Kennedy and the Promise of the Sixties*, Cambridge, U.K.: Cambridge University Press, 2002.
⑧Gretchen Rubin, *Forty Ways to Look at JFK*, New York: Ballantine Books, 2005.

⑨David L. Snead, *John F. Kennedy: The New Frontier President*, New York: Nova Science Publishers, 2010.

⑩Mark J. White, ed., *Kennedy: The New Frontier Revisited*, London: Macmillan Press, 1998.

2　ケネディ外交

①Bernard J. Firestone, *The Quest for Nuclear Stability: John F. Kennedy and the Soviet Union*, Westport, Conn.: Greenwood Press, 1982.

②Louise FitzSimons, *The Kennedy Doctrine*, New York: Random House, 1972.

③Lawrence Freedman, *Kennedy's Wars: Berlin, Cuba, Laos, and Vietnam*, New York: Oxford University Press, 2000.

④Montague Kern, Patricia W. Levering & Ralph B. Levering, *The Kennedy Crises: The Press, the Presidency, and Foreign Policy*, Chapel Hill: University of North Carolina Press, 1983.

⑤Diane B. Kunz, ed., *The Diplomacy of the Crucial Decade: American Foreign Relations During the 1960s*, New York: Columbia University Press, 1994.

⑥Michael E. Latham, *Modernization as Ideology: American Social Science and "Nation Building" in the Kennedy Era*, Chapel Hill: University of North Carolina Press, 2000.

⑦Timothy P. Maga, *John F. Kennedy and New Frontier Diplomacy, 1961-1963*, Malabar, Fla.: Krieger Publishing, 1994.

⑧Thomas G. Paterson, ed., *Kennedy's Quest for Victory: American Foreign Policy, 1961-1963*, New York: Oxford University Press, 1989.

⑨Richard J. Walton, *Cold War and Counterrevolution: The Foreign Policy of John F. Kennedy*, New York: Viking Press, 1972.

⑩Andreas Wenger, *Living with Peril: Eisenhower, Kennedy, and Nuclear Weapons*, Lanham, Md.: Rowman & Littlefield, 1997.

3　ケネディ暗殺・その後

①Thomas Brown, *JFK: History of an Image*, London: I. B. Tauris, 1988.

②Robert J. Groden, *The Killing of a President: The Complete Photographic Record of the JFK Assassination, the Conspiracy, and the Cover-up*, New York: Viking Studio Books, 1993.

③John Hellmann, *The Kennedy Obsession: The American Myth of JFK*, New York: Columbia University Press, 1997.

④Seymour M. Hersh, *The Dark Side of Camelot*, Boston: Little, Brown, 1997.

⑤Howard Jones, *Death of a Generation: How the Assassinations of Diem and JFK Prolonged the Vietnam War*, New York: Oxford

University Press, 2003.
⑥David M. Lubin, *Shooting Kennedy: JFK and the Culture of Images*, Berkeley: University of California Press, 2003.
⑦Bill O'Reilly & Martin Dugard, *Killing Kennedy: The End of Camelot*, London: Pan Books, 2013.
⑧Peter Dale Scott, *Deep Politics and the Death of JFK*, Berkeley: University of California Press, 1993.
⑨Larry M. Sturdivan, *The JFK Myths: A Scientific Investigation of the Kennedy Assassination*, St. Paul, Minn.: Paragon House, 2005.
⑩James L. Swanson, *End of Days: The Assassination of John F. Kennedy*, New York: William Morrow, 2013.

4 ケネディ家

①David Burner & Thomas R. West, *The Torch Is Passed: The Kennedy Brothers and American Liberalism*, New York: Atheneum, 1984.
②Vincent Bzdek, *The Kennedy Legacy: Jack, Bobby and Ted and a Family Dream Fulfilled*, New York: Palgrave Macmillan, 2009.
③John H. Davis, *The Kennedys: Dynasty and Disaster 1848-1983*, New York: McGraw-Hill, 1984.
④John A. Farrell, *Ted Kennedy: A Life*, New York: Penguin Books, 2022.
⑤Barbara Leaming, *Mrs. Kennedy: The Missing History of the Kennedy Years*, New York: Simon & Schuster, 2002.
⑥Thomas Maier, *The Kennedys: America's Emerald Kings*, New York: Basic Books, 2003.
⑦David Nasaw, *The Patriarch: The Remarkable Life and Turbulent Times of Joseph P. Kennedy*, New York: Penguin Press, 2012.
⑧Sally Bedell Smith, *Grace and Power: The Private World of the Kennedy White House*, New York: Random House, 2004.
⑨David Talbot, *Brothers: The Hidden History of the Kennedy Years*, New York: Free Press, 2007.
⑩J. Randy Taraborrelli, *After Camelot: A Personal History of the Kennedy Family, 1968 to the Present*, New York: Grand Central Publishing, 2012.

	10.22	キューバ海上封鎖を発表
	11. 6	弟エドワードが上院議員に当選
1963	6.10	アメリカン大学で「平和の戦略」演説
	6.19	公民権法案を議会に提出
	6.20	米ソ間でホットライン設置合意
	8. 5	部分的核実験禁止条約調印
	8.28	ワシントン大行進
	9.20	国連総会で米ソ共同の月到達を提唱
	10. 9	ソ連に余剰小麦売却を許可
	11.22	暗殺
	11.24	オズワルド射殺
	11.25	葬儀と埋葬
1964	2. 7	ビートルズがアメリカ上陸
	9.28	『ウォレン報告』発表
	11.3	弟ロバートが上院議員に当選
1968	3.16	ロバートが大統領選挙出馬を表明
	6. 5	ロバート暗殺（翌日死亡）
	10.20	ジャクリーン再婚
1969	7.18	チャパキディク事件
	11.18	ジョゼフ死去
1980	8.11	エドワードが民主党大会で事実上敗北
1994	5.19	ジャクリーン死去
1995	1.22	母ローズ死去
1999	7.16	息子ジョン2世が飛行機事故死
2009	8.25	エドワード死去
2013	11.15	娘キャロラインが駐日大使として赴任

ケネディ関連年表

1917	5.29	誕生
1938	3.1	父ジョゼフが駐英大使として赴任
1940	8.1	『イギリスはなぜ眠ったか』刊行
1943	8.2	魚雷艇PT109が沈没
1944	8.12	兄ジョゼフ2世が戦死
1946	11.5	下院議員に当選
1952	11.4	上院議員に当選
1953	9.12	ジャクリーンと結婚
1954	10.21	背中の手術
1956	1.1	『勇気ある人々』刊行
1960	1.2	大統領選挙立候補を宣言
	7.13	民主党大統領候補指名を獲得
	9.26	テレビ討論でニクソンと対決
	11.8	大統領に当選
1961	1.6	フルシチョフが民族解放戦争支援演説
	1.20	大統領に就任
	3.1	平和部隊設立
	4.17	ピッグズ湾上陸作戦を開始
	5.25	アポロ計画を発表
	6.3	フルシチョフとのウィーン会談
	8.13	ベルリンの壁建設が開始
	8.17	進歩のための同盟設立
	9.15	地下核実験を再開
1962	2.14	『ジャッキー・ケネディ・ショウ』放映
	4.10	鉄鋼危機始まる
	8.5	マリリン・モンローが謎の死

［ワ行］

［ヤ 行］

［ラ 行］

［マ行］

［タ行］

［サ行］

［カ行］

事項索引

［マ行］

［ナ 行］

［ハ 行］

［サ行］

［タ行］

人名索引

[ア行]

[カ行]

松岡 完

筑波大学名誉教授。1957年、熊本県生まれ。東京大学教養学部教養学科国際関係論分科卒業。筑波大学大学院社会科学研究科法学専攻修了（法学博士）。立命館大学助教授、筑波大学教授等を歴任。著書に、『ケネディと冷戦――ベトナム戦争とアメリカ外交』（彩流社）、『ベトナム症候群――超大国を苛む「勝利」への強迫観念』、『ベトナム戦争――誤算と誤解の戦場』（ともに中公新書）、『超大国アメリカ100年史――戦乱・危機・協調・混沌の国際関係史』（明石書店）、『そもそもアメリカってなに？――メイキング・オブ・ＵＳＡ』（現代書館）などがある。

ケネディという名《な》の神話《しんわ》
――なぜ私《わたし》たちを魅了《みりょう》し続《つづ》けるのか

〈中公選書 141〉

著 者 松《まつ》岡《おか》 完《ひろし》

2023年10月10日 初版発行

発行者 安 部 順 一

発行所 中央公論新社
〒100-8152 東京都千代田区大手町 1-7-1
電話 03-5299-1730（販売）
03-5299-1740（編集）
URL https://www.chuko.co.jp/

ＤＴＰ 今井明子
印刷・製本 大日本印刷

Published by CHUOKORON-SHINSHA, INC.
Printed in Japan ISBN978-4-12-110142-6 C1322
定価はカバーに表示してあります。

中公選書　好評既刊

109 クレメント・アトリー
――チャーチルを破った男
河合秀和著

第二次大戦の勝利の立役者であるチャーチルを抑え、総選挙で圧勝したのはアトリー率いる労働党だった。現在の英国社会の基礎を築くと同時に、帝国を解体したアトリーの本格的評伝。

128 分断の克服 1989-1990
統一をめぐる西ドイツ外交の挑戦
板橋拓己著

「ベルリンの壁」は崩れた。だがソ連は統一に反対、英仏が大国ドイツ復活を警戒する中、新生ドイツと新しい国際秩序はいかに創られたか。最新史料を駆使し描く。大佛次郎論壇賞受賞作。

135 山本五十六
――アメリカの敵となった男
相澤　淳著

日米開戦の積極論者か、悲劇の英米協調派か。航空戦力への先見の明、山本の転機となったロンドン軍縮会議、そして対米認識の変遷に着目し、最も著名な連合艦隊司令長官の実像を描く。

136 封じ込めの地政学
――冷戦の戦略構想
鈴木健人著

第二次大戦後、アメリカはそれまでの孤立主義から舵を切り、西側諸国による対ソ戦略を打ち出した。ケナンが構想し、新たな世界秩序を創り出した封じ込め戦略の本質を緻密にたどる。